DIFERENTES OLHARES SOBRE A EDUCAÇÃO
HISTÓRIA E POLÍTICAS

Editora Appris Ltda.
1.ª Edição - Copyright© 2023 dos autores
Direitos de Edição Reservados à Editora Appris Ltda.

Nenhuma parte desta obra poderá ser utilizada indevidamente, sem estar de acordo com a Lei nº 9.610/98. Se incorreções forem encontradas, serão de exclusiva responsabilidade de seus organizadores. Foi realizado o Depósito Legal na Fundação Biblioteca Nacional, de acordo com as Leis nºs 10.994, de 14/12/2004, e 12.192, de 14/01/2010.

Catalogação na Fonte
Elaborado por: Josefina A. S. Guedes
Bibliotecária CRB 9/870

M636s 2023	Miguel, Maria Elisabeth Blanck 　　Diferentes olhares sobre a educação: história e políticas / Maria Elisabeth Blanck Miguel, Maria Lourdes Gisi, Alboni Marisa Dudeque Pianovski Vieira (orgs.). – 1 ed. – Curitiba : Appris, 2023. 　　189 p. ; 23 cm – (Educação, tecnologias e transdisciplinariedade). 　　Inclui referências. 　　ISBN 978-65-250-5357-8 　　1. Educação – Paraná – História. 2. Educação e Estado. I. Gisi, Maria Lourdes II. Vieira, Alboni Marisa Dudeque Pianovski. III. Título. IV. Série. 　　　　　　　　　　　　　　　　　　　　　　　　　　CDD – 370.9

Livro de acordo com a normalização técnica da ABNT

Editora e Livraria Appris Ltda.
Av. Manoel Ribas, 2265 – Mercês
Curitiba/PR – CEP: 80810-002
Tel. (41) 3156 - 4731
www.editoraappris.com.br

Printed in Brazil
Impresso no Brasil

Maria Elisabeth Blanck Miguel
Maria Lourdes Gisi
Alboni Marisa Dudeque Pianovski Vieira
(organizadoras)

DIFERENTES OLHARES SOBRE A EDUCAÇÃO

HISTÓRIA E POLÍTICAS

FICHA TÉCNICA

EDITORIAL	Augusto Coelho
	Sara C. de Andrade Coelho
COMITÊ EDITORIAL	Marli Caetano
	Andréa Barbosa Gouveia - UFPR
	Edmeire C. Pereira - UFPR
	Iraneide da Silva - UFC
	Jacques de Lima Ferreira - UP
SUPERVISOR DA PRODUÇÃO	Renata Cristina Lopes Miccelli
ASSESSORIA EDITORIAL	Bruna Holmen
REVISÃO	Camila Dias
PRODUÇÃO EDITORIAL	Bruna Holmen
DIAGRAMAÇÃO	Jhonny Alves dos Reis
CAPA	Mateus Porfírio

COMITÊ CIENTÍFICO DA COLEÇÃO EDUCAÇÃO, TECNOLOGIAS E TRANSDISCIPLINARIDADE

DIREÇÃO CIENTÍFICA Dr.ª Marilda A. Behrens (PUCPR) — Dr.ª Patrícia L. Torres (PUCPR)

CONSULTORES

- Dr.ª Ademilde Silveira Sartori (Udesc)
- Dr. Ángel H. Facundo (Univ. Externado de Colômbia)
- Dr.ª Ariana Maria de Almeida Matos Cosme (Universidade do Porto/Portugal)
- Dr. Artieres Estevão Romeiro (Universidade Técnica Particular de Loja-Equador)
- Dr. Bento Duarte da Silva (Universidade do Minho/Portugal)
- Dr. Claudio Rama (Univ. de la Empresa-Uruguai)
- Dr.ª Cristiane de Oliveira Busato Smith (Arizona State University /EUA)
- Dr.ª Dulce Márcia Cruz (Ufsc)
- Dr.ª Edméa Santos (Uerj)
- Dr.ª Eliane Schlemmer (Unisinos)
- Dr.ª Ercilia Maria Angeli Teixeira de Paula (UEM)
- Dr.ª Evelise Maria Labatut Portilho (PUCPR)
- Dr.ª Evelyn de Almeida Orlando (PUCPR)
- Dr. Francisco Antonio Pereira Fialho (Ufsc)
- Dr.ª Fabiane Oliveira (PUCPR)
- Dr.ª Iara Cordeiro de Melo Franco (PUC Minas)
- Dr. João Augusto Mattar Neto (PUC-SP)
- Dr. José Manuel Moran Costas (Universidade Anhembi Morumbi)
- Dr.ª Lúcia Amante (Univ. Aberta-Portugal)
- Dr.ª Lucia Maria Martins Giraffa (PUCRS)
- Dr. Marco Antonio da Silva (Uerj)
- Dr.ª Maria Altina da Silva Ramos (Universidade do Minho-Portugal)
- Dr.ª Maria Joana Mader Joaquim (HC-UFPR)
- Dr. Reginaldo Rodrigues da Costa (PUCPR)
- Dr. Ricardo Antunes de Sá (UFPR)
- Dr.ª Romilda Teodora Ens (PUCPR)
- Dr. Rui Trindade (Univ. do Porto-Portugal)
- Dr.ª Sonia Ana Charchut Leszczynski (UTFPR)
- Dr.ª Vani Moreira Kenski (USP)

APRESENTAÇÃO

A organização da obra *Diferentes olhares sobre a educação: história e políticas* é fruto do trabalho de professores, mestres e doutores pesquisadores na área de História e Políticas da Educação e Formação de Professores, no Programa de Pós-Graduação em Educação (PPGE) da Pontifícia Universidade Católica do Paraná (PUCPR).

Além da divulgação de suas teses e dissertações nas plataformas convencionais, os egressos do programa, com suas orientadoras, têm clareza sobre a necessidade de tornar acessíveis à comunidade enfoques específicos de suas investigações abrangidas pela temática mencionada.

O livro apresenta estudo realizado pelo professor Bertrand Bergier, da Université Catholique d'Angers, França, instituição com a qual o PPGE mantém convênio de dupla diplomação em mestrado e doutorado. Na sequência, são trazidos aos leitores trabalhos que se ocupam de diversos temas, em especial relacionados à história da educação do Paraná, tais como: a história da alfabetização; as políticas de proteção à infância no estado; programas sociais para infância, adolescência e juventudes com foco na educação e no trabalho; políticas de municipalização dos anos iniciais do ensino fundamental; repressão e processos de resistência dos professores durante a ditadura civil-militar; os estudantes paranaenses e seu legado; a presença da Educação Física no contexto da legislação rural (1946-1985); contradições das políticas de educação do campo; e formação continuada de professores no período de 1995 a 2018.

Embora a interligação entre os capítulos possa ser feita pelo fio condutor da história e das políticas da educação, as leituras podem ser feitas em qualquer sequência, segundo a preferência e o interesse dos leitores.

Como primeiro capítulo, Bertrand Bergier traz "*Évolution des politiques éducatives en France: d'une école républicaine centralisée à des établissements scolaires ouverts aux partenariats locaux*" (Evolução das políticas educativas na França: de uma escola republicana centralizada a escolas abertas para parcerias locais). Explica o autor que a escola francesa, então baseada nos ideais da Revolução Francesa e na igualdade de direitos proclamada pela Declaração dos Direitos do Homem e do Cidadão, no fim do século XIX, buscava libertar o aluno das influências exteriores, construindo um espaço destinado ao conhecimento, sob orientação e supervisão dos professores e das professoras. Nessa época, a escola pertencia ao mundo das ideias ou, pelo menos, constituía o seu limiar. O aluno, dessa forma, deveria romper não apenas com os prazeres imediatos e individuais, mas com o mundo de vivência extracurricular. Num Estado centralizado, a escola deveria ser uma, padronizada, com as mesmas referências culturais, os mesmos programas e a mesma formação de professores. Havia uma ruptura entre a escola e o exterior. Esse entendimento vigorou durante grande parte do século XX, até meados da década de 1970. A partir daí, a sociedade, que se transformava e perdia seu denominador comum, encorajou as escolas a se confrontarem com o seu meio local e a realizar parcerias com organizações que fossem capazes de educar em domínios diversificados, como a saúde, a sexualidade, a ecologia, a sustentabilidade, a cidadania, as artes, entre outros. Essa dimensão de parceria conferida às políticas públicas é questionada e analisada por Bergier, num contexto de relações competitivas sob o efeito de um neoliberalismo que segrega e endurece as desigualdades.

O segundo capítulo selecionado é "A história da alfabetização paranaense no contexto da história da alfabetização brasileira: as contribuições de Erasmo Pilotto", de autoria de Cássia Helena Guillen e Maria Elisabeth Blanck Miguel. Esse trabalho corresponde a um recorte da tese de doutorado de Guillen[1], com o título "A alfabetização no Paraná: o caso de São José dos Pinhais, 1960-1980". A pesquisa responde à indagação sobre como a alfabetização no município de São José dos Pinhais se configurou, mediante orientações oficiais federais e, principalmente, estaduais no período de 1960 a 1980. Para realização da tese, foram utilizadas fontes primárias coletadas no município objeto do estudo e no Paraná. Em uma das documentações disponibilizadas pela Secretaria de Estado da Educação do Paraná (Seed), estava evidenciada a relevância de Erasmo Pilotto para a história da alfabetização paranaense, o que motivou a elaboração do capítulo, trazendo a contribuição desse intelectual, sua influência e impacto na forma de ensinar a ler e a escrever.

Como terceiro capítulo, Tamiris Morgado apresenta "Apontamentos históricos sobre as políticas de proteção à infância no estado do Paraná (1940-1990)", no qual analisa documentos oficiais que se referem às políticas de proteção à infância em um intervalo de 50 anos. O estudo comprova, com ênfase nas associações e nos programas desenvolvidos durante o período

---

[1] GUILLEN, C. H. *A alfabetização no Paraná*: o caso de São José dos Pinhais, 1960-1980. 2020. Tese (Doutorado em Educação) – Pontifícia Universidade Católica do Paraná, Curitiba, 2020. Disponível em: https://www.pucpr.br/escola-de-educacao-e-humanidades/mestrado-e-doutorado/producao-academica/. Acesso em: 5 fev. 2023.

em questão, que as instituições de amparo à infância paranaense eram contempladas exclusivamente por políticas de governo, podendo-se considerar como primeira política de Estado voltada às crianças brasileiras o Estatuto da Criança e do Adolescente, de 1990. No estudo, foi possível perceber, também, a exigência de descontinuidade no que se referia ao repasse de verbas públicas para as instituições assistenciais, dado que as mudanças de governo alternavam períodos de recebimento de subvenções estaduais com períodos de esquecimento do poder público e escassez de recursos.

Adiante, no quarto capítulo, Leandro Aparecido do Prado e Maria Lourdes Gisi discorrem sobre "Programas sociais para infância, adolescência e juventudes no estado do Paraná: perspectivas entre educação e trabalho". A análise deu-se pela apresentação de alguns programas sociais que auxiliaram no desenvolvimento de políticas públicas para a infância, adolescência e juventudes no Paraná e pela discussão sobre a ideologia subjacente à concepção da formação do jovem trabalhador. Os autores destacam que a concepção de *juventudes*, no plural[2], foi adotada no sentido de compreendê-las como sendo múltiplas e variadas, conforme suas características de classe e de diversidade cultural. Considerando o trabalho um problema de ordem econômica e as juventudes um problema de ordem social, os projetos e programas sociais estudados buscavam soluções que se apresentavam frequentemente na forma de políticas públicas sociais que tinham por objetivo atenuar a evasão escolar, a formação deficiente, o desemprego, o uso de drogas ilícitas, a violência e outras questões. Para os autores, no contexto do capitalismo, as alternativas propostas contribuíram para a conservação das classes e a manutenção da vulnerabilidade dos grupos envolvidos.

Mauricio Pastor dos Santos, em "O processo histórico das políticas de municipalização dos anos iniciais do ensino fundamental no estado do Paraná", no quinto capítulo da obra, analisa a questão da descentralização do ensino no Paraná por uma perspectiva histórica, que abrange o contexto de influências das políticas educacionais nacionais, com apoio no ciclo de políticas formulado pelo pesquisador inglês Stephen Ball e seus colaboradores. Pastor apresenta como foram definidas as regras do jogo no campo educacional, analisando o ordenamento jurídico que se estabeleceu, bem como a influência dos fatores políticos e econômicos que condicionaram essa política educacional para conduzir o processo de municipalização do ensino no estado, após o advento da Lei n.º 5.692/1971.

---

[2] MARGULIS, M. Juventud: una aproximación conceptual. *In*: BURAK, S. D. (org.). *Adolescencia y juventud en América Latina*. Cartago: Libro Universitario Regional, 2001. p. 41-56.

No sexto capítulo, Rivaldo Dionizio Candido e Alboni Marisa Dudeque Pianovski Vieira apresentam o trabalho intitulado "Repressão e processos de resistência dos professores do Paraná durante a ditadura civil-militar". Com base em Herrera Flores[3], os autores destacam que, da mesma forma que os Direitos Humanos não são um dado, mas sim um construído, a violação desses direitos também o é. Assim, embora o Brasil seja signatário da Declaração Universal dos Direitos Humanos desde 1948, isso não significa que esses direitos foram assegurados no país, em especial durante o período de 1964 a 1985, correspondente à ditadura civil-militar, marcado pela forte repressão do Estado e pela violação dos Direitos Humanos. Nesse contexto, os autores identificam a criação de um aparato legal que sustentava essas ações e suprimia os direitos civis e políticos da população, nela incluídos professores, alunos e estabelecimentos de ensino, sobretudo as universidades. No estudo, aprofunda-se a violação de direitos dos professores do estado, identificando-se os processos de resistência e reivindicação de direitos dos professores. A análise documental dos arquivos da Delegacia da Ordem Política e Social (Dops) produzidos no período e disponíveis no Arquivo Público do Paraná dá suporte às evidências trazidas ao texto, valendo-se da investigação de 157 fichas individuais de professores e 26 dossiês temáticos contendo dados pessoais dos perseguidos, dados institucionais, cópias de documentos, recortes de jornais, fotografias, relatórios, entre outros.

Rudá Morais Gandin, em "O que legam os estudantes paranaenses à história da educação", compõe o sétimo capítulo do livro, refletindo sobre o envolvimento dos estudantes com a ordinariedade da escola, no que se refere ao alcance de suas ações. Gandin discute se os estudantes, como coadjuvantes do ambiente escolar, não acabam por ratificar o que vem sendo realizado pelos professores, escamoteando seu protagonismo e corroborando que as instituições de ensino se mantenham como estão. Essa reflexão se apoia em documentos da União Municipal dos Estudantes Secundaristas (Umes), situada no município de São José dos Pinhais, nos anos de 2005 a 2007. Segundo a análise efetuada, evidencia-se que as práticas estudantis podem estimular ou mesmo forçar mudanças na forma como as escolas estão organizadas, mesmo que de maneira despretensiosa. O estudo tem, ainda, a finalidade de trazer a mobilização estudantil nas escolas como objeto de estudo para a história da educação.

---

[3] HERRERA FLORES, J. *A reinvenção dos direitos humanos*. Florianópolis: Fundação Boiteux, 2009.

Na sequência, como oitavo capítulo, Raquel de Fátima Boza dos Santos Malcheski e Maria Elisabeth Blanck Miguel apresentam "A presença da Educação Física no contexto da legislação rural paranaense (1946-1985)". O estudo analisa o Programa Experimental para as Escolas Isoladas do Estado, proposto pelo Decreto n.º 9.060/1953, produzido em parceria da Secretaria de Educação e Cultura com o Centro de Estudos e Pesquisas Educacionais, o qual demonstra que a Educação Física esteve presente nos documentos oficiais do Paraná desde a década de 40. Esse documento é extenso, contendo instruções minuciosas sobre os afazeres que constituíam a rotina e o cotidiano dos professores, as competências específicas para o desempenho da docência, além de orientações sobre cada disciplina que integrava a grade curricular das três primeiras séries do ensino primário. Nele, constata-se que Artes, Canto e Educação Física ainda não eram concebidas como disciplinas, mas estavam previstas como atividades introdutórias para as aulas. Desta forma, a Educação Física esteve presente nos documentos que nortearam o ensino no Paraná desde 1940, tendo sido continuamente fundamentada e atualizada de acordo com os princípios e concepções da legislação nacional vigente.

O nono capítulo traz o estudo de Silvana Cassia Hoeller sobre "Contradições das políticas de educação do campo no estado do Paraná". Hoeller menciona que os movimentos históricos da política pública da educação do campo foram acompanhados pelo estado do Paraná, possibilitando refletir sobre os desafios e as contradições da construção da política pública de educação do campo. Considerando o amplo marco regulatório produzido sobre a educação do campo, as políticas públicas específicas contribuíram para a modificação da realidade das populações do campo. Essas mudanças, no entanto, encontraram-se tensionadas pelas contradições do sistema capitalista. Enquanto ocorria o reconhecimento da identidade das escolas do campo no Paraná, que representava um momento de superação, eram reveladas as contradições da escola em relação à realidade e no que dizia respeito à efetivação e à contratação dos educadores.

No décimo capítulo, Elza Fagundes da Silva e Alboni Marisa Dudeque Pianovski Vieira tratam da "A formação continuada de professores no estado do Paraná no período de 1995 a 2018". Partindo do pressuposto de que a formação docente não é um processo estático, mas de evolução contínua, que deve ser construído pensando na prática docente e no professor, as autoras buscam reconstruir as políticas públicas de formação continuada de professores na Rede Estadual de Ensino no Paraná, no período de 2003 a 2018, inseridas no contexto político, econômico e social da época.

Com esse vasto conteúdo, a expectativa destas organizadoras é de que a publicação e a circulação deste livro resultem em avanços e enriquecimento dos estudos sobre história e políticas da educação.

Boa leitura!

As organizadoras
Maria Elisabeth Blanck Miguel
Maria Lourdes Gisi
Alboni Marisa Dudeque Pianovski Vieira

SUMÁRIO

1
ÉVOLUTION DES POLITIQUES ÉDUCATIVES EN FRANCE: D'UNE ÉCOLE RÉPUBLICAINE CENTRALISÉE À DES ÉTABLISSEMENTS SCOLAIRES OUVERTS AUX PARTENARIATS LOCAUX 13
Bertrand Bergier

2
A HISTÓRIA DA ALFABETIZAÇÃO PARANAENSE NO CONTEXTO DA HISTÓRIA DA ALFABETIZAÇÃO BRASILEIRA: AS CONTRIBUIÇÕES DE ERASMO PILOTTO 31
Cássia Helena Guillen, Maria Elisabeth Blanck Miguel

3
APONTAMENTOS HISTÓRICOS SOBRE AS POLÍTICAS DE PROTEÇÃO À INFÂNCIA NO ESTADO DO PARANÁ (1940-1990) 49
Tamiris Aparecida Bueno Morgado

4
PROGRAMAS SOCIAIS PARA INFÂNCIA, ADOLESCÊNCIA E JUVENTUDES NO ESTADO DO PARANÁ: PERSPECTIVAS ENTRE EDUCAÇÃO E TRABALHO 67
Leandro Aparecido do Prado, Maria Lourdes Gisi

5
O PROCESSO HISTÓRICO DAS POLÍTICAS DE MUNICIPALIZAÇÃO DOS ANOS INICIAIS DO ENSINO FUNDAMENTAL NO ESTADO DO PARANÁ 85
Mauricio Pastor dos Santos

6
REPRESSÃO E PROCESSOS DE RESISTÊNCIA DOS PROFESSORES DO PARANÁ DURANTE A DITADURA CIVIL-MILITAR 105
Rivaldo Dionizio Candido, Alboni Marisa Dudeque Pianovski Vieira

7
O QUE LEGAM OS ESTUDANTES PARANAENSES À HISTÓRIA DA EDUCAÇÃO? 119
Rudá Morais Gandin

8
A PRESENÇA DA EDUCAÇÃO FÍSICA NO CONTEXTO DA LEGISLAÇÃO RURAL PARANAENSE (1946-1985).................... 135
Raquel de Fátima Boza dos Santos Malcheski, Maria Elisabeth Blanck Miguel

9
CONTRADIÇÕES DAS POLÍTICAS DE EDUCAÇÃO DO CAMPO NO ESTADO DO PARANÁ... 153
Silvana Cassia Hoeller

10
A FORMAÇÃO CONTINUADA DE PROFESSORES NO ESTADO DO PARANÁ NO PERÍODO DE 1995 A 2018............................. 169
Elza Fagundes da Silva, Alboni Marisa Dudeque Pianovski Vieira

SOBRE OS AUTORES.. 187

1

ÉVOLUTION DES POLITIQUES ÉDUCATIVES EN FRANCE: D'UNE ÉCOLE RÉPUBLICAINE CENTRALISÉE À DES ÉTABLISSEMENTS SCOLAIRES OUVERTS AUX PARTENARIATS LOCAUX

Bertrand Bergier

A. Un principe unificateur de l'École de la République : l'égalité des chances

Fondée sur l'intérêt général et l'égalité[4], la logique civique d'égalité des chances à l'école[5] fait écho aux Lumières, à la Révolution française et à l'égalité de droit proclamée par la Déclaration des droits de l'homme et du citoyen[6]. Elle est soucieuse, à la fin du XIXsiècle, dans une école publiqueessentiellement rurale, de déprendre l'élève de toute influence extérieure, de construire un espace sacré de la connaissance laissant aux portes de l'école :parents, curé et autres notables. Il s'agit, en gérant le clos, de soustraire l'enfant au modèle féodal d'un individu tenu par sa famille et ses traditions, de l'isoler du« local » et de ses particularismes telle la langue. Cette clôture a une fonction de protection. L'élève peut, à l'abri des facteurs distrayants, acquérir une maitrise progressive du savoir sous la conduite et la surveillance du maître ou de la maîtresse. Cet espace forteresse, de repli sur la seule connaissance académique, est défendu avec ardeur par le philosophe Émile-Auguste Chartier dit Alain : « L'école est un milieu admirable. J'aime que les bruits extérieurs n'y entrent point, j'aime ces murs nus. Je n'approuve point qu'on y accroche des choses à regarder, mêmes belles, car il faut que

---

[4] LANTHEAUME, F.; SIMONIAN, S. La transformation de la professionnalité des enseignants: quel rôle du prescrit? *Les Sciences de l'Éducation*: Pour l'Ère Nouvelle, [s. l.], v. 45, p. 17-38, 2012.

[5] DEROUET J.-L. *École et justice*: de l'égalité des chances aux compromis locaux. [S. l.]: Métailié, 1992.

[6] VAN HAECHT, A. *L'école à l'épreuve de la sociologie*: questions à la sociologie de l'éducation. Bruxelles: De Boeck-Universités, 1990.

l'attention soit ramenée au travail. Que l'enfant lise ou qu'il écrive, ou qu'il calcule, cette action dénudée est son monde à lui, qui doit suffire. Et tout cet ennui-là autour, et ce vide sans profondeur, sont comme une leçon bien parlante, car il n'y a qu'une chose qui importe pour toi, petit garçon, c'est ce que tu fais (...) Or cette sévère méthode qui raccourcit si bien les vues sur le monde, est justement ce qui y donne entrée »[7].

La morale civique valorise ce qui est général aux dépens de ce qui est particulier. L'école relève du monde des idées ou en constitue tout au moins le seuil. Pour y accéder, l'élève doit rompre non seulement avec les jouissances immédiates et individuelles, mais avec le monde de l'expérience extra--scolaire. L'école prépare à la vie en lui tournant le dos, en libérant l'enfant de son univers tant domestique que récréatif. Et cette rupture entre l'école et l'extérieur, cette distance entre l'enseignant et les élèves constituent une condition de l'impartialité. L'État doit garantir l'extraterritorialité de l'école, la protéger des influences exercées par les autorités locales, qu'elles soient politiques, économiques, religieuses... La République entend garantir à tous ses enfants, quel que soit leur milieu social, leur condition économique, leur lieu d'habitation ou encore leur confession, des épreuves et une sélection scolaire échappant aux affres des interrelations. Dans cette perspective, l'idéal est celui d'un concours anonyme portant sur un savoir d'un très haut niveau de généralité, sinon universel. Un savoir qui, pour peu que les élèves consentent àse détacher du particulier, doit s'imposer de lui-même. Nul besoin dans ces conditions de pédagogie. Il s'agit pour l'enseignant d'être d'abord un grand serviteur de la discipline enseignée. Sa personnalité s'efface. Recruté sur concours, il lui faut réprimer les traces d'individuation et adopter un principe de standardisation signe de son appartenance à un corps. S'il ne peut y avoir de différences entre les élèves, il ne peut y en avoir parmi les instructeurs. Autrement dit, tous les élèves de France de six àquinze ou seize anssse voient dispensés un même socle de connaissance par des instituteurs ayant reçu la même formation[8]. La légitimité de l'enseignement ou de l'examen est celle de l'égalité des chances. Seul un État centralisé – et une organisation qui l'est tout autant - peut mettre en œuvre une telle standardisation des établissements, des références culturelles, des programmes et de la formation des enseignants. L'École doit être une. Les politiques éducatives vont être imprégnées par cet idéal civique, par cet idéal universel, une grande partie du XX siècle, jusqu'au milieu des années 70.

---

[7] CHARTIER E. A. *L'art de vouloir*. Gallimard: Bibliothèque de la Pléiade, 1960. Publié initialement en 1929. p. 877.
[8] DEROUET, 1992.

B. Conjuguer égalité des chances et prise en compte du local

À partir des années 1970 et surtout 1980, les politiques éducatives vont à la fois affirmer, revendiquer l'héritage et le principe de l'égalité des chances tout en martelant la prise en compte et le respect des particularismes : chaque établissement doit être porteur d'un projet et faire place aux besoins particuliers. Tout se passe comme si, faceà l'échec au niveau national d'une mise en acte de l'égalité des chances, il fallait désormais penser sa concrétisation au niveau local, celui des établissements scolaires. C'est ainsi qu'en matière d'organisation du temps et des programmes, la circulaire du Ministre Fontanet en 1973 fixe à 10% la marge de liberté du conseil d'administration de l'établissement. Le Ministre Beullac, en 1978, transforme ce pourcentage en PACTE. Ces projets d'actions culturelles, technique et éducatives connaissent un vif succès[9] et contribuent à concrétiser l'autonomie des établissements. Le « projet d'établissement » devient la cheville ouvrière de la réforme des collèges engagée sous Alain Savary en 1981 par Maurice Vergnaud à la Direction des collèges.

Alors que la logique civique, souveraine jusque dans les années 1970, était celle de l'effacement de l'individu et de la gestion du clos, les politiques éducatives à partir des années 1980 mettent en avant la prise en compte des besoins particuliers de l'enfant, les liens entre les acteurs et l'ouverture du champ scolaire à son environnement. Se multiplient à la fois les injonctions à l'individualisation et les injonctions au partenariat local[10]. Doit prévaloir à travers l'enracinement territorial de l'école, une logique de proximité, et à travers l'individualisation, une logique du « sur-mesure »[11].

En 1982, le rapport Legrand, « Pour un collège démocratique », préconise une pédagogie prenant en compte les enfants en difficultés, etdes établissements attentifs à leur environnement immédiat, donc à leurs spécificités communales. Émerge l'idée que l'École n'est pas toute puissante, qu'elle ne peut pas tout, qu'il lui faut composer avec d'autres acteurs et organisations du cru. Il ne s'agit plus tant d'uniformiser que de s'ouvrir à une prise en charge à la fois individuelle et partenariale.Est affirmée une liberté de chaque structure scolaire concernant le choix de ses partenaires.

---

[9] *Ibid.*, §55.
[10] MOREL, S. Individualiser dans un cadre partenarial: la cohérence interne des politiques socio-éducatives en question. *Les Sciences de l'Éducation*: Pour l'Ère Nouvelle, [s. l.], v. 53, p. 45-67, 2020.
[11] GOIRAND, S. L'individualisation des politiques socio-éducatives: quelle production sociale? Le cas des «parcours de réussite éducative». *In*: ZAOUCHE-GAUDRON, C. (dir.). *Précarités et éducation familiale*. [S. l.]: Erès, 2011. p. 349-354.

Les lois de décentralisation de 1983 et 1985 œuvrent en ce sens. Les besoins sont désormais territorialisés, c'est-à-dire perçus comme différents selon les territoires, ce qui se traduit pour les Rectorats d'académies, par l'octroi de compétences nouvelles en matière par exemple de répartition des moyens entre les établissements, d'affectation des enseignants, d'orientation de la formation continue.Les établissements secondaires deviennent des établissements publics locaux d'enseignement, ayant une existence juridique et une autonomie financière. Ils sont appelés àse mobiliser en diversifiant leur offre sur un quasi-marché. Ils rendent compte à une double autorité de tutelle : l'État(désormais moins éducateur qu'évaluateur) qui assure l'essentiel de la subvention en prenant en charge le traitement des fonctionnaires, et pour le reste : la commune (pour les écoles), le département (pour les collèges et les transports scolaires) ou encore la région (pour les lycées et la formation professionnelle). Il appartient aux établissements, pour cultiver leur différence et décrocher - dans un univers concurrentiel- des subventions, de séduire un partenariat local. Le passage de l'extra-territorialisation héritée de l'École Républicaine à la territorialisation implique des partenariats avec des acteurs associatifs, mais aussi avec des collectivités territoriales quin'accordent pas de subventions sans attentes, sans contreparties.

La marche vers le local se poursuit avec la loi d'orientation de 1989. Loin de rester aux portes de l'École, la famille y entre et négocie. Priment désormais les interactions -idéalement libres et égalitaires - entre les acteurs. L'accord en éducation part de l'enfant, de sa famille et de la capacité de l'un et de l'autre à contracter avec l'établissement. Plus que jamais, la temporalité dominante est celle des projets : celui de l'enfant, celui de la famille, celui de l'institution scolaire.

C. Une logique marchande de l'offre et de la demande

Au cours de ces années 80, il ne s'agit pas de renoncer à l'égalité des chances mais de combattre les inégalités en menant l'offensive non plus tant sous la bannière de l'uniformisation à l'échelle nationale que sous celle de la différenciation à l'échelle locale. Ainsi la création des Zones d'éducation prioritaire (ZEP) illustre cette volonté politique de préférer à l'approche plus ou moins impersonnelle et lointaine de l'État,une connaissance fine des difficultés sur chaque territoire. L'égalité des chances demeure l'horizon fixé mais fait de la place à un principe d'équité ouvert à une différenciation : « donner plus à ceux qui ont moins », une équité qui s'apprécie localement.

D'où des dotations spécifiques, des compensations en moyens financiers et en effectifs accordées à certains établissements, certains territoires, certaines populations. Ainsi la création des « internats d'excellence » pour les jeunes performant académiquement, issus de milieux défavorisés.

Mais cette demande de proximité et de personnalisation ne vaut pas que pour les ZEP et un public moins bien doté culturellement, économiquement, socialement. Elle s'étend à l'ensemble des écoles sommées de s'ouvrir au monde professionnel et d'être plus efficaces, alors que la société du plein emploi s'éloigne, que le chômage d'insertion sévit, et que le marché du travail se crispe.Si à l'origine, les politiques éducatives inspirées du rapport Legrand vont préconiser une autonomie et une plus grande articulation des établissements à leur environnement notamment pour aider les enfants en difficultés[12], les exhortations partenariales ne ciblent plus seulement les enfants à besoins particuliers et ambitionnent des collaborations territoriales profitables à l'ensemble de la population scolaire.

Le marché s'invite dans le débat de ces années 80 et, avec lui, la concurrence entre les établissements scolaires. Le Plan de modernisation du service public d'éducation de 1991 s'inscrit en partie au moins dans cette logique marchande de l'offre et de la demande. Un marché qui toutefois doit être régulé et contrôlé par la puissance publique. À regarder de plus près les comportements des parents[13], ils mettent en avant une liberté de choix, tel le consommateur, mais se montrent aussi soucieux de ce qui se joue en termes d'égalité de traitement, tel le citoyen, ou encore dans la vie scolaire quotidienne de leur progéniture (surveillance, remplacement des professeurs absents, qualité de la restauration…). Dans tous les cas, on l'aura compris, le débat n'est plus au niveau macro (unification du statut des établissements, homogénéisation des moyens…) mais au niveau méso : celui de la vie quotidienne (suivi individualisé des élèves, groupes de niveau …).

L'idée d'un État éducateur – permettant l'intégration de tous les petits français dans une école primaire laïque, gratuite et leur émancipation par la transmission de valeurs universelles et d'un savoir fondé en raison – est mis doublement à l'épreuve : celle de la démocratisation d'une réussite scolaire au long cours (permettre à tous de sortir diplômé du système scolaire et au

---

[12] SOMPAYRAC, L. Le partenariat entre le programme de réussite éducative et les enseignants: les arrangements locaux au profit des besoins scolaires? *Action Publique et Partenariat*(s), [s. l.], p. 102-118, 2020.
[13] DEROUET, 1992.

plus grand nombre de valider une formation de l'enseignement supérieur) ; celle de « l'éducation à » c'est-à-dire l'ouverture à des savoirs et pratiques que l'école ne maîtrise pas[14].

D. Une logique partenariale valorisée à une époque où le « faire société » ne va plus de soi

Depuis la fin du XX siècle et en ce premier quart de siècle, le « faire société »[15] ne va plus de soi. L'enjeu est de taille. Il s'agit de trouver, dans les écoles, les quartiers des régulations qui viennent corriger les fractures et les rigidités ; de susciter chez ceux qui fréquentent l'école, habitent le quartier, des comportements par lesquels ils se font eux-mêmes, acteurs de la cohésion sociale.

« Faire *socius*» marque le genre humain depuis la nuit des temps. Notre condition est celle de la coexistence[16] et du sens de cette coexistence[17]. Ces choses-là ne se démodent pas. Ce sont des individus qui habitent le monde, qui vivent ensemble. Les mots « vivre » et « ensemble » participent d'un même élan, deviennent politiquement équivalents sans pour autant constituer, une fois associé, un but politique émancipateur en soi. Dans la langue des Romains, peuple politique s'il en est, « vivre » signifie « être parmi les hommes (*inter homines esse*), et « mourir » : « cesser d'être parmi les hommes» (*inter homines desinere*)[18].

Ce qui est nouveau, c'est le « comment » de : Comment vivre ensemble ? comment « faire société » ? La question, posée parfois avec insistance, traduit une aspiration profonde et sonne comme un aveu, celui d'une socialité[19] qui ne va pas (plus) de soi. Considérer les sociétés ou les communautés comme des totalités homogènes, stables, alignées sur un dénominateur commun (le renvoi à une transcendance, à un régime politique, à une culture de classe…) ne tient plus. L'école, comme d'autres institutions s'adressant à autrui, est affaiblie : les références, jadis sacralisées, telles la Nation, la rai-

---

[14] RAYOU, P. Politiques et dispositifs scolaires. *In*: RAYOU, P. (éd.). *Sociologie de l'éducation*. Paris cedex 14: Presses Universitaires de France, 2015. p. 33-58.
[15] BERGIER, B. *Comment vivre ensemble?* La quadrature du sens. [*S. l.*]: Chronique Sociale, 2014.
[16] LAHIRE, B. *L'homme pluriel*: les ressorts de l'action. [*S. l.*]: Nathan, 1998.
[17] GOMEZ-MULLER, A. *Éthique, coexistence et sens*. [*S. l.*]: Desclée de Brouwer, 1999.
[18] QUELQUEJEU, B. La nature du pouvoir selon Hannah Arendt. Du "pouvoir sur" au "pouvoir en commun". *Revue des Sciences Philosophiques et Théologiques*, [*s. l.*], t. 85, 2001.
[19] Si la sociabilité est communément la tendance à « construire et vivre avec », la socialité est le produit de cette tendance, le mode de vie qu'elle détermine.

son, la République, sont discutées sinon contestées. Le « lieu » scolaire n'est plus sanctuarisé. S'en remettre à un seul principe organisateur du système scolaire (« l'égalité des chances ») ne tient plus.

Le « faire société » a perdu, y compris donc à l'école, de son « allant de soi », de sa présence muette. Il n'est plus un héritage de normes indiscutables, un code de bonne conduite, mais un monde à explorer. Il n'est plus tant un état de fait qu'une source d'interrogations. La préoccupation est récente, le désarroi contemporain. Au XIX siècle comme dans une grande partie du XX siècle, l'appartenance à une famille, à un milieu social, à une profession, à une génération, à un genre, imposait un ordre, un cadre de relations, des rapports statutaires, des hiérarchies. Le « faire société » n'était pas une question mais une réponse solidement ancrée. Chacun connaissait les règles du jeu qui le concernaient. Se soumettre ou transgresser était une autre affaire. En tout cas, les contours étaient nets. Ils ne le sont plus.

L'école ne peut plus s'appuyer[20] sur un projet de société partagé, sur des repères stables pour instruire et socialiser ses élèves. La crise des référents normatifs se traduit par un questionnement inquiet concernant aussi bien les contenus à enseigner, les fins poursuivies, que les modalités et les conditions de l'enseignement. Face au désengagement de l'État, face au vide produit par l'indétermination normative, le partenariat à l'échelle locale est une tentative de reconstruction des liens horizontaux. Notre période se caractérise par la faiblesse du lien social. L'idéologie partenariale a eu et a une fonction sécurisante. Le partenariat rassure par sa fonction liante. Il fait partie de ces concepts incantatoires, ceux que l'on convoque pour précipiter l'avènement de jours meilleurs. Il appartient à chaque établissement d'adapter son offre éducative en prenant en considération le contexte social, économique, culturel dans lequel il prend place. « L'environnement des écoles apparaît aujourd'hui comme un espace pourvoyeur de ressources humaines, matérielles, cognitives et financières qui peuvent être mises au service des missions scolaires »[21]. Depuis les années 1990, la logique partenariale n'a cessé de prendre de l'ampleur. Il concerne aussi bien les associations culturelles et artistiques[22] que les entreprises situées sur le territoire. Il permet

---

[20] DUBET, F. *Le déclin de l'institution*. [S. l.]: Seuil, 2002.
[21] DEVOS, L. Le partenariat entre écoles et acteurs externes: un épisode éducatif interrompt le temps scolaire. *Revue Éducation et Sociétés*, [s. l.], 2022. p. 149.
[22] BARRERE, A. ; MONTOYA, N. L'éducation artistique et culturelle : mythes et malentendus. [S. l.]: L'Harmattan, 2019.

des rapprochements entre des mondes qui traditionnellement s'ignoraient, demeuraient fermés les uns aux autres[23].

E. La notion de partenariat colonise progressivement les politiques publiques éducatives

La circulaire du 9 juillet 1998 définit le « contrat éducatif local » enjoignant aux établissements scolaires, aux collectivités territoriales, aux associations et aux familles de concevoir et mettre en œuvre un projet éducatif à l'échelle locale. Ce partenariat de terrain, financièrement encouragé[24], valorise les actions avec et autour de l'école. La circulaire du 27 avril 2005 instaure sur les territoires défavorisés un partenariat entre les professionnels des champs de l'école, de l'éducation, de la santé et du travail social et ce, pour la mise en œuvre d'une politique éducative à l'échelle locale. Sont instituées des équipes pluridisciplinaires de soutien (EPS). L'enjeu est d'appréhender globalement les difficultés d'un enfant ou d'un adolescent, de définir collectivement la temporalité, le contenu et les modalités d'accompagnement de parcours éducatifs individuels.

Précisément parce que l'École ne se vit pas (plus) comme toute puissante, elle sollicite des organisations extra-scolaires ayant dans leurs missions une dimension éducative. Elle fait appel à des opérateurs externes affichant un savoir-faire pédagogique en matière d'éducation à la citoyenneté, à la sexualité, à la santé, à l'environnement, à la biodiversité, à l'art, à la culture, à l'interculturalité, à l'entrepreneuriat, à la communication non violente, ou encore aux médias et à l'information[25]. Est alors questionnée la relation entre les professionnels de l'école et ces acteurs extérieurs qui doivent inévitablement composer avec le calendrier scolaire, avec les modalités organisationnelles et les attentes de l'établissement scolaire.

F. Le partenariat local : entre l'échelle de l'organisation et l'échelle nationale

Le partenariat est une notion spatialisée qui se décline à plusieurs échelles.

---

[23] BALUTEAU, F. *L'école à l'épreuve du partenariat*: organisation en réseau et forme scolaire. [S. l.]: L'Harmattan, 2017.
[24] LAFORETS, V. *L'éducatif local*: les usages politiques du temps libre des enfants. Thèse (Doctorat). Communauté Université Grenoble Alpes, Grenoble, 2016; SOMPAYRAC, 2020.
[25] DEVOS, 2022.

L'échelle de l'organisation : certaines organisations sont qualifiées de partenariales. Il s'agit principalement sinon exclusivement d'entreprises. Dans son combat pour la compétitivité, combat réclamant de souder ses rangs, de mobiliser ses troupes, l'entreprise sollicite entre autres métaphore celle du partenariat. Celui-ci repose sur quatre idées :1. Mobilisation et agressivité économique font bon ménage. 2. Le partenariat transforme les «ennemis» internes en «alliés». Il tend à neutraliser la dynamique conflictuelle. Le vocabulaire témoigne de l'adoucissement d'expressions empruntées au registre de la lutte et du rapport de force. Les syndicats deviennent des partenaires sociaux, les subordonnés des collaborateurs. 3. Le partenariat réintroduit dans le discours une touche solidariste, absente ou périphérique dans la notion d'associé. Au capitalisme sauvage est préféré un capitalisme civilisé. 4. Le partenariat va de pair avec le management participatif. Il s'agit d'intéresser le salarié aux résultats de l'entreprise.

L'échelle nationale : elle renvoie aux partenaires sociaux, aux relations entre État, patronat et syndicat, donc à des acteurs publics aux intérêts antagonistes apprenant à négocier. Ce partenariat est tantôt adulé tantôt dénoncé. Adulé, le macro partenariat est considéré comme une troisième voie, une alternative au capitalisme débridé et au collectivisme autoritaire; dénoncé il est accusé par sa recherche du «consensus» d'affaiblir le mouvement ouvrier et est considéré comme une variante euphémisée du capitalisme. Adulé, le macro partenariat permet aux citoyens de participer plus activement au développement de leur cadre de vie professionnel et extra professionnel ; dénoncé il est une stratégie pour masquer l'impuissance de l'État et organiser la privatisation du social local. Soit le partenariat est associé à la convergence des stratégies publiques privées, à la mobilisation de la population et de ses ressources.Soit le partenariat est perçu comme masquant les enjeux de pouvoir mais participant bel et bien à la reproduction des rapports de classes et servant l'élite dirigeante.

L'échelle locale est l'approche privilégiée par les politiques éducatives pour penser et mettre en œuvre le partenariat dans le champ scolaire. Au long du XX siècle, jusque dans les années 1970, nous étions dans une extra-territorialité qui minimisait le local pour privilégier les distances sociales. Depuis les années 80, nous sommes dans une territorialité qui majore le local, la proximité géographique et nuance les distances sociales. Notre contexte actuel est à la fois celui de la mondialisation de la sphère économique et celui de la territorialisation du social. On assiste à un recentrage des rapports sociaux autour du territoire. Le partenariat local constitue une tentative de reconstitution horizontale d'un lien social. Il participe à la territorialisation des rapports sociaux.

G. Essais de typologie des politiques partenariales en actes

Nous présentons deux typologies qui «fonctionnent» comme des cartes sémantiques complémentaires. La typologie doit permettre d'éclaircir progressivement l'état des lieux sans figer le problème. Elle n'est qu'un point d'ancrage dans le raisonnement et vise à nourrir la réflexion. Elle participe à la rhétorique de la découverte. Il ne s'agit ni d'une élaboration totalement abstraite en ce que les types s'appuient sur des données de terrain, ni d'un simple et pur reflet de la réalité. Nous sommes proches des idéaux-types qui dessinent des caricatures au sens où nous avons accentué en caractère gras les traits les plus significatifs. En même temps, les partenariats examinés sur le terrain répondent à ces caractéristiques et parfois «collent» à un type déterminé. Les dénominations retenues pour chaque type mettent l'accent sur ce qui identifie le mieux chaque partenariat, sur ce qui lui assure sa particularité, lui attribue un signe distinctif.

1. Entre partenariats égocentré, concentré et décentré

Partenariat égocentré : chaque partenaire est mû par sa logique interne, chaque acteur part de son institution et de son objectif. Il n'y a pas de décentration mais des tentatives répétées pour rallier «l'autre» à son point de vue. Domine la figure du même. Ce partenariat est monophonique. L'un des partenaires éducatifs se placent en donneur d'ordres, créant une asymétrie relationnelle et reléguant ses interlocuteurs au bas de la division du travail éducatif. Deux issues sont possibles : ou bien ce partenariat est mort-né, Dhume[26] parle alors de « vassalité » des partenaires extrascolaires envers les acteurs scolaires ; ou bien les institutions comprennent la nécessité de s'apprivoiser, d'apprendre àse connaître, bref de valoriser la mise en réseau en elle-même, premier stade - nous le verrons - du développement partenarial.

Partenariat concentré : le produit du partenariat, qu'il s'agisse d'un savoir ou d'un savoir-faire, est un concentré de chaque institution. L'objectif théorique ou pratique poursuivi par ce partenariat affiche un résultat qui nécessite de procéder par sommation des apports institutionnels dûment identifiés et... cloisonnés. S'opère une division du travail, une rationalisation des tâches à accomplir : "qui fait quoi ?". Les intérêts des

---

[26] DHUME, F. Sous le partenariat, les rapports de pouvoir: la réussite éducative de tous et l'échec solaire de certains. *Diversité-Ville-École-Intégration*, [s. l.], v. 172, p. 73-81, 2013.

partenaires sont divergents sans être antagonistes. On insiste sur les complémentarités et on fait taire les différends éventuels. Les partenaires s'informent mais ne dialoguent pas. Ce partenariat comprend plusieurs voix qui ne s'interpellent pas. "Chacun chez soi » demeure la devise pour demeurer légitime.

Partenariat décentré : l'objectif poursuivi par ce partenariat met en avant une démarche d'ouverture, d'exposition. Priment la mise en commun des ressources et la recherche d'une composition originale au sens où elle dépasse les apports spécifiques de chaque partenaire et transcende leurs logiques internes. Ce partenariat est polyphonique et les voix s'interpellent. La différence d'autrui n'est plus tant perçue comme menace que comme enrichissement possible. Est acceptée l'idée paradoxale d'une coopération confrontante, du même et de l'autre.

2. Entre partenariat relationnel et solidariste

Nous recherchons ici, dans l'analyse des partenariats voulus par les politiques éducatives, à distinguer des stades de développement

a) Le partenariat relationnel

Il permet d'établir le contact entre des représentants de différentes institutions qui jusqu'alors s'ignoraient, n'ayant pas ou peu l'occasion de se rencontrer : l'établissement scolaire, les associations culturelles, sanitaires, écologiques... La fonction de mise en relation prédomine. L'impact est limité à cette seule mise en réseau avec des effets de communication. Même s'il y a eu un essai de systématiser parfois ces réunions en fixant par exemple un calendrier, les rencontres demeurent irrégulières. Par ailleurs, l'effectif important ne permet pas tant des échanges mutuels qu'une identification (et parfois une découverte) de structures œuvrant sur le territoire (le quartier, la commune, la région).À ce stade partenarial, le contenu des rencontres n'a pas réellement d'importance. L'optimisation réside dans l'instauration d'un climat de convivialité : «on n'avance pas, ce n'est pas facile... mais nous sommes des gens de bonne compagnie» ; «on a souvent l'impression de tourner en rond ou d'avoir des discussions surréalistes... mais c'est important d'apprendre àse connaître, àse faire confiance».Ces espaces de rencontre peuvent être des grand-messes sans lendemain ou constituer une première étape dans le développement partenarial.

b) Le partenariat cognitif

Il traduit une circulation de l'information qui n'est plus unilatérale. Existent à ce niveau d'implication partenariale, des échanges mutuels qui portent principalement sur le partage de savoirs et la clarification des différentes approches que les acteurs ont du problème soulevé : par exemple, comment prendre en compte les besoins d'un jeune en situation de décrochage scolaire (aux plans académique, sanitaire, économique, social) ? Ce partenariat permet d'identifier un problème et d'inventorier, en termes de résolution, les angles d'attaque possibles pour considérer l'enfant dans sa globalité.

La polarisation sur la dimension cognitive produit un effet de synergie, voire un rapprochement des points de vue qui ne suffisent pas cependant à garantir le passage à l'action. La confrontation des connaissances particulières permet de faire avancer la réflexion des intervenants sans toutefois lui conférer un caractère opérationnel. À l'échelle d'un partenariat cognitif et à plus forte raison à celle d'un partenariat relationnel, il n'existe pas un projet fédérateur capable de «transcender» les logiques internes régissant les différentes institutions. Ainsi la règle déontologique de l'anonymat est mise en avant par les travailleurs sociaux dans les réunions dont l'objet même est pourtant d'organiser l'échange d'informations entre des professionnels et des instances ayant vocation à attribuer des aides. Dépassant la simple mise en réseau du partenariat relationnel, le partenariat cognitif permet de révéler et d'expliciter les différentes rationalisations qui animent et gouvernent les organisations en présence et les professionnels impliqués.

Si le partenariat cognitif contribue à élucider les logiques internes caractérisant l'ancrage institutionnel respectif des acteurs en présence, il ne permet pas de promouvoir une politique d'action. De ce point de vue, les participants en quête d'un partenariat aux retombées pragmatiques, restent sur leur faim. Lésés, ils sont les plus enclins à une démobilisation.

c) Le partenariat associationniste

Il caractérise une mobilisation suscitée par un problème concret que l'école seule ne saurait traiter et qui nécessite par conséquent, pour sa résolution, un rassemblement de moyens inter-institutionnels.

L'enracinement d'un tel partenariat est souvent d'ordre pratique, voire émotionnel (par exemple, comment faire faceà la montée de la violence dans l'école et sur le quartier ?). La participation des institutions n'est pas tant imposée par la mise en œuvre d'une loi ou d'un décret d'application que par la visibilité et l'acuité d'un problème concret posé à la base, sur un territoire donné.

Cette collaboration fédère des compétences et des ressources dans le cadre d'un partenariat plus ou moins formalisé et structuré. Les différentes institutions se concertent et confèrent à leurs échanges de points de vue une orientation aussi pragmatique que possible. Elles s'associent à la réalisation d'un projet commun local avec un objectif ciblé et traité sur le court terme. Ce partenariat éducatif ponctuel rassemble des acteurs scolaires et extra-scolaires autour d'une question spécifique et pour une période limitée[27].

La fonction associationniste met l'accent sur le partage des savoir-faire. La centration sur la constitution d'un réseau d'actions produit un effet de mobilisation d'autant plus fort que celui-ci a pour objet une préoccupation immédiate et locale.

Mais ce partenariat associationniste est, avons-nous dit, à court terme. En effet, ou bien le problème concret et local qui avait mobilisé ce partenariat est résolu signant dès lors sa disparition, ou bien il nécessite une action sur le long terme et la vague de mobilisation des différents acteurs s'estompe. Ce type de partenariat ne résiste pas au temps et en appelle pour survivre à un partenariat plus formalisé et structuré.

d) Le partenariat coopératif

Il se caractérise par une négociation sur des projets pragmatiques avec une recherche de complémentarité des rôles. Ce partenariat est possible lorsque les connexions préalables et indispensables à toute négociation sont satisfaites : 1. l'existence d'un minimum d'intérêts communs ou complémentaires entre les protagonistes impliquant la reconnaissance réciproque des parties en présence comme interlocuteurs autonomes. 2. la volonté de part et d'autre d'aboutir à un accord.

L'accent mis sur les procédures de coopération par la coordination des acteurs produit un effet d'organisation nécessaire pour consolider les acquis au-delà des seules préoccupations immédiates et ainsi installer le partenariat dans la durée.

---

[27] VANDEN BROECK, P. Beyond school: transnational differentiation and the shifting form of education in world society. *Journal of Education Policy*, [s. l.], v. 35, n. 6, p. 836-855, 2020.

e) Le partenariat solidariste

Nous l'évoquons car il constitue le terme de ce développement partenarial. Il désigne la forme de partenariat la plus élaborée et la plus utopique. Suscité ici et maintenant par une cause ou des intérêts à défendre, il se dote d'une structure permettant de formaliser sur le long terme ce lien de solidarité. Les implications en moyens humains, matériels et financiers des différents partenaires sont l'objet d'une contractualisation.

La fonction «solidariste», mentionnée dans la terminologie, vise à articuler les fonctions des précédents partenariats en leur fournissant une dimension supplémentaire : celle d'un enjeu social orienté vers le développement solidaire qui transcende les seuls intérêts des acteurs mobilisés/organisés. Ce partenariat a donc des effets de contagion qui dépassent le groupe initial des partenaires. La perspective ouverte par un partenariat qui mobilise un maximum d'acteurs relayés par des processus d'organisation est susceptible de produire des effets de développement solidaire.

H. Les limites et écueils du partenariat éducatif

Les acteurs des champs de l'éducation, de la santé, du travail social, de l'animation ou encore de la culture sont appelés à rompre[28] avec les cloisonnements horizontaux et à travailler en partenariat. Celui-ci ne va pas de soi. En témoigne par exemple l'étude des programmes de réussite éducative (PRE) fondés sur prise en charge à la fois individualisée et collaborative. Morel identifie trois ordres de difficultés : Au plan déontologique : « comment partager des informations souvent confidentielles sur des situations individuelles dans un cadre que la démarche partenariale rend de plus en plus ouvert à un large public [de professionnels] ? »[29]; au plan organisationnel : sachant que le nombre de situations d'enfants examinés dans le dispositif partenarial est un indicateur majeur de l'évaluation dudit dispositif, comment concilier cette exigence quantitative, la disponibilité limitée des partenaires (ce qui se compte) et un traitement individualisé (ce qui compte) réclamant un « temps relativement long de concertation »[30] ; au plan financier : « comment éviter que les enjeux financiers conduisent certains partenaires à prêter plus d'attention au nombre de situations

---

[28] BALUTEAU, 2017.
[29] MOREL, 2020, p. 46.
[30] *Ibid.*, p. 47.

individuelles soumises au Programme de Réussite Éducative qu'à une réflexion visant à discerner les cas pour lesquels l'individualisation est souhaitable ? » Étant entendu que les subventions versées aux partenaires sont limitées, ne risque-t-on pas de voir les relations de concurrence l'emporter sur la coopération ?[31].

1. Une idéologie partenariale masquant les rapports de pouvoir

Il y a une tendance à « euphémiser » les rapports de pouvoir à l'œuvre dans le partenariat. Ainsi pour Baluteau « le partenariat correspondrait à un engagement volontaire des partenaires, à un accord, voire un consensus, à une complémentarité des ressources respectives et à une relation entre partenaires égaux »[32]. De ce point de vue, la définition de Marx et Reverdy[33], en intégrant la dimension confrontante, gagne en pertinence : « Le partenariat suppose un *objet commun* aux partenaires, sous la forme d'une *action négociée*, s'inscrit possiblement dans la *durée* et implique plusieurs partenaires issus de cultures professionnelles souvent différentes. »

En interrogeant « l'objet commun », en s'ouvrant à la temporalité (la durée du partenariat) et en faisant place à « l'action négociée », cette définition nous invite à construire une typologie partenariale distinguant notamment un partenariat égocentré, un partenariat concentré et un partenariat décentré.

Il peut masquer ou non des tensions entre partenariat et concurrence : Il faut à la fois être en partenariat et en concurrence. La question suivante se pose alors : Les stratégies partenariales, ont-elles pour principal objectif de réduire ou même de faire disparaître la concurrence, en augmentant la sécurité de tous les protagonistes par la stabilisation de l'environnement? Elles correspondent alors à une nouvelle forme de concurrence dans laquelle le but ultime est d'affaiblir ou de piéger le partenaire, d'aboutir à un effet de domination. Autrement dit, si la stratégie coopérative dite du «donnant-t-donnant» peut apparaître le plus souvent comme préférable à des stratégies non coopératives, c'est quand même, la continuation de la « guerre » par d'autres moyens ; il s'agit toujours de mettre en œuvre une stratégie compétitive et d'assurer le positionnement à long terme de l'établissement scolaire dans un environnement concurrentiel.

---

[31] *Ibid.*, p. 47.
[32] BALUTEAU, 2017, p. 32.
[33] MARX, L; REVERDY, C. *Travailler en partenariat à l'école*. Dossier de veille de l'IFE, 134, ENS de Lyon, 2020, p. 3.

2. Une idéologie partenariale gommant la dimension confrontante

Si le *partenariat* est un terme récent, *Partenaire* en revanche apparaît dès le XVIII siècle, évoqué notamment par Beaumarchais (1784). Il vient de l'anglais *partner*, altération de *parcener*, et de l'ancien français *parçonnier*[34] (signifiant : associé, participant, compagnon ou complice). Mais ses racines latines nous renvoient à *partitio, partitionis* (partage, répartition) et au verbe *partio* (diviser, répartir, partager, distribuer). Le partenariat contient en germe à la fois l'association et la division, le rassemblement et la séparation. Le détour étymologique dévoile le paradoxe originel du partenariat, ce qui n'est pas sans intérêt pour étudier les relations parfois complexes entre les partenaires.

On voit dès lors que le partenariat implique un certain pragmatisme et un abandon (tout au moins une relégation) des attitudes doctrinaires. Nous définissons le partenariat par un oxymore : une coopération confrontante.

Mais la fonction idéologique du partenariat tend à occulter la dimension confrontante, voire conflictuelle. Pour être visibilisée, cette dimension doit donner lieu à un travail d'élucidation des intérêts que les partenaires confèrent à leur participation directe ou indirecte aux actions communes. Ces intérêts et enjeux peuvent être partiellement convergents mais aussi partiellement divergents. Mérini et Sarfati[35] soulignent, dans leur théorisation des pratiques éducatives partenariales, la concomitance d'une défense des intérêts propres et la promotion d'un objectif commun. Ce temps d'exposition, de négociation, de reconnaissance, serait fondateur.

Conclusion

Les politiques éducatives, dans une société en perte de dénominateur commun, incitent de plus en plus les établissements scolaires à composer avec leur environnement local et à travailler en partenariatavec des organisations susceptibles « d'éduquer à », dans des champs aussi variés que la santé, la sexualité, l'écologie, le développement durable, la citoyenneté, les arts... Il devient pertinent d'interroger cette dimension partenariale conférée

---

[34] "Je vous prie beau sire, faictes nous parconniere de vostre communication". Du Guez Intro, p. 1.038 (Dictionnaire de la langue française du seizième siècle Tome V Didier, Paris, 1961, p. 622); *Parçonnier de* : ayant une part de, participant à.

[35] MERINI, C. *Le partenariat en formation*: de la modélisation à une application. [S. l.]: L'Harmattan, 2006; SARFATI, J.-J. Réflexions générales sur la politique de partenariat à l'école. *Éducation et Socialisation*, [s. l.], v. 34, 2013. Disponible sur: https://edso.revues.org/412. Consultélé: 27 juin 2023.

aux politiques publiques. Cette exhortation àse lier avec d'autres acteurs, à œuvrer ensemble, occulte les rapports de concurrence qui se développent sur le marché scolaire sous l'effet d'un néolibéralisme qui ségrége et durcit les inégalités.

Références

BALUTEAU, F. *L'école à l'épreuve du partenariat*: organisation en réseau et forme scolaire. [S. l.]: L'Harmattan, 2017.

BARRÈRE, A.; DELVAUX, B. La fragmentation des systèmes scolaires nationaux. *Revue Internationale d'Éducation de Sèvres*, [S. l.], v. 76, p. 39-50, 2017.

BARRÈRE, A.; MONTOYA, N. *Education culturelle et artistique : mythes et malentendus*. [S. l.] : L'Harmattan, 2019.

BERGIER, B. *Comment vivre ensemble?* La quadrature du sens. [S. l.]: Chronique Sociale, 2014.

BERGIER, B. Espace scolaire et équilibre. *Impact*, [S. l.], n. 3, p. 35-42, 1994.

CHARTIER E. A. *L'art de vouloir*. Gallimard: Bibliothèque de la Pléiade, 1960. Publié initialement en 1929.

DEROUET J.-L. *École et justice*: de l'égalité des chances aux compromis locaux. [S. l.]: Métailié, 1992.

DEVOS, L. Le partenariat entre écoles et acteurs externes: un épisode éducatif interrompt le temps scolaire. *Revue Éducation et Sociétés*, [S. l.], 2022.

DHUME, F. Sous le partenariat, les rapports de pouvoir: la réussite éducative de tous et l'échec solaire de certains. *Diversité-Ville-École-Intégration*, [S. l.], v. 172, p. 73-81, 2013.

DUBET, F. *Le déclin de l'institution*. [S. l.]: Seuil, 2002.

GOIRAND, S. L'individualisation des politiques socio-éducatives: quelle production sociale? Le cas des «parcours de réussite éducative». *In*: ZAOUCHE-GAUDRON, C. (dir.). *Précarités et éducation familiale*. [S: l.]: Erès, 2011. p. 349-354.

GOMEZ-MULLER, A. *Éthique, coexistence et sens*. [S. l.]: Desclée de Brouwer, 1999.

LAFORETS, V. *L'éducatif local*: les usages politiques du temps libre des enfants. Thèse (Doctorat). Communauté Université Grenoble Alpes, Grenoble, 2016.

LAHIRE, B. *L'homme pluriel*: les ressorts de l'action. [S. l.]: Nathan, 1998.

LANTHEAUME, F.; SIMONIAN, S. La transformation de la professionnalité des enseignants: quel rôle du prescrit? *Les Sciences de l'Éducation*: Pour l'Ère Nouvelle, [S. l.], v. 45, p. 17-38, 2012.

MARX, L. ; REVERDY C. *Travailler en partenariat à l'école*. Dossier de veille de l'IFE, 134, ENS de Lyon, 2020

MERINI, C. *Le partenariat en formation*: de la modélisation à une application. [S. l.]: L'Harmattan, 2006.

MOREL, S. Individualiser dans un cadre partenarial: la cohérence interne des politiques socio-éducatives en question. *Les Sciences de l'Éducation*: Pour l'Ère Nouvelle, [s. l.], v. 53, p. 45-67, 2020.

QUELQUEJEU, B. La nature du pouvoir selon Hannah Arendt. Du «pouvoir sur» au «pouvoir en commun». *Revue des Sciences Philosophiques et Théologiques*, [S. l.], t. 85, 2001.

RAYOU, P. Politiques et dispositifs scolaires. *In*: RAYOU, P. (éd.). *Sociologie de l'éducation*. Paris cedex 14: Presses Universitaires de France, 2015. p. 33-58.

SARFATI, J.-J. Réflexions générales sur la politique de partenariat à l'école. *Éducation et Socialisation*, [S. l.], v. 34, 2013. Disponible sur: https://edso.revues.org/412. Consulté le: 27 juin 2023.

SOMPAYRAC, L. Le partenariat entre le programme de réussite éducative et les enseignants: les arrangements locaux au profit des besoins scolaires? *Action Publique et Partenariat*(s), [S. l.], p. 102-118, 2020.

VAN HAECHT, A. *L'école à l'épreuve de la sociologie*: questions à la sociologie de l'éducation. Bruxelles: De Boeck-Universités, 1990.

VANDEN BROECK, P. Beyond school: transnational differentiation and the shifting form of education in world society. *Journal of Education Policy*, [S. l.], v. 35, n. 6, p. 836-855, 2020.

2

A HISTÓRIA DA ALFABETIZAÇÃO PARANAENSE NO CONTEXTO DA HISTÓRIA DA ALFABETIZAÇÃO BRASILEIRA: AS CONTRIBUIÇÕES DE ERASMO PILOTTO

Cássia Helena Guillen
Maria Elisabeth Blanck Miguel

Introdução

Magda Soares[36] destaca quanto a alfabetização tem sido estudada por diferentes pesquisadores, os quais a observam por múltiplas facetas, resultando numa visão fragmentada desse objeto. Este trabalho, no entanto, traz a alfabetização pelas lentes da história[37], pois a pesquisa que o gerou, realizada entre os anos de 2017 e 2020, aborda a história da alfabetização paranaense e suas relações com o contexto nacional, estadual e municipal.

O município de São José dos Pinhais deu origem à problematização da pesquisa, isto é: como a alfabetização no município se configurou mediante orientações oficiais federais e, principalmente, estaduais no período de 1960 a 1980? As fontes primárias coletadas no município foram: algumas avaliações de Língua Portuguesa de 1975, e um Caderno de Planejamento de 1979. As fontes estaduais foram: dois Planos Estaduais de Educação, três Currículos de Ensino, como também outros materiais que orientavam os professores a respeito da alfabetização, no período entre 1960 até 1980.

---

[36] SOARES, M. *Alfabetização e letramento*. 7. ed. São Paulo: Contexto, 2017.

[37] Pois trata-se de um recorte da tese de doutorado "A alfabetização no Paraná: o caso de São José dos Pinhais, 1960-1980": GUILLEN, C. H. *A alfabetização no Paraná*: o caso de São José dos Pinhais, 1960-1980. 2020. Tese (Doutorado em Educação) – Pontifícia Universidade Católica do Paraná, Curitiba, 2020. Disponível em: https://www.pucpr.br/escola-de-educacao-e-humanidades/mestrado-e-doutorado/producao-academica/. Acesso em: 5 fev. 2023. Trabalho realizado sob orientação da orientação da Prof.ª Dr.ª Maria Elisabeth Blanck Miguel, articulado à linha de pesquisa História e Políticas da Educação do Programa de Pós-Graduação (Doutorado) em Educação da Pontifícia Universidade Católica do Paraná.

Assim, foi no encontro oportuno com as fontes estaduais que este capítulo nasceu, ou seja: em uma das documentações localizadas na Secretaria de Estado da Educação do Paraná (Seed/PR), mostrava-se a relevância de Erasmo Pilotto para a história da alfabetização paranaense. Por essa razão, o objetivo deste texto é discorrer sobre as contribuições desse intelectual para a trajetória da alfabetização paranaense, pois sua participação intensa nesse cenário, no período de sua atuação, teve grande influência e impacto na forma de ensinar a ler e escrever, a princípio nas escolas rurais, mas muito provavelmente reverberando com força nas escolas urbanas, configurando-se como uma metodologia conveniente e fértil à prática em sala de aula.

Para tratar, assim, dessa questão, inicialmente será apresentada a história da alfabetização de modo mais amplo para, em seguida, trazer as contribuições de Pilotto.

A trajetória da alfabetização: dos métodos de ensino, avança-se para o conhecimento de como a criança aprende

Para iniciar esta discussão, Ferreiro e Teberosky[38] argumentam que os problemas de aprendizagem relacionados à leitura e à escrita vinham sendo apresentados como uma questão de qual seria o melhor método de ensino. As autoras revelam que, historicamente, dois métodos seriam os mais polêmicos na América Latina: o sintético, que parte de elementos menores, e o analítico, que parte das unidades maiores[39].

> O método sintético insiste, fundamentalmente, na correspondência entre o oral e o escrito, entre o som e a grafia. Outro ponto chave para esse método é estabelecer a correspondência a partir dos elementos mínimos, num processo que consiste em ir das partes ao todo. Os elementos mínimos da escrita são as letras. Durante muito tempo se ensinou a pronunciar as letras, estabelecendo-se as regras de sonorização da escrita no seu idioma correspondente.[40]

Ferreiro e Teberosky elucidam também que foi desenvolvido o método fonético como uma versão do sintético devido à influência da linguística. Esse modo de ensino partia do oral, ou seja, da unidade mínima do som da

---

[38] FERREIRO, E.; TEBEROSKY, A. *A psicogênese da língua escrita*. Porto Alegre: Artes Médicas, 1985.

[39] Cabe lembrar que as pesquisadoras estavam lançando sua pesquisa na década de 1980 sobre a psicogênese da língua escrita e faziam uma crítica intensa aos métodos denominados "tradicionais" de ensino, sendo esse, portanto, o contexto histórico a que estão se referindo.

[40] FERREIRO; TEBEROSKY, 1985, p. 19.

fala (fonema), e o estudante deveria associá-lo a sua representação gráfica (letra). Naquele período, no entanto, estava em desuso[41]essa versão do método sintético, daí as autoras tecerem algumas críticas pertinentes, pelo fato de que o sujeito aprendiz deveria então ser capaz de isolar e reconhecer os diferentes fonemas de seu idioma a fim de poder relacioná-lo aos sinais gráficos, mas isto não seria coerente, pois se estaria considerando a língua como regular o tempo todo.

No que toca o método analítico, as autoras asseveram que estese distinguia do sintético por ser o seu oposto. Seus defensores acusavam o método sintético de ser puramente mecanicista, já que argumentavam que, na percepção infantil, as visões de conjunto precederiam à análise. De modo geral, a diferença entre os dois métodos estaria na estratégia perceptiva: um priorizava o auditivo; o outro, o visual[42]. Cada método estaria ancorado, portanto, em concepções do funcionamento psicológico da criança em diferentes teorias. Nesse sentido, um nega o outro. Daí as autoras descartarem a tendência que sugere o uso do método misto, ou seja, de que ora seja utilizado um, ora outro. Afinal, em todos esses modos de ensinar, não se estaria considerando as competências linguísticas das crianças, tampouco suas capacidades cognoscitivas. Tendo isto em vista, defendem as autoras como a teoria desenvolvida por elas seria a mais coerente e eficaz para se alfabetizar, visto que a atenção agora saiu do fator externo, ou seja, do método, para o fator interno, isto é, saber como a criança aprende.

Diante disso, é oportuno trazer nesta discussão as considerações de Mortatti[43],porque tratam especificamente da história da alfabetização ocorrida no Brasil. A historiadora percebeu em suas pesquisas que é recorrente a disputa acirrada entre teóricos, desde que se instalou o modelo escolar republicano, pela defesa do melhor método de se alfabetizar e, assim, conquistar a hegemonia nas políticas educacionais:

> Desde essa época, observam-se repetidos esforços de mudança, a partir da necessidade de superação daquilo que, em cada momento histórico, considerava-se tradicional

---

[41] No entanto, esse método tem ressurgido como "solução" para os problemas com a alfabetização que ainda permanecem. A própria Base Nacional Comum Curricular (2017) atualmente retoma esse modelo por meio da ênfase da consciência fonológica como um elemento primordial para os dois primeiros anos de alfabetização.

[42] FERREIRO; TEBEROSKY, 1985.

[43] MORTATTI, M. R. L. História dos métodos de alfabetização no Brasil. *In*: MORTATTI, M. R. L. *Métodos de alfabetização no Brasil*: uma história concisa. São Paulo: Unesp, 2019. p. 27-46. Originalmente publicada em 2006. Disponível em: http://portal.mec.gov.br/seb/arquivos/pdf/Ensfund/alf_mortattihisttextalfbbr.pdf. Acesso em: 20 fev. 2023.

nesse ensino e fator responsável pelo seu fracasso. Por quase um século, esses esforços se concentraram, sistemática e oficialmente, na questão dos métodos de ensino da leitura e escrita, e muitas foram as disputas entre os que se consideravam portadores de um novo e revolucionário método de alfabetização e aqueles que continuavam a defender os métodos considerados antigos e tradicionais.[44]

Mortatti apresenta mais detalhes sobre a história da alfabetização, no caso do Brasil, separando-a em quatro momentos fundamentais. Suas ponderações cooperam, assim, com esta investigação no sentido de apreender como a alfabetização, por meio dos métodos, ajustava-se ao contexto político, econômico e social de cada época, a fim de corresponder ao que dela se esperava. Além disso, suas proposições possibilitam interpretar que aprender a ler e escrever, do ponto de vista do estudante, era tornar-se um cidadão republicano, com diferentes obrigações e demandas de tempos em tempos.

O primeiro momento histórico categorizado por Mortatti trata-se do período em que o Império organizava o ensino por meio das chamadas "aulas régias". Ainda não havia escolas, por isso as condições eram precárias e dependiam dos esforços dos seus principais atores, ou seja, professores e alunos. Do mesmo modo, a falta de materiais, ou os poucos que existiam, fazia o ato de aprender a escrever e ler quase um milagre. Segundo a pesquisadora:

> Para o ensino da leitura, utilizavam-se, nessa época, métodos de marcha sintética (da "parte" para o "todo"): da soletração (alfabético), partindo do nome das letras; fônico (partindo dos sons correspondentes às letras); e da silabação (emissão de sons), partindo das sílabas. Dever-se-ia, assim, iniciar o ensino da leitura com a apresentação das letras e seus nomes (método da soletração/alfabético), ou de seus sons (método fônico), ou das famílias silábicas (método da silabação), sempre de acordo com certa ordem crescente de dificuldade. Posteriormente, reunidas as letras ou os sons em sílabas, ou conhecidas as famílias silábicas, ensinava-se a ler palavras formadas com essas letras e/ou sons e/ou sílabas e, por fim, ensinavam-se frases isoladas ou agrupadas. Quanto à escrita, esta se restringia à caligrafia e ortografia, e seu ensino, à cópia, ditados e formação de frases, enfatizando-se o desenho correto das letras.[45]

---

[44] *Ibid.*, p. 3.
[45] *Ibid.*, p. 5.

O marco de mudança do método sintético para a chegada do analítico, segundo Mortatti, foi a utilização da *Cartilha maternal ou arte da leitura*, redigida pelo poeta português João de Deus, a partir de 1880 até 1890. A autora revela que foi, principalmente, nos estados de São Paulo e Espírito Santo que o "novo" método ganhou força, com Antônio da Silva Jardim, professor positivista e militante, da Escola Normal de São Paulo:

> Diferentemente dos métodos até então habituais, o "método João de Deus" ou "método da palavração" baseava-se nos princípios da moderna linguística da época e consistia em iniciar o ensino da leitura pela palavra, para depois analisá-la a partir dos valores fonéticos das letras. Por essas razões, Silva Jardim considerava esse método como fase científica e definitiva no ensino da leitura e fator de progresso social.[46]

O segundo momento apontado é definido pela autora como da institucionalização do método analítico. Esse modelo foi disseminado para os outros estados por meio das "missões dos professores", após a "reorganização da Escola Normal de São Paulo e a criação da Escola-Modelo anexa"[47]. O método analítico era considerado científico por se basear nas novidades da linguística da época[48].

> Diferentemente dos métodos de marcha sintética até então utilizados, o método analítico, sob forte influência da pedagogia norte-americana, baseava-se em princípios didáticos derivados de uma nova concepção — de caráter biopsicofisiológico — da criança, cuja forma de apreensão do mundo era entendida como sincrética. A despeito das disputas sobre as diferentes formas de processuação do método analítico, o ponto em comum entre seus defensores consistia na necessidade de se adaptar o ensino da leitura a essa nova concepção de criança.[49]

Assim como o método analítico prescrevia que a alfabetização deveria iniciar pelo todo, Mortatti esclarece, entretanto, que esse "todo" tinha vários significados, dependendo do que seus defensores considerassem. Ou seja, o todo poderia ser uma palavra, ou a sentença, ou uma historieta[50]. As próprias

---

[46] *Ibid.*, p. 6.
[47] *Ibid.*, p. 6.
[48] *Ibid.*; VIDAL, D. G. Escola Nova e processo educativo. *In*: LOPES, E. M. T.; FARIA FILHO, L. M.; VEIGA, C. G. (org.). *500 anos de educação no Brasil*. 5. ed. Belo Horizonte: Autêntica, 2015; FERREIRO; TEBEROSKY, 1985.
[49] MORTATTI, 2019, p. 7.
[50] Ibid.

cartilhas produzidas nesse segundo momento traziam o método analítico, ao buscar adequar-se às instruções legais, conforme conta a autora. Nessa conjuntura, analisa a autora, o método sintético foi visto como um ensino tradicional e ultrapassado por alguns, enquanto o analítico foi visto por outros como o "novo" que chegava com ar de revolucionário.

Nesse segundo momento, em que as questões psicológicas perdiam espaço para as didáticas[51], instaurou-se uma disputa entre os que defendiam um ou outro modo de ensino. O ensino da escrita, segundo Vidal[52], ocorria então pela preocupação com a postura certa do estudante. O corpo da criança mesclava-se com o registro dos códigos. Somam-se a isso, as mudanças de tecnologia, que eram, aos poucos, incorporadas à escola. Vidal[53] aponta também que "substituía-se a ardósia pelo caderno de caligrafia impresso, abrindo a possibilidade da extensão de uma escrita mais homogênea a todo o território nacional, difundindo um novo modelo caligráfico, apresentado como moderno e civilizador".

O terceiro período mencionado por Mortatti, de "alfabetização sob medida", ocorreu pela proposta da Reforma Sampaio Dória em meados de 1920 e, concomitantemente, pela insatisfação e resistência dos professores em relação ao método analítico[54]. Contudo, na busca por conciliar as duas formas de ensinar a leitura e a escrita, prevaleceu a orientação pelo uso de um método misto ou eclético (sintético-analítico ou vice-versa). A autora explica esse fenômeno pela tendência da relativização da importância do método, e que, de certo modo, havia uma "preferência pelo método global (de contos), defendido mais enfaticamente em outros estados brasileiros"[55].

É nesse contexto que surgem, amparados pelas bases psicológicas da alfabetização, Os *Testes ABC para verificação da maturidade necessária ao aprendizado da leitura e escrita*, de autoria de Lourenço Filho, cujo objetivo principal era a homogeneização das classes, bem como a racionalização e eficácia da alfabetização[56].

Nesse momento, as cartilhas apresentavam o método misto, assim como começaram a ser divulgados os manuais para professores. Além

---

[51] Ibid.
[52] VIDAL, 2015.
[53] *Id.* Da caligrafia à escrita: experiências escolas novistas com caligrafia muscular nos anos 30. *Revista da Faculdade de Educação [da] Universidade de São Paulo*, São Paulo, v. 24, n. 1, p. 126-140, 1998.
[54] MORTATTI, 2019.
[55] *Ibid.*, p. 8-9.
[56] Ibid.

disso, surgiu a ideia de haver um período preparatório à alfabetização. Esse período preparatório "consistia em exercícios de discriminação e coordenação viso-motora e auditivo-motora, posição do corpo e membros, dentre outros"[57]. E Mortatti realça que esse período se estende até o fim da década de 1970, no qual ocorre uma retomada de direção da alfabetização, pois a percepção didática cedeu lugar novamente à psicológica.

O quarto período da história da alfabetização é denominado, portanto, por Mortatti, de "alfabetização: construtivismo e desmetodização". Em virtude de mudanças em vários setores, demandas políticas e sociais na procura de resolver o fracasso da alfabetização na escola pública, abriu-se espaço para ideias novas, e é nesse momento que chegam Ferreiro e Teberosky com a teoria d'*A psicogênese da língua escrita*.

> Deslocando o eixo das discussões dos métodos de ensino para o processo de aprendizagem da criança (sujeito cognoscente), o construtivismo se apresenta, não como um método novo, mas como uma revolução conceitual, demandando, dentre outros aspectos, abandonarem-se as teorias e práticas tradicionais, desmetodizar-se o processo de alfabetização e se questionar a necessidade das cartilhas.[58]

Foi de fato um período de maior ruptura na forma de conceber e praticar a alfabetização. A partir dos anos de 1980, segundo Mortatti, houve um grande esforço, tanto por parte das autoridades quanto por parte de pesquisadores acadêmicos, para convencer os professores a se apropriarem e aplicarem o construtivismo. Nesse momento, os métodos de alfabetizar foram considerados inadequados, ultrapassados e tradicionais; e o construtivismo foi considerado a nova ordem.

NO PARANÁ: DOS MÉTODOS IMPORTADOS DE ALFABETIZAÇÃO PARA O MÉTODO PARANAENSE DE ENSINAR A LER E ESCREVER

As discussões anteriores trouxeram um cenário geral sobre a trajetória do ensino da língua materna e a relação contraditória entre seus métodos. Diante disso, necessitava-se investigar o contexto regional, e uma pista surgiu com a leitura das fontes oficiais sobre as escolas rurais. A importância dessa categoria de escolas para o contexto regional é intrínseca à origem

---

[57] *Ibid.*, p. 10.
[58] *Ibid.*, p. 10.

do próprio território paranaense e, por essa razão, não poderia deixar de ser contemplada como uma parte significativa à composição da pesquisa que foi feita como um todo. Assim, em um dos documentos localizados na Secretaria da Educação do Estado do Paraná, foi possível conhecer quais eram as precauções em torno dos métodos de alfabetização mais tradicionais e qual era a proposta do governo do Paraná para as áreas rurais.

A despeito das áreas rurais, convém abordar alguns aspectos referentes às escolas direcionadas a essas áreas. De acordo com Miguel, "As Escolas Rurais foram estabelecidas no Paraná durante o governo de Manoel Ribas (1932-1945) e em âmbito nacional sob o governo de Getúlio Vargas". No caso paranaense, o Paraná incrementou políticas para completar a sua população e desenvolver a produção da lavoura cafeeira no Norte e a pecuária no Oeste. O resultado dessas ações foi a necessidade da criação de escola rurais "como a instância adequada de preparação do homem para o trabalho no interior"[59].

O Paraná, no entanto, possuía poucas escolas, e havia a intenção de "o governo federal de nacionalizar as escolas de estrangeiros existentes nas zonas de imigração, dentre elas o Paraná"[60]. Com base nas afirmações de Miguel, é possível entender que a razão de se produzir um material para alfabetizar o público dessas escolas rurais vinha do crescimento dessas localidades, diante do contexto socioeconômico e político brasileiro, em meados do século XX. Nos dizeres da autora:

> Assim, o contexto socioeconômico e político brasileiro e paranaense criava as condições para a instalação de escolas rurais e industriais como meio de atender as necessidades de crescimento, tanto nas cidades como nas zonas mais afastadas. A abertura de ambos os tipos de escolas decorria das necessidades do próprio desenvolvimento das relações capitalistas de produção.[61]

A fonte encontrada na Seed foi elaborada como relatório de um Projeto Integrado de Apoio ao Pequeno Produtor Rural (Pro-Rural), no qual foi aplicado em 1980 o método Erasmo Pilotto para escolas rurais multisseriadas dos municípios que integravam o projeto. Esse documento quase passou despercebido pelo fato de estar restaurado com uma capa azul, costurada com barbante, o que passava a impressão de não ser um documento oficial, conforme mostra a Figura 2.1.

---

[59] MIGUEL, M. E. B. As escolas rurais e a formação de professores. *In*: WERLE, F. O. C. (org.). *Educação rural em perspectiva internacional*: instituições, práticas e formação do professor. Ijuí: Unijuí, 2007. p. 80.
[60] *Ibid.*, p. 80.
[61] *Ibid.*, p. 80.

Figura 2.1 – Métodos de alfabetização e método Erasmo Pilotto

Fonte: Paraná (1983)

Foi a identificação da etiqueta colada na capa que chamou atenção para que esse documento fosse aberto e se percebesse sua importância para contar sobre os métodos de alfabetização e sua relação com o estado do Paraná. As informações contidas contribuíram em dois aspectos essenciais: o primeiro, por mostrar, de modo geral, os métodos mais conhecidos e usados pelo território paranaense; o segundo, por apresentar um método genuinamente desenvolvido por um intelectual paranaense, Erasmo Pilotto.

No tocante ao mentor do método paranaense, Miguel apresenta um trecho interessante do discurso de Pilotto, o qual revela o que ele pensava sobre a alfabetização e a educação geral:

> Ensinar o indivíduo a ler, agostar de ler, a ler bastante, por exemplo, e Educação Geral; qualquer que seja o que ele venha ser mais tarde, deve conhecer certos cuidados de higiene, deve

> ter boa saúde, deve saber algumas contas e saber usá-las na sua vida de todos os dias, deve querer ser útil aos que vivem junto dele, deve conhecer algumas coisas sobre o mundo que o cerca, deve saber de sua Pátria e deve saber uma porção de coisas mais desse tipo, que o indivíduo pode aprender enquanto criança. É essa a Educação Geral, essa educação que todos os indivíduos devem ter, qualquer que seja o que eles venham a ser mais tarde, que a escola primária deve procurar dar a todos. Isso e nada mais.[62]

De volta à fonte de capa azul, o documento apresenta os métodos mais utilizados historicamente, citando o nome de Gaston Mialaret, o qual afirmava que não existiam mais que dois métodos para ensinar a ler e escrever:

> Gaston Mialaret, especialista francês em alfabetização, considera que não existem mais que dois métodos conhecidos de ensinar a ler: o sintético e o analítico. Ambos procuram fazer a criança compreender a existência de uma certa correspondência entre os símbolos da língua escrita e os sons da língua falada. Mas, para esse fim, um dos métodos principia pelo estudo dos elementos constituintes dos símbolos, enquanto o outro, pelo contrário, visa à obtenção do mesmo resultado colocando a criança repentinamente perante segmentos significativos da linguagem escrita, como palavras, locuções, período ou pequenos textos.[63]

Na acepção da equipe[64] responsável pelo documento, o método sintético seria uma das técnicas mais antigas empregadas pelos professores e eles o usavam porque se baseavam "na teoria de que o ensino deve caminhar do mais simples para o mais complexo e, naturalmente, acreditavam que as letras são mais simples que palavras, sentenças ou parágrafos"[65]. Usado pela Grécia e por Roma, esse processo de alfabetização

> Ainda hoje é usado por muitos professores. Depois de ensinar à criança o nome das letras do alfabeto, pretendia-se que ela reunisse duas ou mais letras e lesse as sílabas, que reunissem sílabas em palavras, e palavras em frases. O reconhecimento

---

[62] PILOTTO, 1946, p. 105 *apud* MIGUEL, 2007, p. 82.

[63] PARANÁ. Secretaria de Estado da Educação e da Cultura. Avaliação em classes multisseriadas dos resultados da aplicação do método de alfabetização, modelo Erasmo Pilotto e da atualização de material de apoio ao professor e aluno. Curitiba: SEC, 1983. p. 24.

[64] Os nomes que formam a equipe responsável pelo documento são: Beatriz Peixoto Mezzadri; Diva Campos Fill (coordenadora); Ivany Souza Ávila; Salomé Viégas Machado e Verônica Caznok. Equipe que colaborou: Hiran Ramos de Oliveira; Maria de Lourdes Bello; Rose Mary Gimenez Gonçalves e Tomoko Hara.

[65] PARANÁ, 1983, p. 24-25.

da palavra, mesmo após bastante prática na leitura, continuava mais importante que a compreensão do seu significado.[66]

De acordo com a abordagem histórica presente no documento, esse modo de ensinar foi questionado, e, no seu lugar, surgiu a proposta de ensinar a leitura por meio da técnica fonética. A nova proposta firmou-se e ganhou espaço, conquistando Europa, Estados Unidos, Colômbia, México e Chile[67].

Para o documento paranaense, o grande avanço dessa proposta foi quando se compreendeu que não havia correspondência regular e necessária entre o nome da letra e o som que representava. Com relação a isso, a equipe faz uma explicação técnica e minuciosa dos problemas que esse modo de ensinar por meio da fonética continuava a ter, apesar do avanço e de tentar superar o método anterior. É oportuno citar o parecer da equipe sobre essa questão a fim de mostrar o grau de cientificidade e propriedade que se pretendia passar:

> Para superar as dificuldades inerentes ao método alfabético, propôs-se que em vez de ensinar o <u>nome</u> das letras se ensinassem o seu <u>som</u>, isoladamente. Ou, por outra, que se ensinasse o som puro do fonema que a letra representa. Essa empresa começava com o aprendizado das letras vogais. Até aí não havia problema porque as vogais são fonemas que, pelo fato de poderem constituir sílabas sozinhas, admitem produção isolada. Mas logo se esbarra em problemas como o de ensinar o som puro de certas consoantes, como o das oclusivas sonoras (b/d/g). O som puro de um /b/, por exemplo, é impossível. Esta consoante só se realiza com a simultânea emissão de uma vogal (vibração das cordas vocais), pois o que diferencia /b/ de /p/ é a sonoridade da primeira, por efeito das vibrações glóticas. No cochicho, emissão em que não há voz, em que as cordas não vibram, o /b/ se confunde com o /p, assim, como /d/ com /t/ e /g/ com /k/. Ademais, na realização concreta de uma consoante sonora, o tom vocálico de suporte silábico há de ser uma das doze vogais (no português) da série ba, bé, bê, bi, bó, bõ, bu, bã, bẽ, bĩ, bõ, bũ. Assim, se colocava para o alfabetizador a difícil questão: qual dessas vogais escolher ao tentar ensinar o som puro do /b/?[68]

O documento explica que a saída foi, então, recorrer ao ensino da sílaba como elemento mínimo a ser aprendido pelo aluno. A equipe confirma

---
[66] *Ibid.*, p. 25.
[67] Ibid.
[68] *Ibid.*, p. 25, grifo do autor.

que foi uma solução melhor do que a da ideia anterior, de ensinar a letra ou o som isoladamente: "a sílaba é a unidade acústica da língua, e nela se realizam todos os fonemas"[69]. Assim, os autores apresentavam mais uma vez uma explicação pormenorizada dessa técnica de aprendizagem, sinalizando os pontos positivos e negativos, e concluíam suas análises ao alegar que:

> Trata-se, portanto, de uma operação de análise de sílaba que é levada a efeito pela criança, com maior ou menor induzimento do alfabetizador, conforme a variedade técnica do método empregada. Este procedimento é que tem levado muitos a chamar o método silábico de analítico-sintético ou misto, já que o método continua sintético na operação progressiva de reunir elementos não significativos (sílabas) até o nível de se obterem elementos significativos (palavras), mas comporta, ao nível da percepção dos elementos constituintes da sílaba, a mencionada operação de análise. Entretanto, nem sempre a marcha da técnica silábica depende de que a criança atinja o estado de abstrair o valor da letra consoante na formação da sílaba: portadora de um estoque inicial de sílabas fixadas massivamente, pode a criança, desde logo, ir sintetizando palavras e até pequenas sentenças.[70]

Essa fonte mostrou também como os autores se debruçaram para elaborar o documento, de 1983, pois observa-se a presença de dados históricos, estatísticos e fundamentação teórica nas argumentações do texto. A equipe técnica foi em busca desses elementos científicos com o intuito de defender seu ponto de vista com maior propriedade, procurando dar ao documento um caráter científico, bem como de imparcialidade e de neutralidade. Assim, ao falar sobre o método global, afirmam:

> A origem do método global remonta ao século XVIII, com os trabalhos do abade Randovillers (De la maniére d'apprendre les langues, 1768) e Nicolas Adam ("Nova maneira de ensinar as crianças a ler sem lhes falar em letras e sílabas" in Vraie Maniéri d'apprendre une langue quelconque, 1787). Sua fundamentação científica, entretanto, só seria sustentada na primeira parte deste século, como consequência das descobertas da psicologia Gestalt (alemão, "forma") sobre os mecanismos da percepção. O princípio fundamental da Gestalt, como explica Piaget (citado por Mialaret, 1974, p.88) consiste em que "os sistemas mentais nunca são constituídos pela síntese ou associação de elementos dados no estado isolado antes da sua reunião, mas

---

[69] *Ibid.*, p. 26.
[70] *Ibid.*, p. 25.

> sempre (por) totalidades organizadas desde o início sob uma "forma" ou estrutura de conjunto. Assim, uma percepção não representa a síntese das sensações prévias: é regida em todos os níveis por um "campo "cujos elementos são interdependentes pelo próprio fato de se aperceberem juntos".[71]

A argumentação do texto segue: estaria sendo feita uma inversão no processo de "aprendizagem da leitura: da marcha sintética do método alfabético, fonético e silábico à marcha analítica do método global". Na sequência, expõe-se que ensinar a ler pelo modo analítico era, por sua vez, expor o aprendiz a algum tipo de totalidade da manifestação linguística, por meio tanto de texto quanto do período (sentença), ou palavra[72]. O texto redigido pela equipe, com dados históricos e científicos, conduzia o leitor (professor, coordenador ou qualquer profissional da educação) para a concordância de que o melhor método seria, portanto, o analítico:

> A diferença mais efetiva entre os métodos sintético e analítico tem sido a importância dada ao significado neste último, o que faz da alfabetização um processo vivo, dotado de sentido desde o início, capaz de motivar os alunos a construir textos mais criativos, ao contrário do método sintético, que necessariamente levará mais tempo até conquistar o significado.[73]

No entanto, apesar de a equipe sinalizar a ineficiência do método sintético aplicado pelos professores, faz, já na sequência, uma apresentação do método de Erasmo Pilotto, esclarecendo que este não era propriamente um método, mas uma técnica a serviço do método sintético. Todavia, o de Erasmo Pilotto também apresentava alguns procedimentos semelhantes à marcha analítica, o que de certa maneira justificava o emprego do seu uso pela equipe no projeto com as escolas rurais. Assim, os elementos deste método seriam:

1º) Fixação prévia de uma palavra-chave.

2º) Análise dessa palavra em sílaba.

3º) destaque e fixação global de uma dessas sílabas.

4º) Fixação global de uma família silábica.

5º) Análise dessas famílias silábicas em consoantes + vogais.[74]

---

[71] *Ibid.*, p. 26-27, grifo do autor.

[72] Cabe lembrar que esse grupo, responsável pela alfabetização, estava trabalhando na Secretaria de Educação no início da década de 1980, período em que permanecia a influência da psicologia, da linguística estruturalista e da área da comunicação.

[73] PARANÁ, 1983, p. 27.

[74] *Ibid.*, p. 28.

Alinhava-se a isso a peculiaridade do método de Erasmo Pilotto de atuar em duas frentes. Uma "destinada à instrução dos alunos e a destinada ao treinamento do professor na aplicação da primeira, resumida numa série de 19 fichas que servem de guia para os multiplicadores do método"[75]. A equipe acrescenta, citando Brito[76], que o autor do método preferia denominá-lo de "método econômico" quando este estava direcionado aos estudantes, e de "método Erasmo Pilotto" quando estava voltado para o conjunto, que era composto de:

> a) método econômico;
>
> b) técnicas de treinamento de professores em situação simulada;
>
> c) conjunto de sugestões que situam o método econômico dentro de um processo;
>
> d) medidas que Erasmo Pilotto passou a preconizar e às quais têm dado grande ênfase, visando enfrentar, de modo mais orgânico e completo, o problema inicial da leitura e da escrita, em áreas de menor desenvolvimento.[77]

O texto de 1983 traz, a partir da página 28, uma citação da autora Brito para explicar mais detalhes sobre o método de Erasmo Pilotto[78]. Este se caracterizava, de acordo com o que escreveu a equipe do documento de capa azul, pela sua simplicidade e objetividade. Não exigia técnicas sofisticadas nem era de difícil treinamento. Não requeria que os professores tivessem habilidades incomuns. Devido a essa forma econômica de ser, era indicado, primeiramente, para populações carentes.

O documento também lista, de forma resumida, as etapas do método, que já oferece um panorama das fases pelas quais os aprendizes passariam, bem como permite verificar sua característica, tanto sintética quanto analítica, ao empregar uma palavra geradora e, ao mesmo tempo, dar ênfase às letras e às sílabas. Os passos, portanto, do método seriam:

---

[75] *Ibid.*, p. 28. Os multiplicadores do método correspondem aos professores que faziam o treinamento e o repassavam para seus pares em suas unidades de trabalho.

[76] BRITO, M. T. P. *Método Erasmo Pilotto*: processo de alfabetização e treinamento de professores. 1981. Dissertação (Mestrado em Educação) – Universidade Federal do Paraná, Curitiba, 1981.

[77] BRITO, 1981 *apud* PARANÁ, 1983, p. 28.

[78] Assim, com o intuito de lançar mão da fonte original, foi feita uma busca no banco de dados de teses e dissertações da Universidade Federal do Paraná, no qual foi localizada a pesquisa da autora Mary Therezinha Paz Brito, que, apesar de ser datilografada, está digitalizada e foi possível a ela ter acesso. Essa pesquisa levou ao conhecimento de que, em 1979, foi realizado também o treinamento de professores e aplicação do método paranaense de Pilotto nos municípios de Cascavel, Foz do Iguaçu e Toledo, com resultados favoráveis e aumento da taxa de aprovação dos alunos da primeira série.

1. As crianças aprendem a reconhecer e escrever seu nome;

2. Reconhecimento de a e i isolados; encontros vocálicos com a e i;

3. Pesquisa de a e i no nome das crianças;

4. Reconhecimento de e, o, u; encontros vocálicos com essas letras;

5. Reconhecimento global da primeira palavra-chave (bola);

6. Análise da palavra-chave em sílabas e fixação global da primeira sílaba geradora (bo);

7. Fixação global da segunda sílaba geradora (la);

8. Fixação e indução da análise da família silábica ba, be, bi, bo, bu (não necessariamente nessa ordem); treinamento de escrita no quadro e no caderno; ditado e autoditado;

9. Recapitulação e fixação da última sílaba; variação de estímulos; ditado e autoditado;

10. Fixação e indução da análise da família silábica la, le, li, lo, lu; treinamento gráfico; ditado e autoditado;

11. Formação de palavras combinando as sílabas já conhecidas globalmente; cópia; leitura oral; parcelada e individual;

12. Recapitulação da última lição: leitura coletiva; reconhecimento por criança individualmente, de uma palavra dentre várias exibidas; treinamento gráfico;

13. Nova tentativa de levar a criança a abstrair o valor sonoro isolado das consoantes, cotejando sílabas constituídas pela mesma vogal combinada com consoantes diferentes: ba/la; bi/li etc.

14. Formação de sentenças como elementos já conhecidos: valor da letra maiúscula e do ponto-final;

15. Repetição de todo processo anterior com outras palavras chaves (sugeridas as da Cartilha do Povo de Lourenço Filho) para exploração das sílabas sublinhadas: boneca, dado, caneta, cavalo, panela, pato, macaco, faca.

16. Ensino das dificuldades 'especiais': dígrafos (lh, nh, ch, rr, ss, etc.); pluralidade gráfica para um mesmo fonema (casa, azar, exame, caça, cassa, auxílio, nascer, etc.); pluralidade sonora para um mesmo grafema (auxílio, exato, mexer); sílaba com travamento consonantal ou nasal (ar, mal, paz, bom, bon/dade, põe, pães...); grupos consonantais próprios (pl, bl, fl, br,fr...) etc.;

17. Concomitantemente ao ensino das 'dificuldades', processa-se a etapa de aceleração da leitura, enfatizando-se a

leitura silenciosa. Inicia-se também o trabalho de leitura complementar, visando ao processo de maior individualidade do ensino.[79]

Diante do exposto, vale destacar que a alfabetização no Paraná, por meio das equipes que estavam à frente da educação do estado, preocupou-se em conhecer, estudar e propor os métodos de ensino considerados mais eficientes para sua época. Nesse sentido, vale retomar que o propósito deste capítulo foi apresentar de forma crítica o caminho percorrido pela alfabetização no Brasil e, somado a isso, apresentar a contribuição expressiva de Erasmo Pilotto para a história da alfabetização paranaense.

Breves considerações

O estado do Paraná, por empreendimento de Erasmo Pilotto, ousou, sem sombra de dúvidas, desenvolver seu próprio caminho para alfabetizar, mesmo baseado nos métodos vigentes de sua época. Isso significa que Pilotto não criou um método propriamente dito, nem rompeu com os paradigmas anteriores, porém buscou sintetizar o que acreditava ser o melhor para atender e adequar a alfabetização à realidade do contexto paranaense. Iniciativa que foi apropriada e aplicada, em muitas circunstâncias, pelas equipes que estavam coordenando a Secretaria de Educação nas décadas pesquisadas.

Ainda sobre Pilotto, é importante frisar a sua representatividade para o Paraná, pois não seria possível falar sobre alfabetização paranaense sem trazer esse pensador, tendo em vista que "Erasmo faz parte dos intelectuais do século XX que assumiram a identidade do grupo social e, como tal, incorporaram um sentimento de missão social, inserindo-se na cena pública como guia do povo, guardiões da cultura e racionalizadores do estado"[80], assim como também defendem Miguel e Brito[81], entre outros autores que estudam essa personalidade tão importante para a história da educação paranaense.

---

[79] PARANÁ, 1983, p. 30-31, grifo do autor.
[80] MONTEIRO, C. R. *Contribuições de Erasmo Pilotto para expansão do ensino primário no Paraná*: ensino rural, alfabetização e formação de professores (1940-1970). 2015. Dissertação (Mestrado em Educação) – Universidade Estadual de Maringá, Maringá, 2015. p. 26.
[81] MIGUEL, 2007; BRITO, 1981.

Referências

BRASIL. Ministério da Educação. *Base Nacional Comum Curricular*. Brasília: Ministério da Educação, 2017. Disponível em: http://basenacionalcomum.mec.gov.br/wp-http://basenacionalcomum.mec.gov.br/. Acesso em: 3 fev. 2023.

BRASIL. Ministério da Educação. Secretaria de Educação Fundamental. *Parâmetros Curriculares Nacionais*: língua portuguesa. Brasília: MEC/SEF, 1997. Disponível em: http://portal.mec.gov.br/seb/arquivos/pdf/portugues.pdf. Acesso em: 10 fev. 2023.

BRITO, M. T. P. *Método Erasmo Pilotto*: processo de alfabetização e treinamento de professores. 1981. Dissertação (Mestrado em Educação) – Universidade Federal do Paraná, Curitiba, 1981.

FERREIRO, E.; TEBEROSKY, A. *A psicogênese da língua escrita*. Porto Alegre: Artes Médicas, 1985.

GUILLEN, C. H. *A alfabetização no Paraná*: o caso de São José dos Pinhais, 1960-1980. 2020. Tese (Doutorado em Educação) – Pontifícia Universidade Católica do Paraná, Curitiba, 2020. Disponível em: https://www.pucpr.br/escola-de-educacao-e-humanidades/mestrado-e-doutorado/producao-academica/. Acesso em: 5 fev. 2023.

MIGUEL, M. E. B. As escolas rurais e a formação de professores. *In*: WERLE, F. O. C. (org.). *Educação rural em perspectiva internacional*: instituições, práticas e formação do professor. Ijuí: Unijuí, 2007.

MONTEIRO, C. R. *Contribuições de Erasmo Pilotto para expansão do ensino primário no Paraná*: ensino rural, alfabetização e formação de professores (1940-1970). 2015. Dissertação (Mestrado em Educação) – Universidade Estadual de Maringá, Maringá, 2015.

MORTATTI, M. R. L. História dos métodos de alfabetização no Brasil. *In*: MORTATTI, M. R. L. *Métodos de alfabetização no Brasil*: uma história concisa. São Paulo: Unesp, 2019. p. 27-46. Originalmente publicada em 2006. Disponível em: http://portal.mec.gov.br/seb/arquivos/pdf/Ensfund/alf_mortattihisttextalfbbr.pdf. Acesso em: 20 fev. 2023.

PARANÁ. Secretaria de Estado da Educação e da Cultura. *Avaliação em classes multisseriadas dos resultados da aplicação do método de alfabetização, modelo Erasmo Pilotto e da atualização de material de apoio ao professor e aluno*. Curitiba: SEC, 1983.

SOARES, M. *Alfabetização e letramento*. 7. ed. São Paulo: Contexto, 2017.

VIDAL, D. G. Da caligrafia à escrita: experiências escolas novistas com caligrafia muscular nos anos 30. *Revista da Faculdade de Educação [da] Universidade de São Paulo*, São Paulo, v. 24, n. 1, p. 126-140, 1998.

VIDAL, D. G. Escola Nova e processo educativo. *In*: LOPES, E. M. T.; FARIA FILHO, L. M.; VEIGA, C. G. (org.). *500 anos de educação no Brasil*. 5. ed. Belo Horizonte: Autêntica, 2015.

3

APONTAMENTOS HISTÓRICOS SOBRE AS POLÍTICAS DE PROTEÇÃO À INFÂNCIA NO ESTADO DO PARANÁ (1940-1990)

Tamiris Aparecida Bueno Morgado

Este estudo é dedicado principalmente à análise dos documentos oficiais do estado do Paraná, no que se referem às políticas de proteção à infância entre as décadas de 1940 e 1990. Com ênfase nas associações e nos programas desenvolvidos no estado durante esse período, essa análise revelou que as instituições de amparo à infância eram contempladas exclusivamente por políticas de governo. Sendo assim, a primeira política de estado voltada para todas as crianças brasileiras foi o Estatuto da Criança e do Adolescente (ECA), de 1990.

No Paraná, ao longo dos anos, foram criadas cerca de 170 Associações de Proteção à Maternidade e à Infância. A primeira foi de 1914 e era denominada Associação de Proteção à Maternidade e à Infância de Curitiba, fundada por mulheres pertencentes à elite curitibana com o objetivo de auxiliar a "Maternidade do Paraná", por iniciativa da Faculdade de Medicina do Paraná[82].

Barbosa[83] afirma que as associações filantrópicas desempenharam um papel relevante dentro das políticas de proteção à maternidade e à infância, sendo constantemente chamadas a cooperar com o estado em sua obra assistencial. No Paraná, as entidades particulares que se destacaram foram a Associação Feminina de Proteção à Maternidade e à Infância, a Associação de Proteção à Maternidade e à Infância Saza Lattes, o Centro Paranaense Feminino de Cultura e o Instituto de Proteção à Infância do Paraná, todos localizados em Curitiba.

> Devido ao crescimento e à amplitude dos serviços prestados em diferentes programas de assistência materno-infantil, da Associação de Proteção à Maternidade e à Infância de Curitiba

---

[82] BARBOSA, M. T. *Sobre mãe e filhos*: as políticas de proteção à maternidade e à infância em Guarapuava (1940-1960). 2012. Dissertação (Mestrado em História) – Universidade Federal do Paraná, 2012. Disponível em: https://bdtd.ibict.br/vufind/. Acesso em: 11 jan. 2022.

[83] Ibid.

e do Centro Paranaense Feminino de Cultura, os mesmos foram publicamente reconhecidos pelo governo estadual.[84]

Barbosa afirma que, em 1942, no mesmo ano em que foi criada, a Legião Brasileira de Assistência (LBA) iniciou sua atuação no estado do Paraná, com a primeira sede paranaense em Guarapuava. Com a deliberação por parte do governo do estado sobre a criação da sede da LBA nesse município, foi enviado um documento com todas as informações necessárias para sua instalação. Esse documento era uma espécie de manual de instalação e foi enviado a todos os estados brasileiros pelo governo federal.

O governo do Paraná aceitou no estado a implantação e atuação da LBA cuja diretoria era formada principalmente por mulheres pertencentes à elite paranaense que prestavam trabalho filantrópico, ou seja, o estado não precisava arcar com as despesas do funcionamento da LBA, pois as pessoas inseridas no trabalho eram todas voluntárias[85].

Em 1948, o governador do Paraná afirmou que o Departamento de Assistência Social do Paraná organizou duas ordens fundamentais de atividade: o trabalho individual e o trabalho coletivo. Entre os atendidos no trabalho coletivo, estavam inseridos os menores delinquentes e abandonados, visando à orientação, à supervisão e ao intercâmbio entre as instituições e o Departamento de Assistência Social. Moysés Lupion destacou ainda que o Paraná foi o primeiro estado brasileiro a adotar oficialmente a institucionalização do Serviço Social, salientando que, para realização dos trabalhos assistenciais, o governo destinou o valor de Cr$ 1 milhão de cruzeiros[86].

Nesse período, Moysés Lupion, então governador do Paraná, enfatizava em *Relatório de governo*(1947-1950) a preocupação do Estado do Paraná em proteger os desvalidos, bem como a orientação e assistência aos menores desamparados, e também que, na sua administração, os serviços de proteção à infância e à maternidade mereceram mais carinho e melhor amparo. Lupion confiou essa tarefa a um órgão especializado: o Departamento Estadual da Criança[87].

---

[84] *Ibid.*, p. 84.

[85] Ibid.

[86] PARANÁ. Mensagem apresentada à Assembleia Legislativa do Estado por ocasião da abertura da Sessão Legislativa de 1948 pelo senhor Moysés Lupion, governador do estado. Curitiba, 1948. Disponível em: https://www.administracao.pr.gov.br/ArquivoPublico. Acesso em: 15 maio 2022.

[87] PARANÁ. *Relatório de governo*: a concretização do plano de obras do governador Moysés Lupion 1947-1950. Curitiba, 1950. p. 270. Disponível em: https://www.administracao.pr.gov.br/ArquivoPublico. Acesso em: 12 maio 2022.

Esse departamento intensificou a luta contra fatores responsáveis pela mortalidade infantil e trabalhou no auxílio às instituições de Proteção à Maternidade e à Infância. De acordo com o relatório do governador Lupion, durante a sua gestão administrativa, aumentou o número de unidades de proteção direta Mãe-Filho de 35 para 101, e enfatizava a necessidade de continuação e intensificação de auxílio às instituições paranaenses de proteção à infância e à maternidade[88].

Silva[89] afirma que o governo também destinava verbas às instituições particulares ou filantrópicas de amparo à infância. No entanto, ressalta que os valores repassados a essas entidades eram muito pequenos, se comparados com os gastos das edificações públicas de assistência construídas e concluídas no período. Nesse sentido, as parcerias firmadas pelo governo com associações e organizações assistenciais representaram muitos benefícios, pois, caso este tivesse de dar conta sozinho de toda a demanda de assistência à infância paranaense, provavelmente as despesas se multiplicariam.

Foi principalmente nas instituições filantrópicas e de caridade que essa parceria fez toda diferença. Cabe destacar, nessas entidades, a atuação da Associação de Proteção à Maternidade e à Infância e a Legião Brasileira de Assistência, que estavam destinadas a atender mulheres grávidas e crianças com trabalho voluntário, ou seja, sem nenhum custo para o governo do Paraná[90].

Entre os anos de 1956 e 1960, as verbas governamentais não foram repassadas diretamente para as instituições filantrópicas ou de caridade. Encontramos nos documentos oficiais da época a informação de que as verbas eram destinadas às Associações de Proteção à Maternidade e à Infância dos municípios paranaenses e essas associações ficavam responsáveis pela destinação das verbas às instituições[91].

Sendo assim, não foi possível saber quais instituições de assistência à infância receberam subvenção estadual nesse período. Os documentos não

---

[88] *Ibid.*, p. 270.
[89] SILVA, J. F. M. *Abrigar o corpo, cuidar do espírito e educar para o trabalho*: ações do estado do Paraná à infância do "Abrigo Provisório para Menores Abandonados" ao "Educandário Santa Felicidade" (Curitiba, 1947-1957). 2009. Dissertação (Mestrado em Educação) – Universidade Federal do Paraná, Curitiba, 2009. Disponível em: https://bdtd.ibict.br/vufind/. Acesso em: 11 jan. 2022.
[90] PARANÁ. Relatório de Governo. *A Concretização do Plano de Obras do Governador Moysés Lupion 1947-1950*. Curitiba, 1950. Disponível em: <https://www.administracao.pr.gov.br/ArquivoPublico>. Acesso em: 12 maio 2022
[91] PARANÁ. *Mensagem apresentada a Assembleia Legislativa do Estado por ocasião da abertura da 3ª Sessão Ordinária da 4ª Legislatura pelo Senhor Ney Aminthas de Barros Braga Governador do Estado*. Curitiba, 1961. Disponível em: https://www.administracao.pr.gov.br/ArquivoPublico. Acesso em: 15 maio 2022.

apresentam quais eram os critérios utilizados para que a entidade recebesse ou não a subvenção. Nesse sentido, o que se sabe é que as instituições não oficiais foram as mais prejudicadas por falta de verbas no período.

Em janeiro de 1961, primeiro mês de mandato estadual do governador Ney Aminthas de Barros Braga, o governo destinou verbas volumosas às instituições assistenciais paranaenses por meio do Departamento Estadual da Criança e do Departamento Nacional da Criança (DNCr).

A estrutura do DNCr contava com uma sede nacional no Rio de Janeiro, onde eram elaboradas e coordenadas as políticas públicas, centralizando a sua elaboração e estabelecendo as diretrizes para os estados federados, os municípios e as instituições privadas. Faziam parte da equipe do DNCr médicos, técnicos e diversos agentes sociais. Mais tarde, em 1947, foram inauguradas estruturas semelhantes nas capitais dos estados brasileiros, os Departamentos Estaduais da Criança[92].

> Com a finalidade de consolidar seus projetos, o Departamento Nacional da Criança (DNCr) estimulou a criação, a partir de 1941, nos estados brasileiros, de estruturas denominadas Departamento Estadual da Criança (DECr). Tais órgãos foram implantados nas capitais dos estados e ficaram responsáveis pela execução das diretrizes nacionais elaboradas pelo Departamento Nacional da Criança e através do estabelecimento de redes de proteção à maternidade e à infância nos municípios dos estados. Os Departamentos Estaduais da Criança incorporaram também em seu plano de ação a participação filantrópica, a qual atuou em colaboração com o Estado na proteção de mães e filhos.[93]

O Departamento Estadual da Criança foi criado no Paraná pelo Decreto-Lei n.º 615, de 13 de maio de 1947, órgão da Secretaria de Saúde e Assistência Social do Estado do Paraná. Tinha como principal finalidade estimular e organizar estabelecimentos municipais e particulares destinados a proteger a maternidade, a infância e a adolescência, por meio da realização de estudos referentes à situação da maternidade e da infância no estado. E, ainda, promover a cooperação do estado com municípios e instituições de caráter particular mediante ajuda estadual destinada à manutenção e ao desenvolvimento dos serviços de proteção materno-infantil[94].

---

[92] BARBOSA, 2012.
[93] *Ibid.*, p. 52.
[94] PARANÁ, 1950.

Em 1961, a mensagem do então governador do Paraná, Ney Aminthas de Barros Braga, garantiu que a maior contribuição de seu governo seria para a assistência social, ressaltando o descaso do governo anterior com a pobreza, a miséria e seus casos correlatos, deixando claro saber que a solução para esses problemas não viria instantaneamente, e que só aconteceria com o crescimento econômico do Estado do Paraná e também com a valorização humana.

Ressaltava, ainda, que as pessoas não são culpadas pela situação em que vivem, pois não seria possível escolher a conjuntura em que se nascesse ou crescesse. Garantia que o governo paranaense agiria imediatamente nas causas sociais, principalmente nos internados espalhados pelo estado que, de acordo com o governador, encontravam-se em estado de ruína moral e material e sem receber os recursos condizentes, pois, durante o governo anterior, a assistência social a essas instituições ficou restrita à cidade de Curitiba. Diante dessa situação, o governo agiria rapidamente mais nesse setor do que em qualquer outro, e os menores e mais necessitados internados seriam atendidos imediatamente[95].

Ney Aminthas de Barros Braga ressaltava continuamente seu compromisso com as instituições de assistência social no Paraná, principalmente com as instituições voltadas ao atendimento de crianças, destacando que existia a necessidade de planejamento de medidas e ações em longo prazo para solucionar o problema do menor paranaense. Buscando essa solução, foi formado o grupo de Estudos do Menor Desamparado, cuja recomendação foi a criação de um órgão central de planejamento e supervisão da assistência ao menor no estado, assim como a criação de um fundo específico que permitisse a ação necessária e indispensável nesse setor[96].

Entre os anos de 1961 e 1964, é possível observar, nos documentos oficiais da época, a preocupação com as instituições voltadas ao atendimento de crianças órfãs ou abandonadas. Nesse período, foram destinadas verbas para subsidiar as instituições de amparo e proteção à infância desvalida do Paraná.

Na mensagem de governo de 1965, Ney Braga relatou que, a partir de 1962, houve um agravamento no número de atendimentos assistenciais ao menor no estado para favorecer a organização do atendimento a esses menores "delinquentes e pré-delinquentes e etc." Em 1962, foi criado pelo

---

[95] PARANÁ. Mensagem apresentada à Assembleia Legislativa do Estado por ocasião da abertura da 3ª Sessão Ordinária da 4ª Legislatura pelo senhor Ney Aminthas de Barros Braga, governador do estado. Curitiba, 1961. Disponível em: https://www.administracao.pr.gov.br/ArquivoPublico. Acesso em: 15 maio 2022.

[96] Ibid.

governo do Paraná o Instituto de Assistência ao Menor (IAM). Anteriormente esse tipo de assistência era prestado pelo Departamento de Serviço Social, mas o cenário exigia a criação de um órgão com maior autonomia, que ficasse encarregado exclusivamente pelas políticas assistências ao menor no estado. O IAM foi devidamente instalado em abril de 1963, e, a partir desta data até o ano de 1965, o atendimento institucionalizado para o menor paranaense cresceu em torno de 33,3%. As instituições amparadas pelo IAM deveriam oferecer educação, assistência médica e preparar profissionalmente até os internos completarem a idade de 18 anos[97].

Na mensagem de governo[98], o governador revelou que 42 entidades particulares de assistência mantiveram convênio com o Instituto de Assistência ao Menor e destacou que em 1964 esses 42 estabelecimentos receberam mais de Cr$ 1 bilhão de cruzeiros. Ney Braga destacou em sua mensagem mais 50 instituições paranaenses que receberam verbas até o fim de 1964.

Segundo Silva[99], na década de 1960 as crianças eram enviadas diretamente para as instituições, pois existia uma grande dificuldade em realizar a triagem dessas crianças. Quando não havia indicação do Juizado de Menores para a "Escola de Reforma", as meninas eram enviadas para instituições administradas por alguma congregação feminina de caridade, "mediante contrato com a congregação, na base 'per capita', isto é a instituição receberia do governo do estado uma verba mensal de acordo com o número de meninas que estivessem na instituição"[100].

Em sua mensagem de governo, Paulo Cruz Pimentel[101] afirmava o compromisso do governo do estado no combate à mortalidade infantil e destacava o apoio prestado às obras assistenciais paranaenses, ressaltando que o apoio financeiro não se limitava às entidades assistenciais públicas. Declarava que, durante o ano de 1966, o governo subvencionara mais 50 entidades particulares de assistência.

---

[97] PARANÁ. Mensagem apresentada à Assembleia Legislativa do Estado por ocasião da abertura da 3ª Sessão Ordinária da 5ª Legislatura pelo senhor Ney Aminthas de Barros Braga, governador do estado. Curitiba, 1965. Disponível em: https://www.administracao.pr.gov.br/ArquivoPublico. Acesso em: 17 maio 2022.

[98] Ibid.

[99] SILVA, J. F. M. *Cumpra-se e arquive-se!* Histórias da educação de meninas e meninos desvalidos no estado do Paraná (1940-1969). 2015. Tese (Doutorado em Educação) – Universidade Federal do Paraná, Curitiba, 2015. Disponível em: https://bdtd.ibict.br/vufind/. Acesso em: 11 jan. 2022.

[100] *Ibid.*, p. 226.

[101] PARANÁ. Mensagem apresentada à Assembleia Legislativa do Estado por ocasião da abertura da 1ª Sessão Ordinária da 6ª Legislatura pelo senhor Paulo Cruz Pimentel, governador do estado. Curitiba, 1967. Disponível em: https://www.administracao.pr.gov.br/ArquivoPublico. Acesso em: 20 maio 2022.

Em 1968, em sua mensagem governamental, Paulo Cruz Pimentel relatou que em 1967 foram reorganizadas, reestruturadas ou reformadas com verbas do governo estadual mais de 20 instituições paranaenses de assistência social e médica, públicas e privadas[102].

Especificamente sobre a assistência à infância paranaense, o então governador destacava a importância do grande número de estabelecimentos mantidos por entidades particulares que durante seu governo receberam anualmente o auxílio do estado[103].

Sem a participação das instituições particulares no estado, o Paraná não conseguiria atender, em regime institucional, nem a metade das crianças que atendeu entre 1960 e 1970. Silva[104] afirma que, no Paraná, quando não conseguiam um local para abrigar alguma criança, o Juizado de Menores poderia entregar a criança ou adolescente para alguma família ou para a casa de alguma pessoa considerada pelo juiz como idônea. No entanto, na maioria dos casos, "os encaminhamentos a eles direcionados, poderiam resultar em tratamentos semelhantes aos dispensados aos escravos"[105].

A partir do início da década de 1970, é perceptível, pelos documentos oficiais do estado do Paraná, que a assistência à infância desvalida não era uma das principais preocupações governamentais. Sendo assim, não há ênfase e não fica claro se as subvenções estaduais continuaram e como foi essa continuidade.

Entre os anos de 1979 e 1983, período em que o Paraná foi novamente governado por Ney Aminthas de Barros Braga e por José Hosken de Novais, outra vez encontramos relatos de subvenções destinadas às entidades públicas e particulares voltadas a amparar as crianças desvalidas do estado.

Após esse período, o estado do Paraná passou a ser governado por José Richa, que afirmava, em sua mensagem à Assembleia Legislativa[106], que as ações de apoio ao menor eram conduzidas de acordo com diretrizes bastante definidas. De acordo com o governo, ele estava trabalhando para melhorar a

---

[102] Id. Mensagem apresentada à Assembleia Legislativa do Estado por ocasião da abertura da 2ª Sessão Ordinária da 6ª Legislatura pelo senhor Paulo Cruz Pimentel, governador do estado. Curitiba, 1968. Disponível em: https://www.administracao.pr.gov.br/ArquivoPublico. Acesso em: 20 maio 2022.

[103] *Id. Mensagem apresentada à Assembleia Legislativa do Estado pelo senhor Paulo Cruz Pimentel, governador do estado.* Curitiba, 1970. Disponível em: https://www.administracao.pr.gov.br/ArquivoPublico. Acesso em: 20 maio 2022.

[104] SILVA, 2015.

[105] *Ibid.*, p. 185.

[106] PARANÁ. *Mensagem apresentada à Assembleia Legislativa do Estado pelo senhor José Richa, governador do estado.* Curitiba, 1985. Disponível em: https://www.administracao.pr.gov.br/ArquivoPublico. Acesso em: 20 maio 2022.

qualidade dos serviços assistenciais de responsabilidade do estado, buscando a participação da comunidade, e destacando o trabalho realizado junto às famílias do menor carente, de modo que o internamento seria o último recurso.

Salientava também que o Instituto de Assistência ao Menor foi amplamente reestruturado, os escritórios regionais do IAM passaram de 8 para 20; para o aumento no número de escritórios do IAM, foram utilizados recursos do estado do Paraná e da Fundação Nacional do Bem-Estar do Menor (Funabem). José Richa enfatizou os trabalhos realizados pelas instituições oficiais do estado que, durante o ano de 1984, atenderam em regime de internato 6 mil menores órfãos, abandonados ou delinquentes; após a devida triagem, os menores foram encaminhados principalmente para instituições do próprio estado[107].

Percebemos na mensagem de governo que José Richa centralizava os recursos nas instituições estaduais, e os recursos oriundos de convênios com o governo federal, como era o caso da Funabem, também eram destinados primordialmente para instituições estaduais ou municipais, o que nos leva a refletir se seria possível o estado realizar esse trabalho assistencial sozinho durante todos os anos em que várias entidades cuidaram e educaram crianças órfãs e abandonadas no Paraná.

Silva[108] declara que as parcerias firmadas entre governo e as organizações assistenciais representaram inúmeros benefícios ao governo, pois, caso este tivesse de dar conta sozinho de toda a demanda de assistência à infância carente no estado, provavelmente as despesas seriam muito maiores.

Em mensagem de governo, José Richa[109] declarou que o objetivo de seu governo era a assistência social transformada em promoção social, destacando os municípios e instituições que foram beneficiadas com a nova filosofia de trabalho. Foram elas: Curitiba, com várias instituições, Londrina, Balsa Nova, Jussara, Imbituva, Francisco Beltrão, Santa Terezinha do Itaipu, Umuarama, Santa Cruz do Monte Castelo, Sarandi, Itambé, São Jorge do Ivaí, Santa Fé, Peabiru e Medianeira. As instituições dessas cidades receberam apoio técnico e financeiro mediante verbas enviadas às prefeituras municipais. Ressaltava que o atendimento a 3.820 menores órfãos, abandonados e/ou infratores, em regime de internato, acontecia por meio de 20 unidades sociais oficiais.

---

[107] Ibid.

[108] SILVA, 2009.

[109] PARANÁ. *Mensagem apresentada à Assembleia Legislativa do Estado pelo senhor José Richa, governador do estado.* Curitiba, 1986. Disponível em: https://www.administracao.pr.gov.br/ArquivoPublico. Acesso em: 20 maio 2022.

Em 1987, há a extinção do IAM, sendo suas atividades assumidas pela Fundação de Ação Social do Paraná (Faspar), vinculada à Secretaria do Trabalho e Ação Social. Sobre a criação da Faspar:

> Para cumprir o compromisso de apoiar o trabalhador paranaense em seus pleitos e reivindicações e assistir os segmentos carentes e marginalizados da população, na busca de soluções para os seus problemas mais graves, o Governo encaminhou ações, prioritariamente, nas áreas de desenvolvimento comunitário, desenvolvimento e relações do trabalho e seguridade social. A providência básica foi reformular a estrutura dos órgãos da administração estadual envolvidos nessas questões. Foram extintos o Instituto de Assistência ao Menor (IAM) e a Fundação de Promoção Social do Paraná (PROMOPAR) entidades que se vinculavam à ex- Secretaria da Saúde e Bem-Estar, e criada a Fundação de Ação Social do Paraná (FASPAR) no âmbito da atual Secretaria do Trabalho e Ação Social.[110]

Álvaro Dias, então governador do Paraná, enfatizou que:

> Apesar do quadro recessivo vivido em 1990, apesar do desequilíbrio das finanças estaduais, impostos pelos descaminhos da produção da política econômica nacional; apesar da violenta perda de receita acarretada pelos sucessivos e malsucedidos "planos de estabilização" no Paraná conseguimos realizar o que poderíamos chamar de um verdadeiro milagre em meio à recessão e às dificuldades financeiras mantivemos satisfatórios níveis de investimento em infraestruturas e dispêndios sociais.[111]

Com relação à ação social voltada para as crianças e adolescentes, em 1991, a Faspar contou com recursos da ordem de Cr$ 1,4 bilhão para dar continuidade ao Programa de Ação Social por meio de 19 Unidades Sociais Oficiais, o que proporcionou a manutenção de 3.059 crianças e adolescentes, além do Programa Ação Social via Entidades Comunitárias e Municipais, proporcionando o apoio financeiro a 400 instituições no Paraná. Com relação aos dispêndios sociais da Faspar, as verbas eram destinadas às prefeituras que deveriam mediá-las ou repassá-las para as Instituições Comunitárias e Municipais[112].

---

[110] Id. *Mensagem apresentada à Assembleia Legislativa do Estado pelo Senhor Álvaro Dias, governador do estado*. Curitiba, 1988. p 100. Disponível em: https://www.administracao.pr.gov.br/ArquivoPublico. Acesso em: 20 maio 2022.

[111] Id. *Mensagem apresentada à Assembleia Legislativa do Estado pelo senhor Álvaro Dias, governador do estado*. Curitiba, 1990. p. 6. Disponível em: https://www.administracao.pr.gov.br/ArquivoPublico. Acesso em: 20 maio 2022.

[112] PARANÁ. *Mensagem apresentada à Assembleia Legislativa do Estado pelo senhor Álvaro Dias, governador do estado*. Curitiba, 1991b. Disponível em: https://www.administracao.pr.gov.br/ArquivoPublico. Acesso em: 20 maio 2022.

Durante as décadas de 1960 até 1990, a Fundação Estadual do Bem-Estar do Menor foi a principal responsável pelo atendimento e direcionamento institucional de crianças e adolescentes, órfãos, abandonados ou infratores. Esse fato continuou a reproduzir o modelo de asilos e de reformatórios, reafirmando a ideia de um ambiente voltado para a punição e correção, que tinha como principal objetivo livrar a sociedade dos menores órfãos, abandonados ou infratores. Para isso, esses menores eram removidos do convívio social e colocados em instituição que tinha como principal objetivo afastá-los da sociedade para que, institucionalizados, tivessem a possibilidade de ressocialização[113].

> É notável que durante essas décadas permaneceu viva na sociedade a ideia que crianças órfãs ou abandonadas estavam diretamente ligadas ao vandalismo e ao crime. Percebemos também que as crianças continuavam a ser chamadas de "menores" como se não existisse infância para elas. No final dos anos de 1980 e início dos anos de 1990, o quadro da infância no Brasil começa a mudar. A nova Constituição Federal de 1988 passa a contemplar a proteção integral de crianças e adolescentes em seu artigo 277 e 228, inserindo no Brasil os direitos internacionais da criança promulgados pela Organização das Nações Unidas - ONU nos anos de 1950. A partir de então, os cuidados das crianças e dos adolescentes passam legalmente a ser um dever da família, da sociedade e do Estado.[114]

No estado do Paraná, o programa de seguridade social de 1988 voltado à criança era conhecido como Assistência ao Menor Carente, que tinha como objetivo principal beneficiar órfãos, abandonados ou autores de infrações penais e visava auxílio às entidades que atendiam crianças de até 6 anos de idade em modelo de creche, entidades que atendiam menores em regime de internato e casas-lares, com destaque para o projeto conhecido como Recriança, que era direcionado para menores infratores. Em 1988, as entidades paranaenses oficiais e não oficiais atenderam o total de 107.363 crianças e adolescentes[115].

No estado do Paraná, as instituições também começaram a dividir suas funções. As creches atendiam crianças de até 6 anos de idade, com

---

[113] CORREIA, D. S. *Enquanto espera o acolhimento institucional de crianças e adolescentes na Casa de Passagem III:* cuidado, controle ou proteção. 2013. Dissertação (Mestrado em Antropologia Social) – Universidade Federal do Rio Grande do Norte, Natal, 2013. Disponível em: https://bdtd.ibict.br/vufind/. Acesso em: 9 set. 2022.

[114] *Ibid.*, p. 31.

[115] PARANÁ. *Mensagem apresentada a Assembleia Legislativa do Estado pelo Senhor Álvaro Dias Governador do Estado.* Curitiba, 1989. Disponível em: https://www.administracao.pr.gov.br/ArquivoPublico. Acesso em: 20 maio. 2022.

caráter assistencialista. As crianças órfãs, abandonadas ou as que tiveram seus direitos violados eram encaminhadas para internatos, semi-internatos e casas-lares. Essas instituições, concedidas às demandas sociais, tornaram-se portadoras de diversos preconceitos. Eram destinadas aos mais necessitados, aos considerados incapazes. O objetivo educacional dessas instituições era de destinação específica para os setores das classes populares, com os objetivos de disciplinar e apaziguar as relações sociais[116].

Com toda certeza, a Constituição federal de 1988 representou um grande avanço para o Brasil, no sentido de que todas as crianças começaram a ser vistas e chamadas de "crianças". Até então, o que parece é que existia uma separação entre criança e menor, distinção impregnada de preconceito, como se crianças fossem apenas aquelas que tinham família, que eram protegidas. Já as crianças órfãs, abandonadas ou que cometeram algum ato infracional eram chamadas de "menores", que deveriam ser afastadas da sociedade. No entanto, foi essa mesma sociedade desigual que roubou suas infâncias. Kuhlmann[117] afirma que "são processos históricos, em que as relações sociais definem grupos e setores sociais considerados passíveis de serem educados".

Segundo Glens:

> De maneira genérica, a legislação anterior ao ECA, por meio de seu sistema dual, que ora subordinava as crianças e adolescentes ao Código Civil ora ao Código de Menores, promoveu efetivamente um tratamento diferenciado em razão da forma como foram concebidos, de uma origem social ou composição familiar transformando-se em uma máquina de desigualdade social. Tal postura segregacionista acabou por gerar dois "direitos", o direito da criança e o direito do menor. E também criou grande confusão em relação às competências de cada um dos poderes.[118]

Em sua mensagem de governo, Álvaro Dias não comenta quais foram os programas desenvolvidos nos municípios paranaenses. No entanto, no próprio estatuto, em seu artigo 132, primeira redação, encontramos que: "Em cada Município haverá, no mínimo, um Conselho Tutelar composto

---

[116] KUHLMANN JR., M. *Infância e educação infantil*: uma abordagem histórica. Porto Alegre: Mediação, 2015.
[117] Id. Relações sociais, intelectuais e educação da infância na história. *In*: SOUZA, G. (org.). *Educar na infância perspectivas histórico-sociais*. São Paulo: Contexto, 2017. p. 81-98. p. 81.
[118] GLENS, M. *Órfãos de pais vivos*: uma análise da política pública de abrigamento no Brasil. 2010. Dissertação (Mestrado em Psicologia) – Universidade de São Paulo, São Paulo, 2010. p. 35. Disponível em: https://bdtd.ibict.br/vufind/. Acesso em: 9 set. 2022.

de cinco membros, escolhidos pela comunidade local para mandato de três anos, permitida uma recondução". O artigo 131 do estatuto afirma que: "O Conselho Tutelar é órgão permanente e autônomo, não jurisdicional, encarregado pela sociedade de zelar pelo cumprimento dos direitos da criança e do adolescente, definidos nesta Lei"[119].

O governo do Paraná afirmou que, a partir de 1990, os programas estaduais voltados à infância estavam de acordo com os dispositivos legais do ECA, enfatizando também a necessidade de participação das prefeituras municipais para a efetivação dos programas com destaque para a criação dos Conselhos Tutelares[120].

Segundo Gebeluka[121], no início a criação dos Conselhos Tutelares no Paraná refletiu a mobilização e organização da sociedade que visava à implantação do órgão de defesa. Em seguida, o Conselho Estadual dos Direitos da Criança e do Adolescente (Cedca) estabeleceu critérios para o repasse de verbas na área aos municípios. Um deles era a obrigatoriedade da criação do Conselho Municipal dos Direitos da Criança e do Adolescente (CMDCA), do Conselho Tutelar, por meio de lei municipal.

Posteriormente, o Ministério Público do Estado do Paraná, em conjunto com o Cedca, começou a cobrar dos municípios a comprovação da existência do CMDCA e do Conselho Tutelar. Para isso, o município deveria apresentar uma declaração que comprovasse o funcionamento dos órgãos no município, pois assim estaria habilitado a receber recursos estaduais e federais para programas de atendimento a situações de risco social.

O Cedca do Paraná, criado pela Lei n.º 9.579, de 22 de março de 1991, é um órgão de natureza estatal especial, com instância pública essencialmente colegiada, compondo-se de forma paritária com representantes governamentais e não governamentais[122].

---

[119] BRASIL. *Lei n.º 8.069, de 13 de julho de 1990*. Dispõe sobre o Estatuto da Criança e do Adolescente e dá outras providências. Brasília: Presidência da República, 1990. s/p. Disponível em: https://www.planalto.gov.br/ccivil_03/leis/l8069.htm. Acesso em: 29 jun. 2023.

[120] PARANÁ. *Mensagem apresentada à Assembleia Legislativa do Estado pelo senhor Álvaro Dias, governador do estado*. Curitiba, 1991b. Disponível em: https://www.administracao.pr.gov.br/ArquivoPublico. Acesso em: 20 maio 2022.

[121] GEBELUKA, R. A. D. *Configuração e atribuições do Conselho Tutelar e sua expressão na realidade pontagrossense*. 2008. Dissertação (Mestrado em Ciências Sociais Aplicadas) – Universidade Estadual de Ponta Grossa, Ponta Grossa, 2008. Disponível em: https://bdtd.ibict.br/vufind/. Acesso em: 9 set. 2022.

[122] PARANÁ. Conselho Estadual dos Direitos da Criança e do Adolescente. *Lei 9579 - 22 de março de 1991*. Regulamenta o parágrafo único do artigo 216 da Constiuição Estadual, que dispõe sobre a criação, organização e competência do Conselho Estadual de Defesa da Criança e do Adolescente. Curitiba: Cedca, 1991a. Disponível em: https://www.cedca.pr.gov.br/sites/cedca/arquivos_restritos/files/documento/2023-01/lei_9579_de_22_de_marco_de_1991-_lei_de_criacao_do_cedca_pr.pdf. Acesso em: 29 jun. 2022.

No mesmo período, foi instituído o Conselho Estadual de Defesa da Criança e do Adolescente, não realizado de forma isolada, considerando o grande número de setores envolvidos. Esse conselho contaria com a participação do governo do estado, da Assistência Social e também da Faspar, e estariam envolvidos planejamento, cultura, segurança pública, universidades públicas estaduais e também a saúde e a educação.

A cidade de Ponta Grossa/PR não precisou esperar os incentivos do Conselho Estadual dos Direitos da Criança e do Adolescente e também não esperou que um de seus representantes fosse chamado para compor o Conselho Estadual de Defesa dos Direitos da Criança e do Adolescente. Com relação à mobilização do município de Ponta Grossa e a criação do Conselho Tutelar na Cidade, Gebeluka afirma que:

> Assim que foi promulgado o ECA, em julho de 1990, a UEPG, em agosto do mesmo ano, através do Departamento de Serviço Social, por meio de um Projeto Extensionista denominado: "A questão do menor carente em Ponta Grossa", coordenado pela então Professora Lúcia Cortes da Costa, e uma equipe de estagiárias, iniciou as primeiras discussões sobre a recente Lei, com a população alvo: comunidade local, associações de moradores, usuários das unidades de saúde, instituições filantrópicas e assistenciais, e Assistentes Sociais de Ponta Grossa e, para estas profissionais foi promovido um curso), entre outros. O relatório descreve o impacto que o documento legal causou nos segmentos responsáveis pela assistência à criança e adolescente em Ponta Grossa; reações de descrédito, visto como utópico, genérico e de difícil operacionalidade.[123]

Como proposta mais ampla, em setembro de 1990, e apoio da Secretaria de Estado do Trabalho e da Ação Social, foi realizado o 1.º Encontro Regional sobre o Estatuto da Criança e do Adolescente. O debate girou em torno da criação dos conselhos e da implantação da proposta de política de atendimento à criança e ao adolescente. Esse encontro teve repercussão estadual[124].

Gebeluka[125] afirma que, no dia 17 de dezembro de 1991, a Câmara Municipal de Ponta Grossa decretou a Lei n.º 4.667, e o prefeito municipal sancionou-a. A lei dispõe sobre a Política Municipal dos Direitos da Criança

---

[123] GEBELUKA, 2008, p. 91.
[124] Ibid.
[125] Ibid.

e do Adolescente, bem como a criação do CMDCA e do Conselho Tutelar. Em 1992, foi iniciada a estruturação do CMDCA, vinculado à Secretaria Municipal de Saúde e Bem-Estar Social. Sendo assim, o Conselho Tutelar da cidade de Ponta Grossa começou a funcionar em outubro de 1992. Baseados nas pesquisas realizadas sobre o tema no Paraná, acreditamos que a cidade de Ponta Grossa foi a primeira do estado a articular a implantação do CMDCA, do Conselho Tutelar, por meio de lei municipal.

Progressivamente as cidades do Paraná, mediante lei municipal do CMDCA, puderam instituir o seu do Conselho Tutelar.

Apenas em 1990 tivemos uma lei federal que acabou com a distinção entre criança e menor; destacamos também que essa lei se configura como nacional, ou seja, se aplica a todo território brasileiro. Outro fato importante a ser destacado é a instalação da fiscalização das instituições pelo Conselho Tutelar, pois a falta de fiscalização efetiva fazia com que cada instituição realizasse seu atendimento da maneira que achasse conveniente.

Considerações finais

Ao analisar os documentos oficiais da década de 1940 até a década de 1990, percebemos a descontinuidade referente ao repasse de verbas públicas para as instituições assistenciais, pois as mudanças de governo alternavam períodos de recebimento de subvenções estaduais, seguidos de períodos de esquecimento do poder público e escassez de recursos.

Souza Filho[126] assegura que o conceito "política de Estado" reflete uma continuidade nas ações políticas do país e que sempre agem no sentido de preservar o interesse nacional. São chamados interesses nacionais, diretrizes de atuação de todos os governos que transitoriamente passam pelo comando do Estado, com ou sem alternância ideológica entre estes.

> Políticas de Estado, por sua vez, são aquelas que envolvem as burocracias de mais de uma agência do Estado, justamente, e acabam passando pelo Parlamento ou por instâncias diversas de discussão, depois que sua tramitação dentro de uma esfera (ou mais de uma) da máquina do Estado envolveu estudos técnicos, simulações, análises de impacto horizontal e vertical, efeitos econômicos ou orçamentários, quando não

---

[126] SOUZA FILHO, O. Q. As tarefas da política externa na ordem constitucional brasileira: política pública com objetivos permanentes e atualizados. *Revista Brasileira de Políticas Públicas e Internacionais*, João Pessoa, v. 5, n. 2, p. 34-59, 2020. Disponível em: https://periodicos.ufpb.br/index.php/rppi/issue/view/2429. Acesso em: 12 jul. 2022.

um cálculo de custo-benefício levando em conta a trajetória completa da política que se pretende implementar. O trabalho da burocracia pode levar meses, bem como o eventual exame e discussão no Parlamento, pois políticas de Estado, que respondem efetivamente a essa designação, geralmente envolvem mudanças de outras normas ou disposições pré-existentes, com incidência em setores mais amplos da sociedade.[127]

Almeida[128] esclarece que as políticas de governo são aquelas em que o Executivo decide num processo bem mais elementar de formulação e implementação, que podem acontecer como política interna, dependendo da dinâmica econômica, ou política do momento. As políticas de governo podem até envolver escolhas complexas, mas pode-se dizer que a apresentação do problema e a definição de uma política de governo é bem mais curta e simplificada, e acaba ficando no plano administrativo, ou na competência dos ministérios setoriais.

Sendo assim, podemos concluir que as políticas de proteção à infância desvalidas no estado do Paraná, entre as décadas de 1940 até 1990, eram exclusivamente políticas de governo. Após a Constituição federal de 1988, por meio do Estatuto da Criança e do Adolescente (1990), as políticas de proteção à infância paranaense começaram a se configurar como políticas de Estado.

Referências

ALMEIDA, P. R. Sobre políticas de governo e políticas de Estado: distinções necessárias. *In*: INSTITUTO MILLENIUM. Rio de Janeiro, 2016. Disponível em: https://www.institutomillenium.org.br/sobre-politicas-de-governo-e-politicas-de-estado-distincoes-necessarias/. Acesso em: 12 jul. 2022.

BARBOSA, M. T. *Sobre mãe e filhos*: as políticas de proteção à maternidade e à infância em Guarapuava (1940-1960). 2012. Dissertação (Mestrado em História) – Universidade Federal do Paraná, 2012. Disponível em: https://bdtd.ibict.br/vufind/. Acesso em: 11 jan. 2022.

BRASIL. *Lei n.º 8.069, de 13 de julho de 1990*. Dispõe sobre o Estatuto da Criança e do Adolescente e dá outras providências. Brasília: Presidência da República, 1990.

---

[127] ALMEIDA, P. R. Sobre políticas de governo e políticas de Estado: distinções necessárias. *In*: INSTITUTO MILLENIUM. Rio de Janeiro, 2016. p. 2-3. Disponível em: https://www.institutomillenium.org.br/sobre-politicas-de-governo-e-politicas-de-estado-distincoes-necessarias/. Acesso em: 12 jul. 2022.
[128] Ibid.

Disponível em: https://www.planalto.gov.br/ccivil_03/leis/l8069.htm. Acesso em: 29 jun. 2023.

CORREIA, D. S. *Enquanto espera o acolhimento institucional de crianças e adolescentes na Casa de Passagem III*: cuidado, controle ou proteção. 2013. Dissertação (Mestrado em Antropologia Social) – Universidade Federal do Rio Grande do Norte, Natal, 2013. Disponível em: https://bdtd.ibict.br/vufind/. Acesso em: 9 set. 2022.

GEBELUKA, R. A. D. *Configuração e atribuições do Conselho Tutelar e sua expressão na realidade pontagrossense*. 2008. Dissertação (Mestrado em Ciências Sociais Aplicadas) – Universidade Estadual de Ponta Grossa, Ponta Grossa, 2008. Disponível em: https://bdtd.ibict.br/vufind/. Acesso em: 9 set. 2022.

GLENS, M. *Órfãos de pais vivos*: uma análise da política pública de abrigamento no Brasil. 2010. Dissertação (Mestrado em Psicologia) – Universidade de São Paulo, São Paulo, 2010. Disponível em: https://bdtd.ibict.br/vufind/. Acesso em: 9 set. 2022.

KUHLMANN JR., M. *Infância e educação infantil*: uma abordagem histórica. Porto Alegre: Mediação, 2015.

KUHLMANN JR., M. Relações sociais, intelectuais e educação da infância na história. *In*: SOUZA, G. (org.). *Educar na infância perspectivas histórico-sociais*. São Paulo: Contexto, 2017. p. 81-98.

PARANÁ. Conselho Estadual dos Direitos da Criança e do Adolescente. *Lei 9579 - 22 de março de 1991*. Regulamenta o parágrafo único do artigo 216 da Constiuição Estadual, que dispõe sobre a criação, organização e competência do Conselho Estadual de Defesa da Criança e do Adolescente. Curitiba: Cedca, 1991a. Disponível em: https://www.cedca.pr.gov.br/sites/cedca/arquivos_restritos/files/documento/2023-01/lei_9579_de_22_de_marco_de_1991-_lei_de_criacao_do_cedca_pr.pdf. Acesso em: 29 jun. 2022.

PARANÁ. Conselho Estadual de Defesa da Criança e do Adolescente. *Lei 10014 - 29 de junho de 1992*. Dá nova redação à Lei n.º 9.579, de 22 de março de 1991, que trata da criação do Conselho Estadual de Defesa da Criança e do Adolescente. Curitiba: Casa Civil, 1992. Disponível em: https://www.cedca.pr.gov.br/sites/cedca/arquivos_restritos/files/documento/2022-11/lei_10014_29_06_1992_da_nova_redacao_a_lei_no_9.579_de_22_de_marco_de_1991_que_trata_da_criacao_do_cedca.pdf. Acesso em: 29 jun. 2023.

PARANÁ. *Mensagem apresentada a Assembleia Legislativa do Estado por ocasião da abertura da 3ª Sessão Ordinária da 4ª Legislatura pelo Senhor Ney Aminthas de Barros*

Braga Governador do Estado. Curitiba, 1961. Disponível em: https://www.administracao.pr.gov.br/ArquivoPublico. Acesso em: 15 maio 2022.

PARANÁ. *Mensagem apresentada à Assembleia Legislativa do Estado por ocasião da abertura da 4ª Sessão Ordinária da 4ª Legislatura pelo senhor Ney Aminthas de Barros Braga, governador do estado*. Curitiba, 1962. Disponível em: https://www.administracao.pr.gov.br/ArquivoPublico. Acesso em: 16 maio 2022.

PARANÁ. *Mensagem apresentada à Assembleia Legislativa do Estado por ocasião da abertura da 3ª Sessão Ordinária da 5ª Legislatura pelo senhor Ney Aminthas de Barros Braga, governador do estado*. Curitiba, 1965. Disponível em: https://www.administracao.pr.gov.br/ArquivoPublico. Acesso em: 17 maio 2022.

PARANÁ. *Mensagem apresentada à Assembleia Legislativa do Estado por ocasião da abertura da 1ª Sessão Ordinária da 6ª Legislatura pelo senhor Paulo Cruz Pimentel, governador do estado*. Curitiba, 1967. Disponível em: https://www.administracao.pr.gov.br/ArquivoPublico. Acesso em: 20 maio 2022.

PARANÁ. *Mensagem apresentada à Assembleia Legislativa do Estado por ocasião da abertura da 2ª Sessão Ordinária da 6ª Legislatura pelo senhor Paulo Cruz Pimentel, governador do estado*. Curitiba, 1968. Disponível em: https://www.administracao.pr.gov.br/ArquivoPublico. Acesso em: 20 maio 2022.

PARANÁ. *Mensagem apresentada à Assembleia Legislativa do Estado por ocasião da abertura da Sessão Legislativa de 1948 pelo senhor Moysés Lupion, governador do estado*. Curitiba, 1948. Disponível em: https://www.administracao.pr.gov.br/ArquivoPublico. Acesso em: 15 maio 2022.

PARANÁ. *Mensagem apresentada à Assembleia Legislativa do Estado por ocasião da abertura da 3ª Sessão Ordinária da 4ª Legislatura pelo senhor Ney Aminthas de Barros Braga, governador do estado*. Curitiba, 1961. Disponível em: https://www.administracao.pr.gov.br/ArquivoPublico. Acesso em: 15 maio 2022.

PARANÁ. *Mensagem apresentada à Assembleia Legislativa do Estado pelo senhor Paulo Cruz Pimentel, governador do estado*. Curitiba, 1970. Disponível em: https://www.administracao.pr.gov.br/ArquivoPublico. Acesso em: 20 maio 2022.

PARANÁ. *Mensagem apresentada à Assembleia Legislativa do Estado pelo senhor Jaime Canet Junior, governador do estado*. Curitiba, 1977. Disponível em: https://www.administracao.pr.gov.br/ArquivoPublico. Acesso em: 8 set. 2022.

PARANÁ. *Mensagem apresentada à Assembleia Legislativa do Estado pelo senhor José Richa, governador do estado*. Curitiba, 1985. Disponível em: https://www.administracao.pr.gov.br/ArquivoPublico. Acesso em: 20 maio 2022.

PARANÁ. *Mensagem apresentada à Assembleia Legislativa do Estado pelo senhor José Richa, governador do estado.* Curitiba, 1986. Disponível em: https://www.administracao.pr.gov.br/ArquivoPublico. Acesso em: 20 maio 2022.

PARANÁ. *Mensagem apresentada à Assembleia Legislativa do Estado pelo senhor Álvaro Dias, governador do estado.* Curitiba, 1988. Disponível em: https://www.administracao.pr.gov.br/ArquivoPublico. Acesso em: 20 maio 2022.

PARANÁ, *Mensagem apresentada a Assembleia Legislativa do Estado pelo Senhor Álvaro Dias Governador do Estado.* Curitiba, 1989. Disponível em: https://www.administracao.pr.gov.br/ArquivoPublico. Acesso em: 20 maio. 2022.

PARANÁ. *Mensagem apresentada à Assembleia Legislativa do Estado pelo senhor Álvaro Dias, governador do estado.* Curitiba, 1990. Disponível em: https://www.administracao.pr.gov.br/ArquivoPublico. Acesso em: 20 maio 2022.

PARANÁ. *Mensagem apresentada à Assembleia Legislativa do Estado pelo senhor Álvaro Dias, governador do estado.* Curitiba, 1991b. Disponível em: https://www.administracao.pr.gov.br/ArquivoPublico. Acesso em: 20 maio 2022.

PARANÁ. *Relatório de governo*: a concretização do plano de obras do governador Moysés Lupion 1947-1950. Curitiba, 1950. Disponível em: https://www.administracao.pr.gov.br/ArquivoPublico. Acesso em: 12 maio 2022.

SILVA, J. F. M. *Abrigar o corpo, cuidar do espírito e educar para o trabalho*: ações do estado do Paraná à infância do "Abrigo Provisório para Menores Abandonados" ao "Educandário Santa Felicidade" (Curitiba, 1947-1957). 2009. Dissertação (Mestrado em Educação) – Universidade Federal do Paraná, Curitiba, 2009. Disponível em: https://bdtd.ibict.br/vufind/. Acesso em: 11 jan. 2022.

SILVA, J. F. M. *Cumpra-se e arquive-se!* Histórias da educação de meninas e meninos desvalidos no estado do Paraná (1940-1969). 2015. Tese (Doutorado em Educação) – Universidade Federal do Paraná, Curitiba, 2015. Disponível em: https://bdtd.ibict.br/vufind/. Acesso em: 11 jan. 2022.

SOUZA FILHO, O. Q. As tarefas da política externa na ordem constitucional brasileira: política pública com objetivos permanentes e atualizados. *Revista Brasileira de Políticas Públicas e Internacionais*, João Pessoa, v. 5, n. 2, p. 34-59, 2020. Disponível em: https://periodicos.ufpb.br/index.php/rppi/issue/view/2429. Acesso em: 12 jul. 2022.

4

PROGRAMAS SOCIAIS PARA INFÂNCIA, ADOLESCÊNCIA E JUVENTUDES NO ESTADO DO PARANÁ: PERSPECTIVAS ENTRE EDUCAÇÃO E TRABALHO

Leandro Aparecido do Prado
Maria Lourdes Gisi

No Brasil, a relação entre juventude e trabalho faz parte de um dos diversos problemas existentes na agenda governamental e da pauta de diversos grupos sociais que buscam auxiliar a sociedade em suas diferentes demandas. Assim, ao analisar a história do estado do Paraná, constata-se que esse cenário se repete, evidenciando desigualdades no processo educativo das diferentes classes sociais. Ao considerar o trabalho um problema de ordem econômica e as juventudes um problema de ordem social, eles muitas vezes se cruzam, provocando consequências comuns e, às vezes, soluções mútuas. Essas soluções se apresentam frequentemente na forma de políticas públicas sociais, como programas de capacitação profissional e inserção produtiva, que visam atenuar questões como a evasão escolar, a formação deficiente, o desemprego, o uso de drogas ilícitas, a violência e outras que se apresentam aos jovens como fuga para suas incompreensões.

Neste capítulo[129] serão apresentados alguns programas sociais que auxiliaram no desenvolvimento de políticas públicas para infância, adolescência e juventudes no estado do Paraná no intuito de discutir sua concepção, que desvela a ideologia para a formação do jovem trabalhador.

Para o texto, adotamos a concepção de *juventudes*, no plural, por corroborarmos Margulis[130], que compreende as juventudes como sendo múltiplas e variadas conforme suas características de classe e de diversidade

---

[129] Este capítulo é resultado da tese de doutorado em educação de Leandro Aparecido do Prado, defendida em 2022, na Pontifícia Universidade Católica do Paraná (PUCPR).

[130] MARGULIS, M. Juventud: una aproximación conceptual. *In*: BURAK, S. D. (org.). *Adolescencia y juventud en América Latina*. Cartago: Libro Universitario Regional, 2001. p. 41-56.

cultural. Entre as diversas características, esses projetos e programas buscam disciplinar crianças, adolescentes e jovens por meio do trabalho; e suprir a ausência de trabalhadores manuais para a indústria, que muitas vezes necessita de profissionais com formação técnica para exercer atividades especializadas. Neste sentido, por influência do capitalismo, esse grupo vulnerável, ao ser educado somente para atividade prática, apresenta-se como uma excelente alternativa para a conservação das classes.

Educação para o trabalho nos programas sociais no estado do Paraná

Entre as diversas definições, pode-se dizer que um programa social é uma iniciativa destinada a melhorar as condições de vida de uma população. É destinado àquela parcela da sociedade desfavorecida economicamente e que, segundo a sua concepção, terá nesse programa uma oportunidade de ascensão econômica, cultural, social e outras.

A maioria dos programas sociais é implementada pelo Estado, que tem a responsabilidade de atender as necessidades da sua população. Desse modo, um governo pode pôr em prática projetos e programas com o intuito de tirar das ruas pessoas em situação de vulnerabilidade, garantir o acesso à educação, cuidar da saúde, combater a fome, e tantas outras iniciativas que atendam as demandas da sociedade.

Partindo dessa concepção, o Abrigo de Menores de Curitiba foi uma importante instituição que atendia crianças abandonadas por suas famílias ou encaminhadas pelo juizado. Criado pela Lei n.º 2.295, de 1924, o abrigo atendia meninos e meninas em alas separadas; e funcionava, provisoriamente, no seu espaço as Escolas de Reforma e de Preservação[131]. Em 1926, conforme relatório do Juizado de Menores, foram internados no abrigo 93 meninas e 105 meninos, e 5 destes foram encaminhados para a seção masculina da Escola de Preservação. As escolas de preservação e de reforma atendiam ambos os sexos: a primeira para menores abandonados; e a segunda para delinquentes capturados pela polícia ou encaminhados por intermédio de juízes. Desse modo, o estado do Paraná adequou-se aos novos modelos sociais de urbanidade e civilidade, abrigando os menores nessas instituições e mantendo-os com trabalho e alimentação para que, mais tarde, se transformassem "em trabalhadores assalariados"[132].

---

[131] PARANÁ. Mensagem dirigida ao Congresso Legislativo do Estado pelo sr. Caetano Munhoz da Rocha, presidente do estado. Curityba, 1925. p. 87.

[132] MANFREDI, S. M. *Educação profissional no Brasil*. São Paulo: Cortez, 2002. p. 80.

Em 1927, o Decreto n.º 17.943, que instituiu o Código de Menores, conhecido como Código de Mello Mattos, mudou a forma de atendimento, que de punitiva passou a protetora. O primeiro artigo do código explicitava que o menor abandonado ou delinquente que tivesse menos de 18 anos de idade receberia assistência e proteção. "O Código de Menores de 1927, o primeiro da história do Brasil, veio a dar um novo tratamento jurídico aos indivíduos com menos de 18 anos"[133].

Segundo Martiniak,

> No desenvolvimento do processo de industrialização e de urbanização, tal medida autorizava o governo a retirar das ruas delinquentes, pobres, órfãos e abandonados que colocavam em risco o projeto da sociedade burguesa, e, por meio de sua internação em instituições especializadas, **procurava oferecer disciplina para garantir a moralidade e a docilidade do trabalhador**, e com isso, a reprodução do modo capitalista.[134]

Nesse sentido, o ensino profissional tinha essa dupla intenção e, enquanto instrumento preventivo, propiciou o "disciplinamento e a qualificação técnica das crianças e dos jovens cujo destino era evidentemente o trabalho manual, de modo a evitar que fossem seduzidos pelos vícios, pelos crimes e pela subversão político-ideológica"[135]. Por outro lado, o trabalho era imposto aos menores como um remédio capaz de combater os desvios daqueles que tivessem sido vítimas das influências nocivas das ruas.

Na tentativa de disciplinar crianças e adolescentes, a Casa do Pequeno Jornaleiro foi criada em 1940 no Rio de Janeiro pela Fundação Darcy Vargas e administrada pela então primeira-dama, Darcy Vargas, no período de 1938 a 1968, ano de sua morte. Na sequência, em 1943, foi criada a Casa do Pequeno Jornaleiro de Curitiba (CAPEJO). Ambas as instituições faziam parte do projeto sociopolítico do Estado Novo[136]; e, no caso específico da CAPEJO, acabou, de alguma forma, permanecendo com essa política até

---

[133] CUNHA, L. A. *O ensino de ofícios nos primórdios da industrialização.* 2. ed. São Paulo; Brasília: Unesp; Flacso Brasil, 2005. p. 43.

[134] MARTINIAK, V. L. A institucionalização das escolas agrícolas no Paraná. *Revista Espaço Acadêmico*, [s. l.], v. 21, n. 228, p. 4-14, maio/jun. 2021. p. 10, grifo nosso. Disponível em: https://periodicos.uem.br/ojs/index.php/EspacoAcademico/article/view/56086/751375152066. Acesso em: 1 mar. 2023.

[135] CUNHA, 2005, p. 24.

[136] Período da Era Vargas que se iniciou em 1937 e terminou em 1945 e que ficou caracterizado por seu caráter ditatorial. O Estado Novo foi a terceira e última fase da Era Vargas (VELLOSO, M. P. Cultura e poder político: uma configuração do campo intelectual. *In*: GOMES, Â. M. C.; OLIVEIRA, L. L.; VELLOSO, M. P. *Estado Novo*: ideologia e poder. Rio de Janeiro: Zahar, 1982. p. 71-108).

a década de 1960, quando começou a sofrer significativas mudanças até o fim do século XX, período da sua extinção[137].

No Paraná, a instituição foi idealizada pela esposa do interventor Manoel Ribas, D. Anita Ribas. Com vistas à moralização pelo trabalho, uma estratégia pedagógica no combate ao que se chamava na época de "delinquência infanto-juvenil"; por meio da religião, educação, saúde e disciplina, pretendia-se organizar as atividades dos meninos que já exerciam a função de vendedores de jornais pelas ruas da cidade e não eram bem-vistos pela sociedade, como revela a crônica de Heitor Stockler de França transcrita no relatório da Casa do Pequeno Jornaleiro de 1960: "os garotos dos jornais de Curitiba, eram um verdadeiro bando de garotos mal-educados, audaciosos e até insuportáveis. Nada respeitavam e, insolentemente, afrontavam os pacatos costumes da cidade"[138].

De acordo com o seu estatuto, a instituição pretendia "amparar, educar e encaminhar os menores vendedores de jornais, prestando-lhe assistência material, moral e intelectual".[139] Com sede em um prédio de três andares, na Rua Saldanha Marinho, centro da capital paranaense, os meninos eram internos, destituindo-se do poder paterno (enviados de outras instituições ou por meio de colocação dos próprios familiares), deixando-os sob a responsabilidade da instituição. A venda de jornais e revistas acontecia nos períodos da manhã e da tarde, e à noite se dedicavam à escola, situada na própria sede da Capejo. No intuito de disciplinar, a rotina era controlada e rígida, com horários para levantar, tomar banho, vestir-se, sair para o trabalho, realizar as refeições, estudar, dormir; e até o lazer, que fazia parte da programação, tinha horário definido.

A proposta da Capejo era centrada na educação interna, por meio do ensino regular e religioso, tendo como pano de fundo o trabalho como eixo moralizador, destinada exclusivamente para crianças do sexo masculino. Quanto à organização administrativa, a Capejo era dividia em três departamentos: o departamento religioso, a cargo da Arquidiocese de Curitiba, responsável por aulas de catecismo e por ministrar os sacramentos e Missa em uma capela na própria sede; o departamento médico, com uma médica e uma dentista, que prestavam os primeiros socorros e ensinavam noções de higiene aos garotos; por fim, o departamento de educação, que mantinha

---

[137] CASA DO PEQUENO JORNALEIRO (CAPEJO). *Relatório anual 1960*. Curitiba: Casa do Pequeno Jornaleiro, 1960. Acervo da Biblioteca Pública do Paraná.
[138] *Ibid.*, p. 22.
[139] Extrato dos Estatutos Capejo, 1942.

um pequeno grupo escolar na instituição, com duas salas e 11 professoras, que ofertavam os cursos do primeiro ao quarto ano do ensino primário[140].

A instituição era mantida por donativos (recursos financeiros e víveres), auxílios e subvenções do Estado (no âmbito federal, estadual e municipal); por aluguel de um prédio denominado Anita Ribas, que possuía duas lojas e oito salas, produzindo parte substancial da renda da Capejo; e pelas chamadas "mensalidades de sócios" — uma porcentagem sobre a venda de jornais e revistas. A rotina exigente fazia com que muitos meninos fugissem da instituição e voltassem para as ruas. Em entrevista concedida ao jornal *O Estado do Paraná*, Milton Kafka, diretor da Capejo, dizia que as fugas eram esporádicas[141], mas, em outra ocasião, que trabalhava em uma instituição ideal, da qual "nenhum menino tentou sair [...] nem tentou fugir"[142].

Segundo Lima[143], cabe mencionar que, nos jornais paranaenses, se verificou uma positivação da imagem do pequeno jornaleiro e divulgação das atividades da Capejo, sendo esta tida como instituição importante e valorosa para a sociedade paranaense. No entanto, a autora afirma que as transferências e os desligamentos de meninos eram constantes. Em sua pesquisa de mestrado, ao analisar os prontuários da instituição, com recorte temporal entre os anos de 1960 e 1978, constatou-se que nessa época houve 41 transferências e 21 fugas.

Esses dados apresentam um cenário no qual o estado, por meio do poder coercitivo, tenta moldar os jovens por meio do trabalho, da fé e da educação. Contudo, não se comprova a eficácia dessa prática, tendo em vista o posicionamento dos dirigentes ao transferirem os internos; e as fugas, que se apresentam como um descontentamento por parte dos meninos[144].

A Capejo, fundada em 1943 como instituição civil, passou em 1962 a ser administrada pelo Estado do Paraná, que manteve a dinâmica organizacional da administração até o ano de 1985. Em fevereiro deste ano, a instituição iniciou um processo de desinternação dos meninos, e em dezembro a casa passou a pertencer à Prefeitura de Curitiba. A partir desse momento, os meninos não eram mais internos, mas continuavam a atividade de venda

---

[140] CAPEJO, 1960.
[141] JORNALEIRO, Casa quer dar a eles uma profissão. *O Estado do Paraná*, Curitiba, 15 dez. 1972.
[142] COMPRA um jornal, tio. *O Estado do Paraná*. Curitiba, 14 dez. 1980.
[143] LIMA, N. T. *Os meninos na Casa do Pequeno Jornaleiro*: institucionalização, protagonismo e trajetórias (Curitiba, 1960-1978). 2017. Dissertação (Mestrado em História) – Universidade do Estado de Santa Catarina, Florianópolis, 2017. Disponível em: http://www.faed.udesc.br/arquivos/id_submenu/2666/nicolle_taner_de_lima___final.pdf. Acesso em: 1 mar. 2023.
[144] CAPEJO, 1960.

dos jornais. Em 1992, atendendo às normativas do Estatuto da Criança e do Adolescente (ECA)[145], essa atividade passou a ser proibida, e a instituição, que agora recebia meninas, dedicou-se a oferecer cursos e oficinas de vime, cerâmica, judô e computação até o ano de 2002, quando foi desativada.

Outra instituição que auxiliava na socialização de adolescentes eram as Escolas de Trabalhadores Rurais do Paraná, que tinham como objetivo qualificar mão de obra para a agricultura. Com duplo sentido, em um primeiro momento, eram destinadas à formação da mão de obra para os filhos de agricultores e à consequente melhoria da produção agrícola, em virtude do uso de técnicas e máquinas modernas; num segundo, sob a égide do assistencialismo, a utilização do trabalho agrícola seria um disciplinador do futuro trabalhador. Entretanto, não diferente da Casa do Pequeno Jornaleiro e da Lei da Aprendizagem[146], essas instituições e legislações tinham em sua gênese resquícios da criação dos patronatos e dos abrigos para menores, cujo objetivo era atender à infância desvalida do estado.

Como parte do discurso desenvolvimentista de Manuel Ribas (1873-1946), por meio do Decreto n.º 7.782, de 3 de dezembro de 1939, foram criadas no Paraná oito Escolas de Trabalhadores Rurais e duas Escolas de Pescadores. Localizada na Ilha das Cobras, em Paranaguá, a Escola Antonio Serafim Lopes tinha capacidade para atender cem alunos, oferecendo ensino regular e correcional aos menores que eram recolhidos. As instituições criadas para o atendimento da educação profissional deveriam atuar no ensino dos filhos de pescadores e de agricultores e seriam voltadas à preservação da natureza e da cultura profissional local. Para abrigar as crianças menores abandonadas, também foram criadas as Escolas de Reforma, nas quais os infantes teriam acesso à educação básica e aprenderiam um ofício[147].

Após a institucionalização das Escolas de Trabalhadores Rurais, os alunos internados no Abrigo de Menores, na seção masculina, foram transferidos para a Escola de Trabalhadores Rurais Dr. Carlos Cavalcanti, em

---

[145] BRASIL. *Lei n.º 8.069, de 13 de junho de 1990*. Dispõe sobre o Estatuto da Criança e do Adolescente e dá outras providências. Brasília: Presidência da República, 1990.Disponível em: http://www.planalto.gov.br/ccivil_03/leis/l8069.htm. Acesso em: 1 mar. 2023.

[146] BRASIL. *Lei n.º 10.097, de 19 de dezembro de 2000*. Altera dispositivos da Consolidação das Leis do Trabalho – CLT, aprovada pelo Decreto-Lei n.º 5.452, de 1º de maio de 1943. Brasília: Presidência da República, 2000. Disponível em: http://www.planalto.gov.br/ccivil_03/leis/l10097.htm#:~:text=LEI%20No%2010.097%2C%20DE%2019%20DE%20DEZEMBRO%20DE%202000.&text=Altera%20dispositivos%20da%20Consolida%C3%A7%C3%A3o%20das,o%20de%20maio%20de%201943. Acesso em: 1 mar. 2023.

[147] PARANÁ. Decreto n.º 7.782, de 6 de janeiro de 1939. Aprova o Regulamento das Escolas de Trabalhadores Rurais no Estado. *Diário Oficial do Estado do Paraná*, Curitiba, 6 jan. 1939.

Curitiba. Os investimentos na criação das instituições profissionalizantes agrícolas enfatizaram a vocação tradicional do estado voltada à agricultura, e tornava-a uma referência para o Paraná. Manuel Ribas, o interventor, seguiu os ditames do governo federal; assim, o ensino técnico destinou-se ao atendimento dos filhos das classes trabalhadoras, assumindo o caráter assistencial que já existia por meio dos patronatos e asilos de menores. Desse modo, surgem na década de 1930, na região dos Campos Gerais, as primeiras escolas destinadas a trabalhadores rurais no estado.

Em Curitiba, foi criado no bairro do Bacacheri o patronato agrícola fundado por Lysimaco Ferreira da Costa por meio do Decreto n.º 943, de 1920. Tal órgão funcionava junto ao Instituto Agronômico do Bacacheri, destinado, exclusivamente, a atender as classes pobres, por meio da educação moral, cívica, física e profissional de menores desvalidos e daqueles que, por insuficiência da capacidade de educação na família, foram postos à disposição da Escola Agronômica[148]. O decreto mencionava sua função de instituto de assistência, proteção, tutela moral de menores desvalidos, recorrendo ao trabalho agrícola para atingir seus objetivos de instituição regeneradora, e, assim, incorporá-los ao meio rural.

Outro projeto relevante para esta análise é o das Escolas Oficinas, uma proposta de educação pelo trabalho que fazia parte da metodologia utilizada pela Associação dos Meninos de Curitiba (Assoma), fundada em 1987 na gestão do prefeito Roberto Requião com o objetivo de tirar das ruas as crianças desfavorecidas economicamente. O foco do trabalho era o papel do educador social de rua, que era responsável por se aproximar das crianças e convidá-las para o projeto. Segundo Quarenghi e Silva[149], o trabalho do educador consistia na abordagem que estabelecia o contato direto com a realidade das crianças e dos adolescentes; no desenvolvimento de atividades que aconteciam nas Oficinas de Convivência e que possibilitavam a coleta de dados para o posterior encaminhamento para a Escola Oficina; e, por fim, contatos permanentes com a Escola Oficina para que as crianças e adolescentes estabelecessem, de modo gradativo, vínculos com este novo espaço e se apropriassem dos direitos ali oportunizados.

As Oficinas de Convivência estavam integradas ao seu trabalho e faziam parte dos requisitos necessários para que, em um segundo momento,

---

[148] Id. Mensagem dirigida ao Congresso Legislativo pelo exmo sr. Afonso Alves de Camargo, presidente do estado. Curityba, 1 fev. 1920.

[149] QUARENGHI, M. M.; SILVA, M. R. M. *O acontecer pedagógico de uma escola oficina*. Curitiba: [s. n.], 1991.

a criança/o adolescente fosse encaminhado para a Escola Oficina. Além de motivar e afastar das ruas, as oficinas geravam algum tipo de renda para ajudar as famílias em sua subsistência. Durante os encontros, diversos temas eram tratados, incluindo orientações sobre hábitos de higiene, alimentação e cumprimento de normas, características imprescindíveis para atividades profissionais. Contudo, o educador social de rua alcançava o ápice de seu trabalho nas Oficinas de Convivência quando percebia que os participantes já demonstravam o amadurecimento suficiente para serem encaminhados para à Escola Oficina, retornar à família, à escola regular, ou, se fosse o caso, para alguma instituição, ou mesmo construir o seu projeto de vida.

Outra atividade desenvolvida eram as Oficinas de Inicialização ao Trabalho. As crianças e os adolescentes do projeto realizavam atividades relacionadas a manufatura, como modelagem de barro; pintura (em papel, vidro, cerâmica, gesso e outros); desenho livre; trabalho com lã; sisal e retalhos; tecelagem; papel machê; colagens; dobraduras; dramatização e outras que eram apresentadas e vendidas em feiras com o objetivo de reintegrá-los à sociedade e gerar renda, dividida entre eles de acordo com a produção individual. As crianças também realizavam atividades de recreação e esporte com o objetivo de estimulá-las à participação em grupo, incentivando-as a experienciar contextos de desafios, conquistas e derrotas que os jogos propõem e que ajudam no entendimento do mundo dos adultos.

A primeira Escola Oficina, denominada Desembargador Cunha Pereira, foi criada em 1988 pelas senhoras Maria Merlo Quarenghi e Maristela Requião de Mello e Silva, na época primeira-dama da cidade de Curitiba. A escola tinha sua intenção pedagógica baseada no pensamento do educador Paulo Freire, quando este afirmava que a prática seria o melhor caminho para se pensar o certo[150]. Um outro educador que teve seu pensamento como fonte de inspiração para a concepção do projeto foi Anton Semyonovich Makarenko, pedagogo ucraniano que se especializou no trabalho com menores abandonados, especialmente os que viviam nas ruas e estavam associados ao crime. Em sua obra intitulada *Poema pedagógico*[151], o autor reflete sobre os fundamentos da participação dos meninos no processo decisório, destacando como questão central a ideia de que a solução para os problemas humanos não está em nível individual, mas sim em nível coletivo, e, nesse sentido, é uma proposta educacional concreta, indo além do discurso.

---

[150] FREIRE, P. *A educação na cidade*. São Paulo: Cortez, 1991.
[151] MAKARENKO, A S. *Poema pedagógico*. Tradução de Tatiana Belinky. São Paulo: Brasiliense, 1980.

Quanto à rotina da Escola Oficina, o educando precisava cumprir um estágio experimental médio com duração de quatro semanas para internalizar seu cronograma de atividades. Na primeira semana, suas tarefas concentravam-se na Oficina da Horta; na segunda, na Oficina da Cozinha (limpeza e refeitório); na terceira e quarta semana, na oficina que escolheu para trabalhar de acordo com o critério de idade estabelecido pela instituição.

Quadro 4.1 – Organização de atividades por idade na Escola Oficina

IDADE	ATIVIDADE
6 a 8 anos	Limpeza, horta e aves.
9 a 10 anos	Limpeza, horta, aves e cozinha.
11 a 12 anos	Limpeza, horta, aves, cozinha e confecção;
13 anos	Limpeza, horta, aves, cozinha, confecção, serigrafia, marcenaria, lavanderia e padaria.

Fonte: Prado (2022, p. 144), com base em Quarenghi e Silva (1991, p. 85-86)

Após essas quatro semanas, o educando assinava um "Combinado de participação e frequência", uma espécie de contrato de aprendizagem. Caso sua participação fosse satisfatória, o educando receberia uma bolsa de aprendizagem, cujo valor era determinado de acordo com a faixa etária, considerando também a produção individual.

Quanto à concepção filosófica, o projeto enfatizava que o homem e o trabalho eram concebidos como duas realidades inseparáveis. Segundo Quarenghi e Silva,

> É através do trabalho que o homem se reconhece como produto e produtor do saber, como elemento útil a si mesmo e ao seu grupo social. Trabalhando, o homem se educa e se educando, trabalha. Assim, o homem e o trabalho são inseparáveis, a educação e o trabalho também são.[152]

Partindo desse pressuposto, o projeto Escola Oficina fazia parte de um intento do poder municipal de auxiliar crianças, adolescentes e jovens a saírem das ruas, tendo o trabalho como alternativa. A proposta da Escola Oficina era integrada e subdividida em três categorias, denominadas Oficinas de Inicialização ao Trabalho, de Geração de Renda e de Aprendizagem.

---

[152] QUARENGHI; SILVA, 1991, p. 27.

Para atender a Lei n.º 10.097/2000[153], no estado do Paraná foi implementado o Programa de Aprendizagem por empresas públicas e privadas para oferecer o curso de qualificação profissional, parte essencial do programa. Em Curitiba, o Colégio Estadual Guarda Mirim do Paraná é referência na qualificação profissional de adolescentes e jovens para o mercado de trabalho. Antes conhecida como Casa do Menor Trabalhador, fundada em 1963 na Rua Comendador Araújo, n.º 388, a casa funcionava e abrigava 295 adolescentes em dois regimes: internato e semi-internato. Na época, os adolescentes eram distribuídos em três cursos: Formação e Aperfeiçoamento de Vigilantes Mirins, Engraxates e Lavadores de Carro e Formação Profissional para Menores de Campo Comprido[154].

Devido a uma mudança de legislação, por meio de um decreto da Secretaria de Estado do Trabalho e Assistência Social, em 1966 foram extintos os cursos de Engraxates e Lavadores de Carros, e os adolescentes foram encaminhados para outras atividades. Na casa também havia a oferta dos cursos de Formação e Aperfeiçoamento de Vigilantes Mirins, que tinham a missão de ajudar no controle do trânsito de Curitiba, atividade desenvolvida sem remuneração. Os adolescentes recebiam uniforme, alimentação, pouso aos internos e alimentos, que eram doados a algumas famílias dos semi-internos, além da instrução para o trabalho[155].

Em 1969, os vigilantes mirins deixaram de prestar serviços junto ao Batalhão de Trânsito de Curitiba e foram encaminhados para trabalhar no apoio administrativo de Secretarias de Estado e de algumas empresas. Em 21 de outubro de 1974, a Casa do Menor Trabalhador foi transferida para um imóvel comprado pelo governo do estado, na Avenida Anita Garibaldi, 2.395, bairro Ahú, na capital. Nesta época, houve também a mudança de nome, e a unidade passou a ser chamada de Centro de Integração Comunitária Diva Pereira Gomes. Em regime de semi-internato, o centro oferecia as quatro séries iniciais do ensino fundamental. Nesta época, ainda, os adolescentes

---

[153] BRASIL. *Lei n.º 10.097, de 19 de dezembro de 2000*. Altera dispositivos da Consolidação das Leis do Trabalho – CLT, aprovada pelo Decreto-Lei n.º 5.452, de 1º de maio de 1943. Brasília: Presidência da República, 2000. Disponível em: http://www.planalto.gov.br/ccivil_03/leis/l10097.htm#:~:text=LEI%20No%2010.097%2C%20DE%2019%20DE%20DEZEMBRO%20DE%202000.&text=Altera%20dispositivos%20da%20Consolida%C3%A7%C3%A3o%20das,o%20de%20maio%20de%201943. Acesso em: 1 mar. 2023.

[154] COLÉGIO ESTADUAL GUARDA MIRIM DO PARANÁ. *Nossa história desde 1963*. Curitiba: Seed, [2020]. Disponível em: https://www.guardamirimparana.com.br/2020/02/nossa-historia-desde-1963.html. Acesso em: 1 mar. 2023.

[155] Ibid.

eram encaminhados para o mercado de trabalho, mas sem participarem de curso de qualificação profissional[156].

A partir de 1977, o Centro de Integração Comunitária deixou de oferecer a educação formal, e os adolescentes passaram a estudar em escolas próximas à comunidade, conforme reportagem aberta veiculada no jornal *Diário do Paraná*[157]. Em 1980, a instituição implantou os cursos de Auxiliar de Escritório e Relações Humanas e, também, o Programa Centro de Estudos Supletivos (CES) com o objetivo de reduzir a defasagem escolar. O Programa CES funcionou na unidade até 2005, já com a denominação Centro Estadual de Educação Básica para Jovens e Adultos (Ceebja)[158].

Somente em 1986, o centro passou a atender adolescentes do sexo feminino. Outra curiosidade a respeito da unidade é que o nome "Guarda Mirim" não foi planejado, mas adotado pelo costume da população de chamar os adolescentes de "guardas mirins", em função de, inicialmente, auxiliarem o Batalhão de Trânsito no controle do tráfego na região central de Curitiba[159].

Vinculada à Secretaria de Estado da Educação (Seed/PR), atualmente a instituição é referência por promover a inserção de adolescentes de ambos os sexos no mundo do trabalho por meio do Programa de Aprendizagem, vinculados à Qualificação Profissional Básica ao Adolescente Aprendiz (QPB-AA), da Seed.

O Programa de Aprendizagem ofertado pela Guarda Mirim do Paraná tem a duração de três anos e é composto por duas etapas distintas: a pré-aprendizagem e a aprendizagem profissional[160]. Durante o primeiro ano do ensino médio, no contraturno escolar, é ofertada a pré-aprendizagem e Formação Cidadã, cujo objetivo se volta para o desenvolvimento do protagonismo juvenil e a autopercepção do jovem enquanto agente de transformação de seu futuro com fundamento das disciplinas da Base Nacional Comum Curricular, cujos conteúdos retomam e/ou aprimoram temas já trabalhados ao longo das séries do ensino fundamental, promovendo a inserção do educando na sociedade, instigando o seu autoconhecimento enquanto ser humano. O colégio também disponibiliza aulas de teoria e prática musical para o desenvolvimento motor e rítmico, expressão e

---

[156] Ibid.
[157] Diário do Paraná, 1974.
[158] Ibid.
[159] Ibid.
[160] Ibid.

disciplinar, conhecimento da cultura musical brasileira e mundial. Nesse período, também são ofertadas aulas de legislação e cidadania, com foco no conhecimento básico dos direitos inerentes ao ser humano[161].

Como projeto complementar, durante o segundo e o terceiro ano, é ofertada aos alunos a Aprendizagem Profissional. Após a conclusão da pré-aprendizagem, os adolescentes são encaminhados para os cursos de qualificação profissional ofertados pela instituição e/ou pela própria Seed e inseridos no mundo trabalho como jovens aprendizes. A inserção dos jovens no Programa Jovem Aprendiz[162] acontece por meio de edital que é disponibilizado pela Seed/PR, priorizando jovens em situação de vulnerabilidade social conforme orienta a lei[163].

Seguindo os mesmos moldes de Curitiba, visando acolher e orientar as crianças que viviam nas ruas, foi fundada, em 26 de julho de 1977, a Guarda Mirim de Foz do Iguaçu, pela Sr.ª Léa Leone Vianna, mulher do então prefeito, coronel Clóvis Cunha Vianna, que se deparou com crianças trabalhando e dormindo na rua e decidiu criar uma instituição que apoiasse as juventudes vulneráveis.

Na época, um grupo com 18 representantes da sociedade civil e dos órgãos públicos, chamado de Órgão Deliberativo, foi formado para administrar a Guarda Mirim, que inicialmente funcionava nas dependências da Associação de Proteção a Maternidade e a Infância (APMI). Após receber apoio, a instituição conseguiu adquirir um terreno de 2,4 mil metros quadrados, localizado na Vila Itajubá. Para construir a sede, foram obtidos recursos doados pelo Instituto de Assistência ao Menor, por intermédio do então governador do estado, Jaime Canet Júnior. O Lions Clube Itaipu, o Rotary Clube Três Fronteiras, a Itaipu Binacional e o 34º Batalhão de Infantaria Motorizada de Foz também disponibilizaram apoio e mão de obra para a construção do prédio. Criada em pleno regime militar, a exemplo de outras Guardas Mirins em todo o país, a Guarda Mirim de Foz do Iguaçu, além de encaminhar os adolescentes para o mercado de trabalho como office boys, tinha, em seus primeiros anos, uma disciplina rígida. Os garotos usavam fardas, participavam de treinamentos em acampamentos

---

[161] Ibid.

[162] BRASIL. Lei n.º 10.097, de 19 de dezembro de 2000. Altera dispositivos da Consolidação das Leis do Trabalho – CLT, aprovada pelo Decreto-Lei n.º 5.452, de 1º de maio de 1943. Brasília: Presidência da República, 2000. Disponível em: http://www.planalto.gov.br/ccivil_03/leis/l10097.htm#:~:text=LEI%20No%2010.097%2C%20DE%2019%20DE%20DEZEMBRO%20DE%202000.&text=Altera%20dispositivos%20da%20Consolida%C3%A7%C3%A3o%20das,o%20de%20maio%20de%201943. Acesso em: 1 mar. 2023.

[163] COLÉGIO ESTADUAL GUARDA MIRIM DO PARANÁ, [2020].

e estavam submetidos à hierarquia militar. Não havia idade mínima para ingressar na entidade, e os adolescentes eram encaminhados às empresas sem as atuais garantias trabalhistas e previdenciárias[164].

Com a promulgação do ECA, a partir de 1990, a Guarda passou por transformações para atender à legislação, ocasião em que as meninas começaram a ser admitidas. Em 2001, a instituição assinou um Termo de Ajuste de Conduta com o Ministério Público do Trabalho e implantou o Programa de Aprendizagem para promover a formação técnico-profissional de adolescentes de ambos os sexos e diferentes classes sociais na faixa etária de 14 a 18 anos, procedimento em conformidade com os artigos 62 a 69 do ECA, com a Lei n.º 10.097/2000 e o artigo 227 da Constituição da República[165].

Conforme a estimativa realizada em 2017, acredita-se que, desde a fundação, a instituição já atendeu mais de 27 mil adolescentes cadastrados em diferentes programas, porém sempre com foco na formação para o trabalho. Os dados são aproximados, pois, na década de 1980, um temporal destelhou o espaço destinado ao arquivo no qual eram guardados os documentos dos adolescentes egressos[166].

Atualmente, além de atender as empresas da região oferecendo o curso de qualificação profissional para os adolescentes e jovens aprendizes, a instituição oportuniza o primeiro emprego por meio da cota social. Conforme a lei, as empresas que possuem atividades insalubres e de risco não podem acolher adolescentes aprendizes. Entretanto, segundo a Lei n.º 10.097/2000, estas precisam ofertar vagas; com isso, a cota social apresenta-se como uma alternativa para o atendimento da legislação.

Algumas considerações

Ao fazer a reconstrução histórica dessas instituições, é possível observar a marca do assistencialismo regenerador e da formação por meio do trabalho, cujo objetivo era oferecer os conhecimentos básicos ao trabalhador para que este atendesse às novas demandas do capital.

Para atender as crianças encontradas nas ruas ou encaminhadas pelo juizado, o abrigo de menores funcionava como espaço de reparação dos

---

[164] PARO, D. *Revista da Guarda Mirim de Foz do Iguaçu.* Foz do Iguaçu, jul. 2017. Disponível em: http://guarda-mirimfoz.org.br/down/Revista_Guarda_Mirim_26_06_17.pdf. Acesso em: 4 mar. 2023.
[165] BRASIL. *Constituição da República Federativa do Brasil de 1988.* Brasília: Presidência da República, 1988. Disponível em: https://www.planalto.gov.br/ccivil_03/constituicao/constituicao.htm. Acesso em: 1 mar. 2023.
[166] PARO, 2017.

direitos básicos da criança, como viver a infância, a saúde, a educação, e outros que lhe foram tirados, devolvendo-lhes o papel de atores sociais.

Também para combater a pobreza da infância desvalida que retratavam nos jornais os meninos de rua da cidade de Curitiba como "baderneiros e insuportáveis", foi criada em 1943, pela esposa do interventor Manuel Ribas, D. Anita Ribas, a Capejo, seguindo o modelo da instituição carioca.

A pobreza, a estrutura familiar e a falta de orientação, aliada à inexistência de políticas públicas que oportunizassem, a essas crianças, esses adolescentes e jovens, o atendimento de suas necessidades básicas faziam com que eles perambulassem sem destino pelas ruas, alterando a ordem social. Com isso, a Capejo foi criada para tirar esse público das ruas e formar essas juventudes para o trabalho. Inicialmente o atendimento era exclusivo aos meninos, que, após a destituição familiar, tornavam-se internos da instituição. As regras eram controladas e rígidas com o intuito de garantir a recuperação social da criança. A filosofia da instituição era centrada na educação pelo trabalho, com a venda de jornais e revistas, que ajudavam a manter a casa, sendo-lhe entregue uma parte dos lucros quando saísse do projeto. A instituição deixava claro que seu objetivo era dar aos meninos uma profissão; no entanto, desconsiderava-se o fato de serem crianças, e que seu destino já estava traçado quando ingressavam na instituição, que lhes impunha um regime de trabalho em detrimento de um processo educativo que lhes permitisse escolher o seu caminho.

Também com o objetivo de regenerar, as Escolas Agrícolas fundadas durante o governo do presidente Getúlio Vargas foram implementadas no Paraná, sob a égide do assistencialismo, que via no trabalho do campo a oportunidade de disciplinar adolescentes e jovens. Para centralizar o poder, Getúlio Vargas (1882-1954) dissolveu o Congresso e os governos estaduais, nomeando interventores para assumir a administração dos estados. No Paraná foi nomeado Manoel Ribas (1873-1946), que reproduzia um discurso desenvolvimentista e via no setor agrícola uma possibilidade de melhorar a economia do país; assim, formar pessoas para trabalhar no campo era essencial à implementação do seu projeto. Nesse contexto, as escolas agrícolas apresentavam-se como uma excelente oportunidade para reabilitar jovens em desacordo com as regras sociais e formá-los como mão de obra especializada para o campo.

Outra via adotada para o desenvolvimento do país estava no processo de industrialização, que, de certo modo, autorizava o governo a tirar de circulação todos aqueles que colocavam em risco os planos da sociedade burguesa, pretendendo-se assim garantir a disciplina, a moralidade e a docilidade do trabalhador e, por consequência, a manutenção das classes.

A Associação dos Meninos de Curitiba, fundada no governo do prefeito Roberto Requião com o objetivo de tirar crianças desfavorecidas das ruas e inspirada pelo *Poema pedagógico*, de Makarenko, afirmava que a educação pelo trabalho poderia se tornar a solução para muitos problemas sociais. O trabalho começava com a abordagem feita pelo educador social de rua, responsável pelo primeiro contato, e o subsequente encaminhamento da criança para a instituição. Ao chegar, a criança conhecia o projeto, assinava um termo de compromisso e era encaminhada para as oficinas, que, de acordo com a faixa etária, ofereciam formações relacionadas a saúde, higiene e qualificação para o trabalho. Diferentemente da Capejo e das Escolas Agrícolas, a Escola Oficina dava ao aluno a oportunidade de conhecer diversas profissões e auxiliava-o na construção do seu projeto de vida, com objetivos pedagógicos organizados de forma processual, considerando diversos direitos dos agentes, como o de ser criança. No entanto, a Escola Oficina não se distanciava das outras instituições quando afirmava a necessidade de formar as crianças do projeto para o mercado de trabalho, enquanto outras eram formadas para a vida.

Com o objetivo de uma formação cidadã, as Guardas Mirins do Paraná oferecem aos alunos matriculados uma formação ampla que contempla aspectos individuais e sociais tendo como pano de fundo orientações militares. Esse projeto social visava auxiliar os jovens a se colocarem no mercado de trabalho e oferecer-lhes uma complementação educacional.

A partir do ano 2000, as Guardas do Paraná e de Foz do Iguaçu tornaram-se instituições qualificadoras e passaram a ofertar o Programa Jovem Aprendiz (Lei n.º 10.097/2000), uma iniciativa do ex-presidente Fernando Henrique Cardoso para diminuir o índice de desemprego entre adolescentes e jovens no país.

Ao observar as juventudes e as suas diferentes representações sociais, pode-se afirmar que a condição dos jovens está associada a um período de construção. A ânsia pela liberdade, o desejo de desbravar e tomar as suas próprias decisões, mesmo não estando ainda preparado para isso, fazem com que busquem alternativas para sua emancipação. Outros, por uma questão de necessidade financeira, encontram nos projetos e programas sociais uma alternativa para conseguir os subsídios necessários para garantir a sua subsistência e muitas vezes a de suas famílias, o que os leva ao ingresso precoce no mercado de trabalho.

A relação precoce, quando se considera as crianças, os adolescentes e os jovens que participam do programa, consolida o estabelecimento de uma cultura social que põe o capital acima do fator humano ao desconsiderar as fases do desenvolvimento humano, que devem ser vividas e experienciadas, para que assim as pessoas possam se constituir em todas as suas dimensões.

O estabelecimento de mudanças que ocorrem nos campos econômicos, sociocultural, ético-político, ideológico e teórico faz com que legislações, programas e projetos se coloquem em lados opostos, estabelecendo uma arena de disputas na qual os agentes se digladiam, muitas vezes para atender necessidades pessoais, advogando outras posições e status, frequentemente em prol do capital.

A concepção histórica do mercado de trabalho no Brasil evidencia que não foi possível estabelecer uma situação em que o emprego formal, que possibilita garantias e direitos sociais, tenha se tornado generalizado para o conjunto da população; ao contrário, criou-se um mercado flexível com situações completamente diferenciadas e, em grande medida, precárias.

A desigualdade na educação brasileira também é evidenciada quando se observam os projetos e programas sociais que trazem em sua concepção o trabalho como argumento substantivo para a reparação social de crianças, adolescentes e jovens desfavorecidos economicamente. As ideologias veladas que orientavam a educação para o trabalho no estado do Paraná faziam parte de um projeto político velado que objetivava a manutenção e a reprodução das classes socialmente preestabelecidas, impossibilitando a mobilidade social.

Referências

BRASIL. *Constituição da República Federativa do Brasil de 1988*. Brasília: Presidência da República, 1988. Disponível em: https://www.planalto.gov.br/ccivil_03/constituicao/constituicao.htm. Acesso em: 1 mar. 2023.

BRASIL. *Lei n.º 8.069, de 13 de junho de 1990*. Dispõe sobre o Estatuto da Criança e do Adolescente e dá outras providências. Brasília: Presidência da República, 1990. Disponível em: http://www.planalto.gov.br/ccivil_03/leis/l8069.htm. Acesso em: 1 mar. 2023.

BRASIL. *Lei n.º 10.097, de 19 de dezembro de 2000*. Altera dispositivos da Consolidação das Leis do Trabalho – CLT, aprovada pelo Decreto-Lei n.º 5.452, de 1º de maio de 1943. Brasília: Presidência da República, 2000. Disponível em: http://www.

planalto.gov.br/ccivil_03/leis/l10097.htm#:~:text=LEI%20No%2010.097%2C%20 DE%2019%20DE%20DEZEMBRO%20DE%202000.&text=Altera%20dispositi-vos%20da%20Consolida%C3%A7%C3%A3o%20das,o%20de%20maio%20de%20 1943. Acesso em: 1 mar. 2023.

CASA DO PEQUENO JORNALEIRO (CAPEJO). *Relatório anual 1960*. Curitiba: Capejo, 1960. Acervo da Biblioteca Pública do Paraná.

COLÉGIO ESTADUAL GUARDA MIRIM DO PARANÁ. *Nossa história desde 1963*. Curitiba: Seed, [2020]. Disponível em: https://www.guardamirimparana.com.br/2020/02/nossa-historia-desde-1963.html. Acesso em: 1 mar. 2023.

COMPRA um jornal, tio. *O Estado do Paraná*. Curitiba, 14 dez. 1980.

CUNHA, L. A. *O ensino de ofícios nos primórdios da industrialização*. 2. ed. São Paulo; Brasília: Unesp; Flacso Brasil, 2005.

DIÁRIO do Paraná, 1974. 0580 Ed. 1º Caderno. p. 6. Disponível em: http://memoria.bn.br/DocReader/DocReader.aspx?bib=761672&pesq=%22Guarda%20Mirim%20 do%20Paran%C3%A1%22&pasta=ano%20197&hf=memoria.bn.br&pagfis=100977. Acesso em: 29 mar. 2023.

EXTRATO dos Estatutos da "Casa do Pequeno Jornaleiro", 21 de setembro de 1942. (Casa da Memória). Fonte impressa.

FREIRE, P. *A educação na cidade*. São Paulo: Cortez, 1991.

JORNALEIRO, Casa quer dar a eles uma profissão. *O Estado do Paraná*, Curitiba, 15 dez. 1972.

LIMA, N. T. *Os meninos na Casa do Pequeno Jornaleiro*: institucionalização, protagonismo e trajetórias (Curitiba, 1960-1978). 2017. Dissertação (Mestrado em História) – Universidade do Estado de Santa Catarina, Florianópolis, 2017. Disponível em: http://www.faed.udesc.br/arquivos/id_submenu/2666/nicolle_taner_de_lima___final.pdf. Acesso em: 1 mar. 2023.

MAKARENKO, A S. *Poema pedagógico*. Tradução de Tatiana Belinky. São Paulo: Brasiliense, 1980.

MANFREDI, S. M. *Educação profissional no Brasil*. São Paulo: Cortez, 2002.

MARGULIS, M. Juventud: una aproximación conceptual. *In*: BURAK, S. D. (org.). *Adolescencia y juventud en América Latina*. Cartago: Libro Universitario Regional, 2001. p. 41-56.

MARTINIAK, V. L. A institucionalização das escolas agrícolas no Paraná. *Revista Espaço Acadêmico*, [s. l.], v. 21, n. 228, p. 4-14, maio/jun. 2021. Disponível em: https://periodicos.uem.br/ojs/index.php/EspacoAcademico/article/view/56086/751375152066. Acesso em: 1 mar. 2023.

PARANÁ. Decreto n.º 7.782, de 6 de janeiro de 1939. Aprova o Regulamento das Escolas de Trabalhadores Rurais no Estado. *Diário Oficial do Estado do Paraná*, Curitiba, 6 jan. 1939.

PARANÁ. Força-Tarefa Infância Segura. *Mapa do trabalho infantil no Paraná a partir da análise dos acidentes de trabalho com crianças e adolescentes*. Paraná: Fortis, 2020. Disponível em: https://www.tjpr.jus.br/documents/116858/3201188/MAPA_DO_TRABALHO_INFANTIL_VERSAO_FINAL_14_04_20_2.pdf/134f961b-6ecf-e82b-0afd-52529dbc99f8. Acesso em: 5 mar. 2023.

PARANÁ. *Mensagem dirigida ao Congresso Legislativo do Estado pelo sr. Caetano Munhoz da Rocha, presidente do estado*. Curityba, 1925.

PARANÁ. *Mensagem dirigida ao Congresso Legislativo pelo exmo sr. Afonso Alves de Camargo, presidente do estado*. Curityba, 1 fev. 1920.

PARO, D. *Revista da Guarda Mirim de Foz do Iguaçu*. Foz do Iguaçu, jul. 2017. Disponível em: http://guardamirimfoz.org.br/down/Revista_Guarda_Mirim_26_06_17.pdf. Acesso em: 4 mar. 2023.

PRADO, L. A. *Políticas públicas para juventude*: a Lei n. 10.097/2000 no estado do Paraná. Aprendiz trabalhador ou trabalhador aprendiz? 2022. Tese (Doutorado em Educação) – Pontifícia Universidade Católica do Paraná, Curitiba, 2022.

QUARENGHI, M. M.; SILVA, M. R. M. *O acontecer pedagógico de uma escola oficina*. Curitiba: [s. n.], 1991.

VELLOSO, M. P. Cultura e poder político: uma configuração do campo intelectual. *In*: GOMES, Â. M. C.; OLIVEIRA, L. L.; VELLOSO, M. P. *Estado Novo*: ideologia e poder. Rio de Janeiro: Zahar, 1982. p. 71-108.

5

O PROCESSO HISTÓRICO DAS POLÍTICAS DE MUNICIPALIZAÇÃO DOS ANOS INICIAIS DO ENSINO FUNDAMENTAL NO ESTADO DO PARANÁ

Mauricio Pastor dos Santos

Uma retrospectiva da descentralização do ensino no Brasil

Para analisar o processo de municipalização do ensino no estado no Paraná, abrangendo a formação da estrutura do campo, o comportamento dos agentes em relação a ele[167], bem como o demais desdobramentos do estudo, a abordagem teórico-metodológica empregada nesta pesquisa foi a "abordagem do ciclo de políticas", formulada pelo pesquisador inglês na área educacional Stephen Ball e por colaboradores[168]: "O ciclo de políticas é um método e que será crucial que o pesquisador construa um referencial teórico que lhe permita usar este método em suas pesquisas. Será este referencial que dará direção a como as pesquisas serão construídas"[169].

A abordagem do ciclo de políticas é uma maneira de pesquisar e pensar as políticas e ponderar como elas são feitas. Não acolhe a concepção de que as políticas são implementadas, seguindo um processo linear em que elas se movimentam diretamente do texto para a prática[170], mas, sim, considera que esse é um processo complexo de alternância entre a modalidade primária textual, quando são escritas as políticas e a modalidade da ação, momento de fazer as coisas. Dessa forma, afirma que o

---

[167] BOURDIEU, P. *O poder simbólico*. Lisboa: Difel, 1989; *Razões práticas*: sobre a teoria da ação. Tradução de Mariza Correa. Campinas: Papirus, 1996; *Os usos sociais da ciência*: por uma sociologia clínica do campo científico. São Paulo: Unesp, 2004.

[168] BALL, S. J. *Educational reform*: a critical and post-structural approach. Buckingham: Open University, 1994. BOWE, R.; BALL, S. J.; GOLD, A. *Reforming education & changing schools*: case studies in policy sociology. London: Routledge, 1992.

[169] MAINARDES, J.; GANDIN L. A. A abordagem do ciclo de políticas como epistemologia: usos no Brasil e contribuições para a pesquisa: *In*: TELLO, C.; ALMEIDA, M. L. P. (org.). *Estudos epistemológicos no campo da pesquisa em política educacional*. Campinas: Mercado de Letras, 2013. p. 159.

[170] BOWE; BALL; GOLD, 1992.

momento de pôr a política em prática é difícil e desafiador, pois é o ato de transformar a palavra escrita em ação.

A questão da descentralização da educação é um debate que se estabelece inicialmente no ordenamento jurídico nacional a partir do ato adicional de 1834, que "Faz algumas alterações e adições à Constituição Política do Império", determinando, no § 2º do Art. 10, a competência para legislar "sobre a instrução pública e estabelecimentos próprios para promovê-la", às Assembleias Legislativas Provinciais[171].

Sobre este momento da história da educação brasileira, Newton Sucupira observa que "A apertada centralização de nossa primeira Constituição produziu a reação política do Ato Adicional de 1834 e a garantia da instrução primária gratuita que ela dava aos brasileiros tornou-se dever das províncias". Complementa o autor que, "Consumada a abdicação de D. Pedro I, apressam-se os políticos de orientação liberal em propor a reforma da Constituição outorgada, marcada pelo espírito autoritário e centralizador de nosso primeiro imperador"[172], situação imposta como consequência da revolução vitoriosa de 1831.

A referência quanto à diretriz de política liberal preconizada pelos legisladores na concepção do ato adicional de 1834, ao propor o princípio da descentralização no dispositivo legal, é um registro que permite compreender como se configuram as orientações para a elaboração das políticas públicas em cada momento da história, de acordo com a concepção predominante em cada época de uma nação.

Para essa compreensão, estamos considerando o desenvolvimento de políticas públicas como o "resultado da dinâmica do jogo de forças que se estabelece no âmbito das relações de poder, relações essas constituídas pelos grupos econômicos e políticos, classes sociais e demais organizações da sociedade civil"[173].

Os rumos da intervenção estatal na realidade social são determinados pela resultante dessa dinâmica, estando as questões sociais submissas "não apenas às regras institucionais (do Estado), mas antes de tudo, ao grupo

---

[171] BRASIL. *Lei n.º 16, de 12 de agosto de 1834*. Faz algumas alterações e adições à Constituição Política do Império, nos termos da Lei de 12 de outubro de 1832. Rio de Janeiro: Câmara dos Deputados, 1834. Disponível em: https://www2.camara.leg.br/legin/fed/leimp/1824-1899/lei-16-12-agosto-1834-532609-publicacaooriginal-14881-pl.html. Acesso em: 23 ago. 2019.

[172] SUCUPIRA, N. O ato adicional de 1834 e a descentralização da educação. *In*: FÁVERO, O. (org.). *A educação nas constituintes brasileiras 1823-1988*. Campinas: Autores Associados, 1996. p. 55-67. p. 59.

[173] BONETI, L. W. *Políticas públicas por dentro*. 3. ed. rev. Ijuí: Unijuí, 2011. p. 18.

político e economicamente dominante"[174]. Por conseguinte, dá-se o mesmo com a política educacional, uma política social.

Isso demonstra como são definidas as regras do jogo no campo[175] e a "ausência de autonomia plena por parte do Estado e dos campos burocrático, político e jurídico, além de indicar o forte poder do campo econômico sobre o Estado, que acaba por atuar a favor dos interesses desse campo"[176].

Nesse mesmo sentido, Souza[177] destaca, no seu estudo sobre avaliação pública de políticas educacionais, a influência dos fatores políticos e econômicos que condicionaram e condicionam as políticas públicas para a educação no Brasil.

> No caso brasileiro, a história do poder administrativo está marcada por constantes oscilações entre o maior e o menor grau de centralização e descentralização, especialmente no campo educacional e quase sempre preso às mudanças dos interesses políticos e/ou econômicos.[178]

A introdução do princípio da descentralização educacional pelo ato adicional de 1834 produziu ainda um intenso debate, cuja abrangência se estendeu a outras representações da sociedade, como registra Sucupira:

> O princípio da descentralização educacional consagrado pelo Ato Adicional não foi aceito pacificamente sem críticas. Juristas, políticos, educadores questionaram a exclusão do Poder Central no campo da instrução primária e secundária.[179]

Inaugura-se, então, a discussão que permanece contemporânea sobre o corolário do processo de descentralização da educação, com base nessa promoção da instrução pública nas províncias, que também é destacado nas considerações de Niskier:

> A partir de 1834, com a aprovação do Ato Adicional, transferira-se às províncias o encargo de prover a administração do ensino primário e secundário. Para poder cumprir essa

---

[174] Ibid., p. 32.
[175] BOURDIEU, 2004.
[176] PAVEZI, M.; MAINARDES, J. Políticas de educação especial em Alagoas. *Revista Brasileira de Educação Especial*, Bauru, v. 25, n. 4, p. 747-764, out./dez. 2019. p. 753.
[177] SOUZA, L. G. de. *Avaliação pública de políticas educacionais*: concepções e práticas avaliativas dos organismos internacionais no Brasil. 2013. Tese (Doutorado em Educação) – Universidade Federal da Bahia, Salvador, 2013. p. 42.
[178] Ibid., p. 42.
[179] SUCUPIRA, 1996, p. 61.

obrigação. Os parcos recursos financeiros de que, em geral, dispunham não eram suficientes para atender às necessidades locais, sem prejudicar outros setores que precisavam, também, de verbas razoáveis para a manutenção dos serviços que prestavam.[180]

O debate não se restringiu à esfera dos recursos financeiros, mas envolveu problemas que emergiram relacionados a número de escolas, necessidade de habilitação adequada dos professores, baixa remuneração, deficiência nas instalações escolares, entre outros.

O argumento da descentralização manteve-se presente mais adiante na história do Brasil, também no *Manifesto dos pioneiros da Educação Nova*, de 1932[181]. No documento, a premissa da descentralização apareceu em objeção a:

> [...] um centralismo estéril e odioso, ao qual se opõem as condições geográficas do país e a necessidade de adaptação crescente da escola aos interesses e às exigências regionais. Unidade não significa uniformidade. A unidade pressupõe multiplicidade.[182]

O manifesto defendeu a aplicação da doutrina federativa e descentralizadora como forma de levar a cabo "uma obra metódica e coordenada, de acordo com um plano comum, de completa eficiência, tanto em intensidade como em extensão". Dessa forma, caberia aos estados, nos seus respectivos territórios, a competência relativa à educação em todos os graus. A justificativa dessa proposição estava na compreensão de que este seria um regime de intercâmbio, solidariedade e cooperação, que levaria os estados da Federação a evitar o desperdício de recursos destinados à educação, tendo como consequência a obtenção de "maiores resultados com menores despesas"[183].

O caráter descentralizador do ensino presente no manifesto influenciaria mais adiante a concepção da Lei de Diretrizes e Bases da Educação Nacional (LDB) n.º 4.024/1961, como identificado por Saviani[184]: "a aspiração dos renovadores, que desde a década de 1920 vinham defendendo a autonomia dos estados e a diversificação e descentralização do ensino, foi consagrada na LDB".

---

[180] NISKIER, A. *Educação brasileira*: 500 anos de história, 1500-2000. São Paulo: Melhoramentos, 1989. p. 146.
[181] AZEVEDO, F. et al. Manifesto dos pioneiros da Educação Nova (1932) e dos educadores (1959). Recife: Massangana, 2010. p. 47.
[182] *Ibid.*, p. 47.
[183] *Ibid.*, p. 47.
[184] SAVIANI, D. *História das ideias pedagógicas no Brasil*. 4. ed. São Paulo: Autores Associados, 2014. p. 307.

Distingue ainda o autor, sobre a LDB, novamente a presença da influência liberal na formulação das políticas educacionais:

> Na avaliação de Anísio Teixeira, embora a LDB tenha deixado muito a desejar em relação às necessidades do Brasil na conjuntura de sua aprovação, ele considerou uma vitória da orientação liberal, de caráter descentralizador, que prevaleceu no texto da Lei.[185]

A municipalização do ensino primário foi defendida por Anísio Teixeira na tese apresentada ao Congresso Nacional de Municipalidades, em abril de 1957, conforme artigo escrito pelo então diretor do Instituto Nacional de Estudos e Pesquisas Educacionais Anísio Teixeira (Inep) na *Revista Brasileira de Estudos Pedagógicos*. Afirma Anísio Teixeira que "Parece evidente que a escola primária, pelo menos, deve ter administração local, em virtude de ser custeada, *primariamente,* pelo município e *complementarmente* pelo Estado e, somente, *supletivamente* pela União". Teixeira justifica o argumento da descentralização com base na asserção de que confiar no Brasil é confiar nos municípios, invocando princípios democráticos e de atribuição aos municípios da responsabilidade da formação primária do brasileiro. "Confiada ao município, enraizada na comunidade, a escola primária se irá fazer a sua mais importante instituição, objeto do amor e do orgulho locais, centro de educação das suas crianças e de vida e cultura da sua população adulta"[186].

Dessa forma, constituiu-se o ambiente no qual as políticas descentralizadoras foram construídas no Brasil, com suas disputas características e os grupos que concorreram para a definição da forma com que a educação pública seria ofertada, a trajetória do contexto de influência[187].

O processo de municipalização dos anos iniciais do ensino fundamental no estado do Paraná a partir da Lei n.º 5.692/1971

A partir da Lei n.º 5.692/1971, que fixou as Diretrizes e Bases para o ensino de primeiro e segundo graus, o princípio da descentralização da

---

[185] *Ibid.*, p. 307.
[186] TEIXEIRA, A. S. A municipalização do ensino primário. *Revista Brasileira de Estudos Pedagógicos*, Rio de Janeiro, v. 27, n. 66, abr./jun. 1957. p. 27, 40, grifo do autor. Disponível em: http://portal.inep.gov.br/documents/186968/489316/Revista+Brasileira+de+Estudos+Pedag%C3%B3gicos+%28RBEP%29+-+Num+66/8c8d4a-39-5c1a-4c6b-89b6-90fa5fa47c61?version=1.1. Acesso em: 7 jan. 2021.
[187] BOWE; BALL; GOLD, 1992.

responsabilidade da educação alcança os municípios e institucionaliza as bases para o desenvolvimento de propostas de municipalização do ensino dos anos iniciais, neste caso, o primeiro grau, com duração de oito anos letivos, obrigatório dos 7 aos 14 anos, com fundamento no que está ordenado no seu Art. 58, delegando aos estados, por meio de legislação estadual supletiva, o estabelecimento de "responsabilidades do próprio Estado e dos seus Municípios no desenvolvimento dos diferentes graus de ensino". Ressaltando ainda a disposição "sobre medidas que visem a tornar mais eficiente a aplicação dos recursos públicos destinados à educação"[188].

No parágrafo único desse artigo, a lei determina que:

> As providências de que trata este artigo visarão à progressiva passagem para a responsabilidade municipal de encargo e serviços de educação, especialmente de 1º grau, que pela sua natureza possam ser realizados mais satisfatoriamente pelas administrações locais.[189]

Dessa forma, programas estaduais de municipalização do ensino público puderam se fundamentar no princípio estabelecido na Lei n.º 5.692, quando se iniciou a construção do texto da política descentralizadora do ensino no Paraná, contexto de produção e texto[190].

Seguindo a lógica da Lei n.º 5.692, a política educacional do estado do Paraná, consubstanciada no *Plano Estadual de Educação, 1973-1976*[191], organizou os preceitos da aludida nova Lei no Plano do Estado, como anunciava o governador do estado Emílio Hoffmann Gomes[192] na seção "Mensagens" do documento do plano:

> A Secretaria de Educação e Cultura", que nas palavras do Governador atende ao apelo do Ministro Jarbas Passarinho, "apresenta seu Plano Estadual de Educação, definindo a estratégia que permitirá ao Paraná amoldar-se às medidas inovadoras da nova Lei do ensino.[193]

---

[188] BRASIL. *Lei n.º 5.692, de 11 de agosto de 1971*. Fixa Diretrizes e Bases para o ensino de 1º e 2º graus, e dá outras providências. Brasília: Presidência da República, 1971. s/p. Disponível em: http://www.planalto.gov.br/ccivil_03/Leis/L5692.htm. Acesso em: 18 jun. 2018.

[189] Ibid., s/p.

[190] BOWE; BALL; GOLD, 1992.

[191] PARANÁ. Secretaria de Educação e Cultura. *Plano Estadual de Educação, 1973-1976*. Curitiba: Seec, 1976. Número de chamada MT0537b PAR, v. 1.

[192] Emílio Hoffmann Gomes foi governador do Paraná no período de 11 de agosto de 1973 até 15 de março de 1975.

[193] PARANÁ, 1976, p. 11

Na mesma seção do documento, o então secretário de Educação e Cultura, Cândido Manuel Martins de Oliveira, enfatiza que o planejamento em questão não se restringiria ao mero cumprimento do artigo 72 da Lei n.º 5.692, que instituía a implantação do regime estabelecido "progressivamente, segundo as peculiaridades, possibilidades e legislação de cada sistema de ensino, com observância do Plano Estadual de Implantação"[194]. Mas se caracterizava como o primeiro Plano Estadual de Educação que se conseguiu elaborar no Estado e que tinha como objetivo "projetar tão objetiva quanto seguramente, as diretrizes de aperfeiçoamento das atividades escolares do Paraná para o período 1973/1976"[195].

O documento vai destacar na seção dos "Aspectos sociais", que trata das características de urbanização e da população urbana, a evolução populacional que, embora fosse à época predominantemente rural, começava a se transformar: "houve acentuado incremento de população urbana em relação à rural"[196].

Considerado o critério de população urbana como sendo os núcleos populacionais com mais de 5 mil habitantes, o documento registra que em 1950 o percentual de população urbana era de 24,97%, passando para 31,04% em 1960; e, em 1970, para 36,40%. Nesse processo de urbanização, houve intenso aumento do número de cidades pequenas com população inferior a 5 mil habitantes. De 41 municípios em 1940 para 61 em 1950. O aumento intensifica-se para 114 municípios em 1960 e para 211 em 1970[197].

Da mesma forma, foi intenso o aumento do número de municípios de mais de 5 mil habitantes, passando de 8 municípios em 1940 para 19 em 1950. Em 1969, esse número chega a 48 municípios; e, em 1970, alcança o número de 77. O número total, somando todos os municípios, atinge o montante de 288 em 1970 no estado do Paraná[198].

Com a observação dessa característica de urbanização da população, a doutrina da descentralização vai se evidenciar então, pela seção "Política educacional", tal qual está no documento, com a compreensão de que "a educação brasileira deverá desenvolver-se tendo em vista os princípios gerais de integração, atualização, democratização, *descentralização* e profissionalização", relacionando na seção "Objetivos" o item: "estruturar as

---

[194] BRASIL, 1971.
[195] PARANÁ, 1976.
[196] *Ibid*, p. 12
[197] Ibid.
[198] Ibid.

redes municipais de ensino por meio de processo de Cooperação Estado/Município"[199].Esse objetivo vai ser materializado no Projeto III do Plano, com o título "Cooperação técnica e financeira estado/município para estruturação da rede municipal de ensino", detalhado na seção "Metas dos recursos adicionais". O Projeto III é resumidamente descrito como:

> O projeto visa auxiliar financeiramente às municipalidades na manutenção de suas respectivas redes escolares, cooperar na ordenação e ou criação de órgãos municipais de ensino, oferecer assistência técnica para o desenvolvimento do ensino de 1º grau e desenvolver modelos experimentais de currículos para a zona rural, no período de 1973/1976.[200]

O germe do processo da municipalização do então ensino de primeiro grau estabelecido nessa política, por meio das estratégias de "Cooperação Estado/Município", ampliou-se no subsequente *Plano Estadual de Educação e Cultura, 1976-1979*, de acordo com o que está anunciado em sua apresentação: "No tocante ao conteúdo, a marca principal de sua inovação consiste na introdução de novos subprogramas, tais como os que se referem à: Cooperação Estado/Município, ao qual se deu maior amplitude e reforço"[201].

Como parte do documento, consta na seção "Atos legais" a Deliberação n.º 038/1975 do Conselho Estadual de Educação do Paraná, que aprova o plano, acompanhada do correspondente Parecer n.º 015/1975, destacando no item 2 a seguinte análise:

> O "Plano Estadual de Educação e Cultura-PEEC", não se constitui apenas num documento de atualização de antigo Plano Estadual de Educação para atendimento às exigências de cláusula do "Convênio celebrado entre o Estado do Paraná e a União para aplicação dos Recursos na Expansão e Melhoria do Ensino (Acordo MEC-USAID-L 512-081)", que estabeleceu a necessidade de atualizações, tanto no diagnóstico como da parte da programação, sendo que a do presente ano deveria estender-se até o final de 1976.[202]

À vista disso, destaca-se no contexto da influência[203]a crítica de Romanelli sobre a influência dos convênios para assistência técnica e cooperação

---

[199] *Ibid.*, grifo nosso, p. 112.
[200] *Ibid.*, p. 233.
[201] *Id.* Secretaria de Estado da Educação e da Cultura. *Plano Estadual de Educação e Cultura, 1976-1979*. Curitiba: Seed, 1979. Número de chamada MT0537c PAR. p. 17.
[202] *Ibid.*, p. 27.
[203] BOWE; BALL; GOLD, 1992.

financeira entre o Ministério da Educação e da Cultura (MEC) e a United States Agency for International Development (Usaid) na organização do sistema educacional brasileiro a partir de 1964, e a "função mediadora dos órgãos governamentais entre os interesses externos e os internos na reorganização da educação brasileira"[204].

Os convênios, conhecidos comumente pelo nome de "Acordos MEC-Usaid", tiveram o efeito de situar o problema educacional na estrutura geral de dominação, reorientada desde 1964, e de dar um sentido objetivo e prático a essa estrutura. Por essa perspectiva, uma política educacional concebida para "ser contida dentro de certos limites, a fim de não comprometer a política econômica adotada"[205].

Retornando ao mesmo parecer do Conselho Estadual de Educação, o n.º 015/1975, citado anteriormente, está destacada, dentre os subprogramas introduzidos pelo plano, a magnitude das tarefas relacionadas à "Cooperação Estado/Município", em que estão relacionados propósitos e metas que começam com estratégias de "preparação das infraestruturas municipais para a área da educação", "culminando com a transferência de serviços e encargos[206] de educação de que trata o Artigo 58, da Lei n.º 5.692/71"[207].

Complementa o parecer: "Possivelmente, essa experiência pioneira possa, inclusive, fornecer subsídios a outras unidades federadas, se bem conduzidos os estudos de viabilidade para sua implantação"[208]. Dessa forma, constata-se no texto do *Plano Estadual de Educação e Cultura, 1976-1979*, ou seja, na política que estabelece o processo de municipalização do ensino no Paraná, a influência das agendas globais, representadas pelos acordos MEC-Usaid, identificados com base na análise e na ótica da influência na produção de texto[209].

Mais adiante, na Constituição de 1988, consolidar-se-iam as teses municipalistas de descentralizar a responsabilidade de parte da oferta do

---

[204] ROMANELLI, O. *História da educação no Brasil (1930/1973)*. 8. ed. Petrópolis: Vozes, 1986. p. 196.

[205] *Ibid.*, p. 197, 196.

[206] Os serviços e encargos de educação referem-se a reformas e manutenção de escolas, capacitação de professores, manutenção dos profissionais da educação lotados nas escolas municipalizadas e serviços correspondentes à manutenção da oferta da educação nessas escolas (INSTITUTO PARANAENSE DE DESENVOLVIMENTO ECONÔMICO E SOCIAL (IPARDES). *Avaliação do impacto da municipalização do ensino fundamental no estado do Paraná*. Curitiba: Ipardes, 1996. Disponível em: http://www.ipardes.gov.br/biblioteca/docs/aval_impacto_ensino_fundam_08_96.pdf. Acesso em: 10 set. 2018).

[207] PARANÁ, 1979, p. 28.

[208] *Ibid.*, p. 28.

[209] BOWE; BALL; GOLD, 1992.

ensino público, com base na elevação dos municípios à categoria de entes federados: "Art. 18. A organização político-administrativa da República Federativa do Brasil compreende a União, os Estados, o Distrito Federal e os Municípios, todos autônomos, nos termos desta Constituição"[210].

A questão da oferta do ensino fundamental aparece elencada no dispositivo constitucional do regime de colaboração, presente no artigo 211, como atribuição dos municípios, a atuação prioritária no ensino fundamental e na educação infantil.

Nesse sentido, o perfil descentralizador presente na Constituição federal é destacado por Saviani[211]: "a filosofia que presidiu ao arcabouço da Constituição Federal de 1988 era descentralizadora, em especial no que se refere ao ensino fundamental".

A partir daí, ao longo dos anos 1990, no Paraná os mecanismos indutores do processo de municipalização do ensino avançam para a instituição do denominado Protocolo de Intenções[212], documento que firmava o acordo em que estado e município definiam os encargos de competência a cada uma das partes que assinava o protocolo.

Constava como objetivo geral desse protocolo o "cumprimento do dispositivo constitucional que prevê a universalização do ensino básico"; e cabia ao estado, como obrigação, "transferir gradativamente ao poder público municipal o patrimônio utilizado pelos estabelecimentos de ensino fundamental regular e supletivo mantidos pelo estado"[213], ou seja, os prédios escolares.

O protocolo incluía a manutenção dos profissionais da educação lotados nos estabelecimentos, mas transferindo-os à administração municipal, incluindo repasse do "equivalente à diferença entre o custo global da rede pública de ensino, calculada com base no custo aluno da rede estadual, e os valores que, por dispositivo constitucional, o município é obrigado a aplicar na manutenção e desenvolvimento do ensino público"[214]. Como última obrigação, a Secretaria de Estado da Educação deveria oferecer apoio técnico para a adequação da administração municipal ao assumir as transferências.

---

[210] BRASIL. *Constituição da República Federativa do Brasil de 1988*. Brasília, Presidência da República, 1988. s/p. Disponível em: http://www.planalto.gov.br/ccivil_03/constituicao/constituicao.htm. Acesso em: 19 jun. 2018.

[211] SAVIANI, D. *Da nova LDB ao novo Plano Nacional de Educação*: por uma outra política educacional. Campinas: Autores Associados, 1998. p. 38.

[212] Modelo do Protocolo no anexo II, p. 104, do documento Avaliação do impacto da municipalização do ensino fundamental no estado do Paraná (IPARDES, 1996).

[213] IPARDES, 1996, p. 104.

[214] *Ibid.*, p. 104.

Dois anos depois, em 1992, os Protocolos de Intenções são substituídos pelos Termos Cooperativos de Parceria Educacional[215]. Os termos tinham como objetivo o "desenvolvimento do Ensino Fundamental, prioritariamente no que se refere às quatro séries iniciais, ao Pré-Escolar, à Educação Especial e ao Supletivo Fase I"[216]. Nesse documento, as obrigações foram discriminadas para a Seed e para o município parceiro, e caberia à Seed repassar ao município parceiro os correspondentes professores estaduais, sem ônus para o município, oferecer orientação técnico-pedagógica e prestar assistência financeira na forma de repasse de recursos.

Caberia aos municípios aplicar anualmente o mínimo constitucional de 25% de recursos na educação e enviar regularmente ao estado relatórios sobre o desenvolvimento das ações acordadas.

O contexto de produção de texto[217], no que se refere à construção da política de municipalização do ensino fundamental no Paraná, é representado pelos Planos Estaduais de Educação instituídos nos anos 1970 e pelos subsequentes protocolos de intenções e termos cooperativos de parcerias educacionais instituídos entre estado e municípios, considerando nessa análise a influência exercida pelos textos das políticas nacionais, como a Lei n.º 5.692/1971. Da mesma forma que o contexto de influência, a construção da política de municipalização do ensino no Paraná sofreu as influências de representações formais e informais, decorrentes também de disputas e acordos entre os agentes e grupos que atuam na esfera da formulação das políticas públicas no país à época.

Destaca-se nesse campo a pressão do governo estadual sobre os municípios para aderirem ao processo, como relatado nas conclusões do relatório do Ipardes:

> A adesão ao processo de municipalização não constituiu precisamente uma iniciativa própria dos municípios, mas uma pressão por parte do governo estadual, uma vez que os primeiros que a aderiram a ele, foram basicamente os de pequeno porte, exatamente os mais frágeis do ponto de vista econômico e, portanto, os mais dependentes financeiramente das demais instâncias do governo.[218]

---

[215] Modelo do Termo utilizado é parte do Anexo III do documento Avaliação do impacto da municipalização do ensino fundamental no Estado do Paraná (IPARDES, 1996).
[216] *Ibid.*, p. 107.
[217] BOWE; BALL; GOLD, 1992.
[218] IPARDES, 1996, p. 87.

Essa constatação caracterizou a ação do governo do estado do Paraná exercendo seu poder simbólico no campo[219]: "De tal modo que o Estado é a instituição que tem o poder extraordinário de produzir um mundo social ordenado sem necessariamente dar ordens, sem exercer uma coerção permanente"[220]. Um poder que é reconhecido pela sociedade.

> No entanto, num estado do campo em que se vê o poder por toda parte, como em outros tempos não se queria reconhecê-lo nas situações em que ele entrava pelos olhos dentro, não é inútil lembrar que – sem nunca fazer dele, numa outra maneira de o dissolver, uma espécie de "círculo cujo centro está em toda a parte e em parte alguma" – é necessário saber descobri-lo onde ele se deixa ver menos, onde ele é mais completamente ignorado, portanto, reconhecido: o poder simbólico é, com efeito, esse poder invisível o qual só pode ser exercido com a cumplicidade daqueles que não querem saber que lhe estão sujeitos ou mesmo que o exercem.[221]

O processo de municipalização da oferta dos anos iniciais no Paraná foi intenso até 1993, quando 319 municípios (86%) dos 371 existentes à época no estado do Paraná municipalizaram a oferta, total ou parcialmente, de primeira a quarta série do primeiro grau[222]. Atualmente, a fase que vai do primeiro ao quinto ano do ensino fundamental de nove anos, os anos iniciais, é ofertada por 100% dos 399 municípios do Paraná[223].

Ainda nos anos 1990, o documento de avaliação produzido pelo Ipardes constatou que o processo de municipalização da oferta dos anos iniciais do ensino fundamental no Paraná apresentava fragilidades referentes à dependência dos municípios em relação ao estado no que diz respeito a repasses financeiros, cessão de professores da rede estadual para as redes municipais e manutenção de prédios escolares, identificando relações conflituosas e inquietações, dada a dificuldade de os municípios estruturarem-se suficientemente para assumirem a oferta de primeira a quarta série e a adoção de critérios pouco claros nos procedimentos adotados pelo estado[224].

---

[219] BOURDIEU, 1989.
[220] CATANI, A. M. *et al.* (org.). *Vocabulário Bourdieu*. Belo Horizonte: Autêntica, 2017. p. 185.
[221] BOURDIEU, 1989, p. 7-8.
[222] IPARDES, 1996.
[223] INSTITUTO NACIONAL DE ESTUDOS E PESQUISAS EDUCACIONAIS ANÍSIO TEIXEIRA (INEP). *Sinopse estatística da educação básica 2019*. Brasília: Inep, 2019. Disponível em: http://inep.gov.br/sinopses-estatisticas-da-educacao-basica. Acesso em: 15 mar. 2020.
[224] IPARDES, 1996.

Uma consequência inesperada pelos municípios, analisada pela ótica do contexto dos resultados[225]. Além de receberem toda a pressão do estado para a adesão ao processo de municipalização, as questões relativas à justiça sobre a repartição das responsabilidades de acordo com os custos do processo foram desprezadas pelo estado e tampouco foram consideradas nesse contexto as desigualdades sociais entre os municípios.

Para os municípios fazerem parte do processo de municipalização, o marco legal era estabelecido com base na assinatura do "Termo Cooperativo de Parceria Educacional entre Estado e municípios"[226], que relacionava como responsabilidade do estado a orientação técnico-pedagógica para o desenvolvimento da educação pré-escolar e do ensino fundamental, cursos de treinamento para docentes e pessoal técnico-administrativo e assistência financeira aos municípios, de acordo com as condições estabelecidas pelo estado. Ao passo que para os municípios cabia assumir o ensino de primeira a quarta série, incluindo o pré-escolar, a educação especial e o chamado supletivo (fase 1), e os recursos financeiros decorrentes da parceria deveriam ser aplicados exclusivamente na manutenção e no desenvolvimento dessa oferta municipalizada, além da necessária adequação à proposta pedagógica do estado. Porém, essa assistência técnico-pedagógica mostrou-se limitada até onde o objetivo do "Protocolo de Intenções"[227] foi alcançado e a transferência da responsabilidade dessa oferta havia se completado.

A assistência financeira do estado para os municípios, estabelecida de acordo com os critérios definidos pela Secretaria de Estado da Educação do Paraná, foi considerada pelos dirigentes municipais de educação como insuficientes para cobrir os acréscimos originados pela transferência da oferta dessas etapas, fases e modalidades de ensino para os municípios.

> A participação desses repasses no total de despesas municipais com educação mostrou-se pouco significativa para a maior parte dos municípios selecionados, principalmente para os de pequeno porte, não ultrapassando em, em geral, 7% do total de despesas.[228]

Os agentes do estado atuam no campo para dar continuidade a um processo, mesmo tendo consciência da injustiça do discurso oficial empre-

---

[225] BALL, 1994.
[226] IPARDES, 1996.
[227] Ibid.
[228] *Ibid.*, p. xxv.

gado. "[...] a sociologia postula que há uma razão para os agentes fazerem o que fazem"[229]. Por meio das entrevistas com os participantes do processo de municipalização do ensino nos anos 1990, as razões para a formulação da política e do discurso da política revelam-se:

> [...] razão que se deve descobrir para transformar uma série de condutas aparentemente incoerentes, arbitrárias, em uma série coerente, em algo que se possa compreender a partir de um princípio único ou de um conjunto coerente de princípios. Nesse sentido, a sociologia postula que os agentes sociais não realizam atos gratuitos.[230]

Nessa perspectiva, a razão para essa conduta dos agentes no processo é identificada pelo relatório do Ipardes[231], quando à época verificou que essa forma de transferência de recursos estaduais aos municípios mostrou-se, no decorrer dos anos que se seguiram ao início do processo, mais vantajosa para o estado, em comparação com os percentuais repassados antes da municipalização e após. A razão era transferir para os municípios o custo da educação relativa aos anos iniciais do ensino fundamental e desonerar o estado dessa despesa.

Em 1991 (momento anterior ao auge da municipalização), as transferências da Secretaria de Educação para os municípios representavam 14% de suas despesas, reduzindo-se, em 1992, a apenas 5% e variando, nos anos seguintes, em 3%[232].

Tais dados sobre a cooperação financeira e constatações confirmam no contexto dos resultados[233] que o impacto dessa política para os municípios se mostrou pernicioso e, por outro lado, vantajoso para as finanças do estado.

Cabe destacar que o relatório produzido pelo Ipardes fez parte dos "Estudos e Pesquisas do projeto Qualidade no Ensino Público do Paraná", que foi "objeto de contrato de empréstimo entre o Governo do Estado do Paraná e o Banco Mundial"[234], atestando no contexto de influência[235] a atuação de organismos multilaterais na construção das políticas educacionais no estado do Paraná.

---

[229] BOURDIEU, 1996, p. 138.
[230] Ibid., p. 138.
[231] IPARDES, 1996.
[232] Ibid., p. xxv.
[233] BALL, 1994.
[234] IPARDES, 1996, p. 1.
[235] BOWE; BALL; GOLD, 1992.

À vista disso, verifica-se que os municípios, ao assumirem o ensino de primeira a quarta séries, pré-escolar e educação especial, colocaram-se diante das dificuldades não apenas de ordem pedagógica, mas, principalmente, de financiamento da educação.

De lá para cá, com a criação dos fundos garantidores das vinculações dos recursos da educação, o Fundo de Manutenção e Desenvolvimento do Ensino Fundamental (Fundef), em 1996, e seu substituto, o Fundo de Manutenção e Desenvolvimento da Educação Básica e de Valorização dos Profissionais da Educação (Fundeb), em 2006, a forma de transferência de recursos para o financiamento da educação básica modificou-se no Brasil.

Mais recentemente, a condição de temporalidade do Fundeb modificou-se a partir da promulgação da Emenda Constitucional n.º 108, de 26 de agosto de 2020[236], que altera a Constituição federal para dispor sobre o Fundeb e dá outras providências. Dessa forma, o fundo deixa de ser transitório para ser permanente, mas não somente a temporalidade é alterada, como são alterados percentuais de recursos e critérios municipais para equalização da questão relativa à destinação do montante de recursos ao fundo e redistribuição em função do número de matrículas de estudantes.

O Fundeb permanece como o principal instrumento de financiamento da educação; a chamada "cesta de impostos" que compõe o fundo também permanece, mas sua implantação gradual a partir de janeiro de 2021, quando então os efeitos financeiros começaram a ser produzidos, prolongar-se-á até 2026, período importante para a análise de mais essa etapa da política de fundos financiadores da educação no Brasil.

É previsível que, nas discussões relativas às leis que disporão sobre a regulamentação dos diversos artigos da emenda, os agentes que atuam no Congresso Nacional, ou seja, no campo de disputa da formulação da política, valer-se-ão do seu capital "de um tipo inteiramente particular"[237] para que prevaleçam os interesses dos grupos que dominam esse microcosmo.

---

[236] BRASIL. *Emenda Constitucional n.º 108, de 26 de agosto de 2020*. Altera a Constituição Federal para estabelecer critérios de distribuição da cota municipal do Imposto sobre Operações Relativas à Circulação de Mercadorias e sobre Prestações de Serviços de Transporte Interestadual e Intermunicipal e de Comunicação (ICMS), para disciplinar a disponibilização de dados contábeis pelos entes federados, para tratar do planejamento na ordem social e para dispor sobre o Fundo de Manutenção e Desenvolvimento da Educação Básica e de Valorização dos Profissionais da Educação (Fundeb); altera o Ato das Disposições Constitucionais Transitórias; e dá outras providências. Brasília: Presidência da República, 2020. Disponível em: http://www.planalto.gov.br/ccivil_03/constituicao/emendas/emc/emc108.htm. Acesso em: 14 dez. 2020.

[237] BOURDIEU, 2004, p. 27.

Considerações finais

Finalizando esta discussão, verificamos que as conclusões do documento Ipardes[238] apontam que a adesão dos municípios ao processo de municipalização deu-se, principalmente, para os municípios de pequeno porte, por força da pressão do estado. Todo esse processo foi permeado por um clima de desconfiança e ausência de critérios objetivos para o repasse dos valores financeiros aos municípios, frustrando, assim, suas expectativas.

Dessa forma, o estado repassou aos municípios o "ônus da educação", sem a devida contrapartida e, além disso, não prestou a todos os municípios parceiros, de forma efetiva, a orientação técnico-pedagógica, bem como os cursos de capacitação, de acordo com o estabelecido no "Termo Cooperativo de Parceria Educacional".

Os recursos financeiros repassados pelo estado aos municípios que aderiram ao processo se mostraram pouco significativos, principalmente para os de pequeno porte, ao passo que, para o estado, o resultado dessas parcerias foi financeiramente mais vantajoso.

Os gestores municipais tinham limitações concretas para a gestão da educação que lhes foi atribuída, permanecendo passivos à espera das diretrizes do estado. O estado não prestou o apoio aos municípios nas questões gerenciais, e, ao seu turno, as gestões municipais eram caracterizadas pela falta de iniciativa para melhorar seus sistemas de arrecadação e aumentar os recursos destinados ao financiamento da educação. Por sua vez, os municípios não se fundamentaram em estudos próprios para avaliar suas condições para assumir a municipalização proposta pelo estado.

Quanto à preocupação com a articulação pedagógica na transição desses estudantes entre diferentes ofertas de ensino e diferentes organizações do trabalho pedagógico, o relatório do Ipardes destaca que: "O processo de municipalização está provocando uma separação rígida que não poderia haver no campo da educação pública, quanto às responsabilidades de cada esfera do governo"[239], assim como que a responsabilidade pela oferta do ensino fundamental não é só do município, mas também do estado e a União, pois também são formuladores de políticas educacionais que produzirão consequências para os municípios.

Foram identificados pelo documento do Ipardes problemas relacionados à rotatividade dos professores municipais decorrentes dos baixos salários

---

[238] IPARDES, 1996.
[239] *Ibid.*, p. 89.

e falta de planos de carreira específicos para o magistério, delimitando a baixa qualificação dos candidatos a docentes que se apresentavam. Além disso, a qualificação dos professores municipais apareceu como uma questão importante a ser resolvida, uma vez que do seu desempenho dependia o sucesso do processo de municipalização.

Isso tudo em um contexto de problemas relacionados à condição física das escolas e à disponibilidade de equipamentos e materiais pedagógicos adequados que deveriam ser equacionados em regime de colaboração entre estado e municípios.

À vista disso, considerando o contexto da estratégia política[240], em que estratégias poderiam ser delineadas para trabalhar com a discrepância constatada e, de acordo com os resultados apresentados pelo relatório do Ipardes, para a continuidade dessa política, "O Estado deveria estabelecer uma política que procurasse equilibrar sua relação com os municípios, além de reforçar suas ações na área educacional"[241], não se caracterizando como uma boa política para os municípios, mas um sucesso para o estado quanto à questão da redução do investimento estadual no ensino fundamental.

Retornando então ao princípio da política de municipalização dos anos iniciais no Paraná e as peculiaridades que a fundamentaram, de fato, como o relatório do Ipardes constatou, o objetivo de instituir medidas que visassem a tornar mais eficiente a utilização de recursos públicos para educação, previsto na Lei n.º 5.692/1971, foi alcançado, na medida em que o aludido relatório apurou que a forma de transferência de recursos estaduais aos municípios se mostrou, no decorrer dos anos que se seguiram ao início do processo, mais vantajosa para o estado, em comparação com os percentuais repassados antes da municipalização e após.

> Em 1991 (ano que precede a municipalização), as transferências da Secretaria de Educação para os municípios representavam cerca de 14% de suas despesas, reduzindo-se, em 1992, a apenas 5% e variando, nos anos seguintes, em cerca de 3%.[242]

Dessa forma, o caráter dessa política foi, com base nas Diretrizes Nacionais para a educação da Lei de 1971, qual seja, atender ao critério de "eficiência" na aplicação dos recursos para educação no ensino fundamental, porém, no caso do Paraná, "eficiência" em favor do estado.

---

[240] BALL, 1994.
[241] IPARDES, 1996, p. 95.
[242] *Ibid.*, p. xxv.

Referências

AZEVEDO, F. et al. *Manifesto dos pioneiros da Educação Nova (1932) e dos educadores (1959)*. Recife: Massangana, 2010.

BALL, S. J. *Educational reform*: a critical and post-structural approach. Buckingham: Open University, 1994.

BONETI, L. W. *Políticas públicas por dentro*. 3. ed. rev. Ijuí: Unijuí, 2011.

BOURDIEU, P. *O poder simbólico*. Lisboa: Difel, 1989.

BOURDIEU, P. *Os usos sociais da ciência*: por uma sociologia clínica do campo científico. São Paulo: Unesp, 2004.

BOURDIEU, P. *Razões práticas*: sobre a teoria da ação. Tradução de Mariza Correa. Campinas: Papirus, 1996.

BOWE, R.; BALL, S. J.; GOLD, A. *Reforming education & changing schools*: case studies in policy sociology. London: Routledge, 1992.

BRASIL. *Constituição da República Federativa do Brasil de 1988*. Brasília, Presidência da República, 1988. Disponível em: http://www.planalto.gov.br/ccivil_03/constituicao/constituicao.htm. Acesso em: 19 jun. 2018.

BRASIL. *Emenda Constitucional n.º 108, de 26 de agosto de 2020*. Altera a Constituição Federal para estabelecer critérios de distribuição da cota municipal do Imposto sobre Operações Relativas à Circulação de Mercadorias e sobre Prestações de Serviços de Transporte Interestadual e Intermunicipal e de Comunicação (ICMS), para disciplinar a disponibilização de dados contábeis pelos entes federados, para tratar do planejamento na ordem social e para dispor sobre o Fundo de Manutenção e Desenvolvimento da Educação Básica e de Valorização dos Profissionais da Educação (Fundeb); altera o Ato das Disposições Constitucionais Transitórias; e dá outras providências. Brasília: Presidência da República, 2020. Disponível em: http://www.planalto.gov.br/ccivil_03/constituicao/emendas/emc/emc108.htm. Acesso em: 14 dez. 2020.

BRASIL. *Lei n.º 16, de 12 de agosto de 1834*. Faz algumas alterações e adições à Constituição Política do Império, nos termos da Lei de 12 de outubro de 1832. Rio de Janeiro: Câmara dos Deputados, 1834. Disponível em: https://www2.camara.leg.br/legin/fed/leimp/1824-1899/lei-16-12-agosto-1834-532609-publicacaooriginal-14881-pl.html. Acesso em: 23 ago. 2019.

BRASIL. *Lei n.º 5.692, de 11 de agosto de 1971*. Fixa Diretrizes e Bases para o ensino de 1º e 2º graus, e dá outras providências. Brasília: Presidência da República, 1971. Disponível em: http://www.planalto.gov.br/ccivil_03/Leis/L5692.htm. Acesso em: 18 jun. 2018.

CATANI, A. M. et al. (org.). *Vocabulário Bourdieu*. Belo Horizonte: Autêntica, 2017.

INSTITUTO NACIONAL DE ESTUDOS E PESQUISAS EDUCACIONAIS ANÍSIO TEIXEIRA (INEP). *Sinopse estatística da educação básica 2019*. Brasília: Inep, 2019. Disponível em: http://inep.gov.br/sinopses-estatisticas-da-educacao-basica. Acesso em: 15 mar. 2020.

INSTITUTO PARANAENSE DE DESENVOLVIMENTO ECONÔMICO E SOCIAL (IPARDES). *Avaliação do impacto da municipalização do ensino fundamental no estado do Paraná*. Curitiba: Ipardes, 1996. Disponível em: http://www.ipardes.gov.br/biblioteca/docs/aval_impacto_ensino_fundam_08_96.pdf. Acesso em: 10 set. 2018.

MAINARDES, J.; GANDIN L. A. A abordagem do ciclo de políticas como epistemologia: usos no Brasil e contribuições para a pesquisa: *In*: TELLO, C.; ALMEIDA, M. L. P. (org.). *Estudos epistemológicos no campo da pesquisa em política educacional*. Campinas: Mercado de Letras, 2013.p. 143-167.

NISKIER, A. *Educação brasileira*: 500 anos de história, 1500-2000. São Paulo: Melhoramentos, 1989.

PARANÁ. Secretaria de Educação e Cultura. *Plano Estadual de Educação, 1973-1976*. Curitiba: Seec, 1976. Número de chamada MT0537b PAR, v. 1.

PARANÁ. Secretaria de Estado da Educação e da Cultura. *Plano Estadual de Educação e Cultura, 1976-1979*. Curitiba: Seed, 1979. Número de chamada MT0537c PAR.

PAVEZI, M.; MAINARDES, J. Políticas de educação especial em Alagoas. *Revista Brasileira de Educação Especial*, Bauru, v. 25, n. 4, p. 747-764, out./dez. 2019.

ROMANELLI, O. *História da educação no Brasil (1930/1973)*. 8. ed. Petrópolis: Vozes, 1986.

SAVIANI, D. *Da nova LDB ao novo Plano Nacional de Educação*: por uma outra política educacional. Campinas: Autores Associados, 1998.

SAVIANI, D. *História das ideias pedagógicas no Brasil*. 4. ed. São Paulo: Autores Associados, 2014.

SOUZA, L. G. de. *Avaliação pública de políticas educacionais*: concepções e práticas avaliativas dos organismos internacionais no Brasil. 2013. Tese (Doutorado em Educação) – Universidade Federal da Bahia, Salvador, 2013.

SUCUPIRA, N. O ato adicional de 1834 e a descentralização da educação. *In*: FÁVERO, O. (org.). *A educação nas constituintes brasileiras 1823-1988*. Campinas: Autores Associados, 1996. p. 55-67.

TEIXEIRA, A. S. A municipalização do ensino primário. *Revista Brasileira de Estudos Pedagógicos*, Rio de Janeiro, v. 27, n. 66, abr./jun. 1957. Disponível em: http://portal.inep.gov.br/documents/186968/489316/Revista+Brasileira+de+Estudos+Pedag%C3%B3gicos+%28RBEP%29+-+Num+66/8c8d4a39-5c1a-4c6b-89b6-90fa5fa-47c61?version=1.1. Acesso em: 7 jan. 2021.

6

REPRESSÃO E PROCESSOS DE RESISTÊNCIA DOS PROFESSORES DO PARANÁ DURANTE A DITADURA CIVIL-MILITAR

Rivaldo Dionizio Candido
Alboni Marisa Dudeque Pianovski Vieira

Introdução

Os Direitos Humanos não são simplesmente garantias ou uma doutrina expressa em documentos[243], mas sim o resultado das lutas sociais pela dignidade humana ao longo da história. A Declaração Universal dos Direitos Humanos, promulgada pelas Nações Unidas em 1948 após a Segunda Guerra Mundial, não pode ser compreendida como um produto exclusivo daquele tempo e muito menos ser reduzida àquele documento. A carta de 1948 é, na realidade, o reconhecimento formal de direitos que foram sendo reivindicados pela sociedade durante muito tempo, como mais liberdade, igualdade, abolição da escravatura, direitos trabalhistas, entre outros que preservam a integridade humana.

Desde 1948, o Brasil é signatário da declaração, o que não significa que tais direitos foram assegurados desde então. Da mesma forma que os Direitos Humanos não são um dado, mas sim um construído, a violação desses direitos também o é[244]. Exemplo disso no Brasil foi a ditadura civil-militar ocorrida entre 1964 e 1985, responsável pela derrubada do governo democraticamente constituído por meio de um golpe articulado entre militares e civis do país.

A ditadura civil-militar foi marcada por forte repressão do Estado, violações dos Direitos Humanos e construção de um aparato legal que fundamentava suas ações. Inicialmente, a ditadura utilizou-se da estrutura repressiva que já existia nos estados, como os Departamentos de Ordem

---

[243] HUNT, L. *A invenção dos direitos humanos*: uma história. São Paulo: Companhia das Letras, 2009.
[244] HERRERA FLORES, J. *A reinvenção dos direitos humanos*. Florianópolis: Fundação Boiteux, 2009.

Política e Social (Dops) e o uso da violência policial. Em 1967, foi criado o Centro de Informações do Exército (CIE), e a partir de 1969 a máquina repressiva cresceu e ficou mais sofisticada com a criação da Operação Bandeirante (Oban), o Centro de Operações de Defesa Interna (Codi) e o Destacamento de Operações de Informações (DOI). Em 1970, instalaram-se os centros clandestinos responsáveis por executar os desaparecimentos dos corpos. E presente desde 1964, o uso da tortura para os interrogatórios em 1978 converteu-se em uma política de Estado[245].

Mas a ação repressiva do Estado não se deu apenas por meio dos seus instrumentos organizacionais, mas também com a criação de um aparato legal que sustava tais ações e suprimia os direitos civis e políticos da população. Dentre eles, destacam-se alguns, a saber: Decreto-Lei (DL) n.º 314/1967[246], que definia os crimes contra a segurança nacional, a ordem política e social; Ato Institucional (AI) n.º 5[247], que recrudesceu a ditadura; Decreto-Lei n.º 477/1969[248], que ficou conhecido como o AI-5 dentro das universidades, uma vez que definia as infrações disciplinares praticadas por professores, alunos e estabelecimentos de ensino, mas atingiu principalmente as universidades.

As leis citadas, junto a outras tantas que tinham esse caráter, fizeram parte

> [...] de um conjunto de instrumentos e normas discricionárias mas dotadas de valor legal, adaptadas ou autoconferidas pelos militares. Eles despenderam grande esforço para enquadrar seus atos num arcabouço jurídico e construir um tipo de legalidade plantada no arbítrio – uma legalidade de exceção -, capaz de impor graves limites à autonomia dos demais poderes da União, punir dissidentes, desmobilizar a sociedade e limitar qualquer forma de participação política.[249]

---

[245] SCHWARCZ, L. M.; STARLING, H. M. *Brasil*: uma biografia. 2. ed. São Paulo: Companhia das Letras, 2018.
[246] BRASIL. *Decreto-Lei n.º 314, de 13 de março de 1967*. Define os crimes contra a segurança nacional, a ordem política e social e dá outras providências. Brasília: Presidência da República, 1967. Disponível em: http://www.planalto.gov.br/ccivil_03/decreto-lei/1965-1988/del0314.htm. Acesso em: 25 mar. 2023.
[247] Id. *Ato Institucional n.º 5, de 13 de dezembro de 1968*, São mantidas a Constituição de 24 de janeiro de 1967 e as Constituições Estaduais; O Presidente da República poderá decretar a intervenção nos estados e municípios, sem as limitações previstas na Constituição, suspender os direitos políticos de quaisquer cidadãos pelo prazo de 10 anos e cassar mandatos eletivos federais, estaduais e municipais, e dá outras providências. Brasília: Presidência da República, 1968. Disponível em: http://www.planalto.gov.br/ccivil_03/ait/ait-05-68.htm. Acesso em: 25 mar. 2023.
[248] Id. *Decreto-Lei n.º 477, de 26 de fevereiro de 1969*. Define infrações disciplinares praticadas por professores, alunos, funcionários ou empregados de estabelecimentos de ensino público ou particulares, e dá outras providências. Brasília: Presidência da República, 1969b. Disponível em: http://www.planalto.gov.br/ccivil_03/decreto-lei/1965-1988/del0477.htm. Acesso em: 25 mar. 2023.
[249] SCHWARCZ; STARLING, 2018.

A estratégia era coibir qualquer tipo de mobilização social e institucional contrária aos ideais da ditadura civil-militar e que, de alguma forma, viesse a representar algum perigo aos governos ou denunciar sua violência. As tomadas de decisões não garantiam mais uma participação democrática e eram feitas de forma autoritária, infringindo até mesmo o aparelho institucional do Estado. Tendo em vista as ações do Estado, percebe-se que este deixou de ser um garantidor dos direitos fundamentais e passou a atuar como um violador ordinário dos Direitos Humanos.

Entre tantos sujeitos que tiveram seus direitos violados, vamos aprofundar neste capítulo os professores do estado do Paraná para evidenciar como ocorriam as ações arbitrárias dos governos ditatoriais e as lutas dessa classe pelos seus direitos. Para isso, objetiva-se analisar o efeito da ditadura civil-militar sobre os Direitos Humanos dos professores do Paraná. Especificamente identificar as violações de Direitos Humanos sofridas pelos professores acometidas pela ação do Estado; e identificar os processos de resistência e reivindicação de direitos desses sujeitos.

As evidências são apresentadas com base na análise documental dos arquivos Dops produzidos durante a ditadura civil-militar disponíveis no Arquivo Público do Paraná. Esses arquivos guardam a memória oficial do Estado, uma vez que esses documentos eram produzidos pela polícia política com o intuito de "averiguar, pesquisar e diagnosticar"[250] pessoas e instituições suspeitas. Assim, era possível formar uma quantidade massiva de dados sobre a sociedade, que, quando necessário, eram cruzados e empregados na produção de informações confiáveis para a atuação policial[251].

Vale destacar que o olhar sobre os documentos analisados é crítico, buscando trazer à tona suas contradições questionando os registros que representam a voz oficial do Estado e o próprio arquivo, que tem a intencionalidade de "servir a uma polícia que vigia e reprime"[252]. Sendo assim, faz-se imprescindível contextualizar a produção do documento, entendendo o texto em sua época, e reconhecer que nenhum documento é neutro, pois sempre carrega o posicionamento de quem o produziu[253].

---

[250] BRAGGIO, A. K.; FIUZA, A. F. Acervo da Dops/PR: uma possibilidade de fonte diferenciada para a história da educação. *Tempo e Argumento*, Florianópolis, v. 5, n. 10, p. 430-451, 2013. p. 437.

[251] MANSAN, J. V. A educação superior sob vigilância: o caso do Dops/PR (1964-1988). *HISTEDBR*, Campinas, n. 51, p. 14-26, jun. 2013.

[252] FARGE, A. *O sabor do arquivo*. São Paulo: USP, 2017. p. 14.

[253] BACELLAR, C. Uso e mau uso dos arquivos. *In*: PINSKI, C. B. (org.). *Fontes históricas*. São Paulo: Contexto, 2008. p. 23-79.

As evidências da violação dos Direitos Humanos dos professores do Paraná são apresentadas valendo-se da análise de 157 fichas individuais de professores e 26 dossiês temáticos. Nesses documentos, encontram-se dados pessoais dos perseguidos, dados institucionais, cópias de documentos, recortes de jornais, relatórios solicitados por departamentos da polícia, fotografias, entre outros.

Para fins didáticos, o conteúdo da análise está dividido em duas partes neste capítulo. A primeira parte discute "A ação repressiva do Estado contra os professores", trazendo elementos que evidenciam os tipos de instrumentos e as formas de repressão. A segunda traz à tona os "Processos de resistência e reivindicação de direitos" dos professores que buscaram formas diferentes de se expressarem para burlar a lei e passarem despercebidos pela vigilância do Estado.

A ação repressiva do Estado contra os professores

A repressão contra os professores deu-se de diversas formas. A primeira a considerar, que foi apontada anteriormente, é o uso dos aparatos legais para legitimar a violência do Estado. Dentre eles, o que se destaca no caso da perseguição aos professores foi o Decreto-Lei n.º 477, de 26 de fevereiro de 1969, que definia as infrações disciplinares praticadas por professores, alunos, funcionários ou empregados de estabelecimento de ensino público ou particular e dava outras providências

De acordo com o decreto-lei, comete-se infração aquele que

> I - Alicie ou incite à deflagração de movimento que tenha por finalidade a paralisação de atividade escolar ou participe nesse movimento;
>
> II - Atente contra pessoas ou bens tanto em prédio ou instalações, de qualquer natureza, dentro de estabelecimentos de ensino, como fora dele;
>
> III - Pratique atos destinados à organização de movimentos subversivos, passeatas, desfiles ou comícios não autorizados, ou dele participe;
>
> IV - Conduza ou realize, confeccione, imprima, tenha em depósito, distribua material subversivo de qualquer natureza;
>
> V - Sequestre ou mantenha em cárcere privado diretor, membro de corpo docente, funcionário ou empregado de estabelecimento de ensino, agente de autoridade ou aluno;

VI - Use dependência ou recinto escolar para fins de subversão ou para praticar ato contrário à moral ou à ordem pública.[254]

O texto da lei aparentemente protege as instituições de ensino de ações que de alguma forma possam violar a integridade do espaço para o qual se destina. Na verdade, dava mais espaço para a ação repressiva legitimada, e, mesmo que tivesse sido concebido para desmobilizar os estudantes, alguns professores também foram atingidos pela lei[255].

Considera-se também o Ato Complementar (AC) n.º 75, de 20 de outubro de 1969[256], que tinha como finalidade proibir professores de lecionarem em estabelecimentos de ensino público que incorreram ou viessem a incorrer em faltas que resultassem em sanções com fundamentos nos atos institucionais. Com essa lei em particular, todo professor que tivesse sido aposentado de forma compulsória devido a ações subversivas não poderia voltar a "trabalhar em outros órgãos públicos diretos ou indiretos, que, afinal, respondiam pela maioria dos empregos disponíveis na área acadêmica"[257].

Com base na legislação, os arquivos Dops revelam diferentes formas da repressão do Estado, como perseguição ideológica, prisão, vigilância, que de algum modo coibiam os professores e disseminavam o medo. Algumas fichas Dops de professores possuem quase 30 páginas com informações do perseguido, como é o caso da ficha 31.115. O fichado era um professor e jornalista de Londrina que em 1978 foi eleito presidente do Comitê Londrinense pela Anistia e Direitos Humanos (CLADH)[258]. O mesmo ocorreu com uma ex-professora da Fundação Universitária Estadual de Londrina (FUEL) e líder da Associação dos Professores (APLP), que possui uma ficha n.º 13.471, com 19 páginas, contendo informações detalhadas de suas ações e participações em grupos de resistência.

---

[254] BRASIL, 1969b, s/p.

[255] MOTTA, R. P. S. *As universidades e o regime militar*: cultura política brasileira e modernização autoritária. Rio de Janeiro: Zahar, 2014.

[256] BRASIL. *Ato Complementar n.º 75, de 20 de outubro de 1969*. Dispõe sobre a proibição de lecionar em estabelecimentos de ensino do governo ou subvencionados pelo governo todos aqueles que, como professor, funcionário ou empregado de estabelecimento de ensino público incorreram ou venham a incorrer em faltas que resultaram ou venham a resultar em sanções com fundamento em Atos Institucionais a qualquer título, cargo, função, emprego ou atividades tanto da união como dos estados distrito federal territórios e municípios, bem como em instituições de ensino pesquisa e organizações de interesse da segurança nacional. Brasília: Presidência da República, 1969a. Disponível em: http://www.planalto.gov.br/ccivil_03/acp/acp-75-69.htm. Acesso em: 25 mar. 2023.

[257] MOTTA, 2014, p. 174.

[258] O CLADH foi lançado em Londrina por um professor universitário junto a outros colegas com o intuito de defender e lutar pelos direitos da população da região.

Nos dois casos apontados, os fichados ocupam alguma posição de liderança entre os demais professores, e por isso há de se considerar que tinham maior influência entre eles. Dessa forma, poderiam representar maior risco em mobilizar seus grupos para protestar contra o Estado, daí serem constantemente vigiados de forma que a polícia política soubesse cada "passo" dado e previsse ações planejadas, revelando uma ação sistemática de seus agentes.

Nos dois casos, os registros nas fichas iniciaram em 1977 e possuem informações dos perseguidos até 1982, dentro de um período que vai de 1974 a 1985, considerado como a terceira fase da ditadura civil-militar, caracterizada pela tentativa em liberalizar o sistema contra a oposição dos órgãos de repressão e revogação das leis repressoras[259]. Nesse tempo, o AI-5 e o AC-75, assim como o DL 477/1969 e o DL 314/1967, já haviam sido revogados em sua totalidade ou parcialmente, o que significa que a ação repressora do Estado não estava apenas condicionada a um aparato legal. A continuidade das ações sobre os professores demonstra que elas fazem parte de uma estrutura autoritária enraizada na governabilidade do Brasil, advindas de elementos presentes ao longo da história do país, como o patriarcalismo, o mandonismo, a violência, a desigualdade, o patriarcalismo e a intolerância social[260].

Mesmo que em fase de abertura democrática, de forma a dar mais espaço de atuação da sociedade civil, os professores continuavam a ser identificados por seu posicionamento político-ideológico. Sendo assim, os arquivos Dops revelam, com veemência, a caracterização de professores como sendo "comunistas", "esquerdistas", "elemento comunista", "tendência esquerdista", "comunista notório" e "simpatizante esquerdista". A liberdade de expressão continuava sendo vigiada como forma de proteger o discurso positivo que era elaborado pelos dirigentes do país.

Caso emblemático que retrata isso no Paraná aconteceu com uma instituição de ensino primário no primeiro semestre de 1978, quando uma professora foi sequestrada e outros 11 intelectuais foram presos por manterem uma escola primária alternativa. As escolas alternativas tinham como propósito

> [...] oferecer às crianças vivências concretas de uma sociedade democrática e livre, contrária ao regime que estavam

---

[259] CARVALHO, J. M. *Cidadania no Brasil*: o longo caminho. 18. ed. Rio de Janeiro: Civilização Brasileira, 2014.
[260] SCHWARCZ, L. M. *Sobre o autoritarismo brasileiro*. São Paulo: Companhia das Letras, 2019.

combatendo e, para isso, faziam extensos debates acerca da necessidade de estabelecer 'limites' para poder educar e ensinar às crianças.[261]

O ensino nas escolas alternativas visava a uma formação que não focasse apenas o mercado de trabalho, como passou a ser proposto após a Reforma Educacional em 1971, com a Lei n.º 5.692, que fixava as diretrizes e bases para o ensino de primeiro e segundo graus. As escolas alternativas eram consideradas então

> [...] como espaços produtores de resistências: lugares de novas ideias, contrárias ao regime, que foram reconhecidas socialmente como fora das regras oficiais da Secretaria da Educação ou do MEC, mas que obtiveram o respeito por parte da sociedade do entorno. Tais espaços se tornaram de tal modo públicos e 'perigosos' em suas fabricações que chegaram a causar medo e foram reprimidos por parte do regime.[262]

O que sustentava as escolas alternativas era o apoio da sociedade, que também buscava uma educação mais democrática para seus filhos ao mesmo tempo que encontrava no mesmo espaço um lugar de resistência à ditadura. No entanto, essas escolas eram vistas pelos agentes do Estado como uma ameaça ao atual regime, uma vez que pregava valores diferentes ao que estava posto.

A pasta Dops desse caso possui mais de 200 páginas, composta por documentos redigidos pela polícia política, recortes de jornais e documentos da escola. As fontes revelam reiteradamente que as escolas davam ensinamentos marxistas e valores que não condiziam com os da família e da religião. Meses depois, o inquérito militar contra os professores dessa escola foi arquivado por falta de evidências, o que reitera a ação violenta e sem fundamentos da polícia[263].

Nota-se que a ação repressiva do Estado não ocorria apenas de uma forma, mas buscava utilizar-se de diferentes instrumentos para encurralar e impedir práticas suspeitas que representassem algum tipo de ameaça. Para isso, usufruía das leis, dos agentes policiais, da vigilância e perseguição, da prisão etc. de forma a criar uma ação repressiva sistemática.

---

[261] KÜNZLE, M. R. C. *Trincheiras, resistências e utopias pedagógicas*: escolas alternativas em Curitiba durante a ditadura militar. Curitiba: UFPR, 2018. p. 117.

[262] *Ibid.*, p. 93.

[263] PARANÁ. *Arquivo Público do Paraná*. DEAP-PR. Pasta n.º 70. Topografia n.º 9.

Processos de resistência e reivindicação de direitos

Mesmo com a repressão do Estado, sabendo das proibições definidas legalmente, das sanções que poderiam sofrer e dos riscos, os professores não permaneceram calados, e buscaram formas de se organizar pelos seus direitos. As próprias escolas alternativas constituem uma forma de resistência ao sistema educacional proposto durante a ditadura civil-militar. Além delas, os documentos Dops revelam outras formas de resistência, como a distribuição de panfletos, a realização de passeatas, a organização de greves e atos públicos, e a organização em sindicatos e associações.

Os processos de resistência dos professores não foram apenas movimentos contrários à ditadura, mas sim espaços de reivindicação de direitos, principalmente daqueles que haviam sido suspensos pelo AI-5 ou que eram violados pela prática dos agentes estatais. Nesse contexto, a resistência dos professores pode ser entendida como uma ação coletiva em resposta à repressão do Estado, aglutinando o grupo em torno de sua identificação com um objetivo comum[264]. Por isso que, em todo movimento de resistência à ditadura, nesse caso, dos professores, a atuação é sempre em grupos.

Mas, se havia leis que proibiam a organização dos professores ou qualquer tipo de manifestação que atentasse à segurança e à ordem nacional, como os professores conseguiam se posicionar? Para isso, os professores buscavam "brechas nas leis que possibilitassem a efetividade de suas ações"[265]. Uma boa referência, nesse caso, foi a realização de congressos dos professores, como ocorreu em agosto de 1978 em diversas cidades do estado do Paraná. "O Congresso", como os professores o denominaram, paralisou as aulas, e era uma forma de esses profissionais da educação fazerem greve e reivindicarem melhores condições de trabalho.

Um documento de 11 de agosto de 1978 da Divisão de Segurança e Informações da Delegacia de Ordem Política referencia a mobilização como "congresso de professores" e lista cinco reivindicações da classe, sendo: piso salarial, concurso amplo, estabilidade para os professores, regulamentação do estatuto do magistério, e recebimento das habilitações para os professores da primeira à quarta série[266].

---

[264] CANDIDO, R. D. *As ações do estado na ditadura civil-militar*: a violação dos direitos humanos aos professores universitários do Paraná. 2022. Dissertação (Mestrado em Direitos Humanos e Políticas Públicas) – Pontifícia Universidade Católica do Paraná, Curitiba, 2021.

[265] *Ibid.*, p. 43.

[266] PARANÁ. Arquivo Público do Paraná. DEAP-PR. Pasta n.º 1071. Topografia n.º 130, 1978.

Essa forma de organização dos professores burlando a legislação configura-se como tática, um

> [...] movimento "dentro do campo de visão do inimigo", como dizia von Bullow, e no espaço por ele controlado. Ela não tem, portanto, a possibilidade de dar a si mesma um projeto global nem de totalizar o adversário num espaço distinto, visível e objetivável. Ela opera golpe por golpe, lance por lance. Aproveita as "ocasiões" e delas depende, sem base para estocar benefícios, aumentar a propriedade e prever saídas.[267]

Os congressos e outras formas de burlar a lei repressora do Estado eram uma forma dos professores se organizarem dentro do campo do inimigo, aproveitando oportunidades que fossem favoráveis a eles. Outros exemplos de táticas utilizados pelos professores foram as poesias, paródias e charges que transmitiam uma mensagem ou informações pertinentes a situação dos professores:

> Nos documentos produzidos pelos professores e apreendidos pela polícia, destacam-se panfletos, Carta aos pais, aos mestres e à sociedade explicando os motivos das paralisações, paródias de músicas famosas na época, as quais passavam a mensagem de união de classe, e boletins informativos a respeito da situação do Congresso.[268]

Os documentos da Dops revelam assim a forma como os professores se organizavam para "passar" pela vigilância e continuar mobilizando forças, a fim de atender seus interesses. Mas os professores não permaneciam apenas nesse campo; os documentos revelam outros tipos de organização, como foram o Comitê Londrinense pela Anistia e Direitos Humanos, a Associação dos Professores do Paraná, a Associação dos Professores Licenciados do Paraná, o Sindicato dos Professores de Londrina e a Associação de Estudos Educacionais e Escolar Pré-Primária.

Nas reuniões desses grupos, mesmo que houvesse a presença de algum agente do Estado infiltrado, os professores conseguiam alinhar sua atuação para que esta tivesse êxito e não enfraquecesse o movimento. Um documento do Dossiê n.º 0094b revela que, em uma reunião da Associação dos Professores do Paraná ocorrida em outubro de 1968, um professor da Faculdade de Filosofia

---

[267] CERTEAU, M. *A invenção do cotidiano*: artes de fazer. 22. ed. Petrópolis: Vozes, 2014. p. 94.

[268] ILKIU, J. A. C. As investigações contra os professores e instituições de ensino do Paraná pela Delegacia de Ordem Política e Social - Dops/PR durante a ditadura militar no Brasil de 1964 a 1985. 2021. Dissertação (Mestrado em Direitos Humanos e Políticas Públicas) –Pontifícia Universidade Católica do Paraná, Curitiba, 2020. p. 96.

> [...] disse em seu nome e de seus colegas de Faculdade, que estavam firmes no movimento; e só não paralisaram as aulas na Faculdade, porque se o fizerem estariam fazendo o jogo do Governador. Este jogo, esclareceu prof. Hugo, que uma vez paralisadas as aulas naquela faculdade, o Governador iria para as câmeras de TV e denunciaria o movimento como subversivo, o que não era nada bom para eles.[269]

A fala do professor demonstra que havia um cálculo para a realização das ações de resistência dos professores de modo a preservar sua legitimidade e não enfraquecer o movimento. Observa-se a articulação entre professores universitários e professores do ensino básico, como é o caso do professor citado, que fala em apoio aos professores do ensino primário e secundário.

Se o Estado agia por meio da repressão por diferentes meios e instrumentos, os professores também buscavam diferentes formas de resistir e reivindicar seus direitos. A repressão do Estado instigava a organização da resistência, uma vez que, "sob certas condições gerais, a repressão fomenta a ação coletiva, independente dos custos" de modo que

> [...] a repressão pode fortalecer a identidade, o sentimento de pertencer a um grupo, operando como simbólico responsável pela circunstância compartilhada de um grupo em relação às autoridades e seus agentes de controle.[270]

Por isso, a ação de resistência dos professores, tendo em vista o contexto, deve ser compreendida como formas de defesa e reivindicação de direitos que eram continuamente violados pelo Estado. Ao mesmo tempo que lutavam por melhores condições de trabalho, como ocorreu com o congresso descrito anteriormente, a luta também era pela democracia e pelos Direitos Humanos.

Considerações finais

A ditadura civil-militar foi um período da história do Brasil marcado por graves violações dos Direitos Humanos, fossem elas ocorridas de forma física, fossem por meios legais que davam sustento à primeira. Entre as vítimas dessas violações, estão os professores do Paraná que foram vítimas

---

[269] PARANÁ. Arquivo Público do Paraná. DEAP-PR. Pasta n.º 94b. Topografia n.º 12, 1968.

[270] KHAWAJA, M. Repression and popular collective action: evidence from the West Bank. *Sociological Forum*. Tradução de Rivaldo Dionizio Candido. [s. l.], v. 8, n. 1, p. 47-71, mar. 2018. p. 66. Disponível em: http://www.jstor.org/stable/684284. Acesso em: 2 abr. 2023.

de torturas, prisões, perseguições e vigilância. Ao mesmo tempo, buscaram formas de se organizar resistindo e denunciando a violência do Estado e defender seus direitos.

As formas e ferramentas de repressão utilizadas pelo Estado contra os professores foram diversas, com o intuito de cerceá-los. No âmbito legal, destacam-se o AI-5, o DL 314/1967 e especificamente o DL 477/1969 e o AC 75/1969, que atingiam os professores de forma singular. Com base nelas, os professores ficaram impedidos de realizar greves, passeatas, distribuir panfletos, realizar manifestações, e até mesmo poder dar aulas em outras universidades em caso de aposentadoria compulsória.

Se a legislação era proibitiva e suspendia direitos, na prática havia a ação dos agentes do Estado e da polícia política, que atuavam no cumprimento da lei e sob qualquer forma de manifestação ideológica e política que atentasse à boa imagem dos governos durante a ditadura civil-militar ou que simplesmente fossem consideradas suspeitas. Sendo assim, professores foram presos, torturados, perseguidos, eram vigiados em suas ações coletivas e individuais, fichados na Dops e impedidos de atuar de forma independente.

Mesmo com toda mobilização da polícia e violência do Estado, os professores não deixaram de se posicionar, buscando outras formas de manifestação que burlavam a legislação e a ação repressora do Estado. Caso evidente disso é a realização da greve, que, mesmo proibida, foi promovida em forma de congresso, e até mesmo a ação calculada na organização entre os professores para não enfraquecer o movimento e a utilização de métodos de ensino emancipadores.

Os arquivos Dops utilizados aqui como fontes para este capítulo revelam duas fases da história da educação no Paraná, mostrando a ação repressora do Estado e a mobilização dos professores na luta democrática. Mesmo que sejam documentos oficiais do Estado e ligados diretamente à polícia política, são essenciais para aprofundar a história da educação no Paraná, explorando a ação dos professores para além do espaço escolar.

A mobilização e a organização dos professores também se davam em associações, sindicatos, comitês, sem se reduzirem à escola ou à universidade ou aos demais espaços de ensino. Essa organização em outros espaços demonstra a articulação entre os professores nas suas lutas sociais por direitos, mesmo processo que é identificado na história dos Direitos Humanos, o que evidencia a importância da coletividade na luta por direitos.

Referências

BACELLAR, C. Uso e mau uso dos arquivos. *In*: PINSKI, C. B. (org.). *Fontes históricas*. São Paulo: Contexto, 2008. p. 23-79.

BRAGGIO, A. K.; FIUZA, A. F. Acervo da Dops/PR: uma possibilidade de fonte diferenciada para a história da educação. *Tempo e Argumento*, Florianópolis, v. 5, n. 10, p. 430-451, 2013.

BRASIL. *Ato Institucional n.º 5, de 13 de dezembro de 1968*, São mantidas a Constituição de 24 de janeiro de 1967 e as Constituições Estaduais; O Presidente da República poderá decretar a intervenção nos estados e municípios, sem as limitações previstas na Constituição, suspender os direitos políticos de quaisquer cidadãos pelo prazo de 10 anos e cassar mandatos eletivos federais, estaduais e municipais, e dá outras providências. Brasília: Presidência da República, 1968. Disponível em: http://www.planalto.gov.br/ccivil_03/ait/ait-05-68.htm. Acesso em: 25 mar. 2023.

BRASIL. *Ato Complementar n.º 75, de 20 de outubro de 1969*. Dispõe sobre a proibição de lecionar em estabelecimentos de ensino do governo ou subvencionados pelo governo todos aqueles que, como professor, funcionário ou empregado de estabelecimento de ensino público incorreram ou venham a incorrer em faltas que resultaram ou venham a resultar em sanções com fundamento em Atos Institucionais a qualquer título, cargo, função, emprego ou atividades tanto da união como dos estados distrito federal territórios e municípios, bem como em instituições de ensino pesquisa e organizações de interesse da segurança nacional. Brasília: Presidência da República, 1969a. Disponível em: http://www.planalto.gov.br/ccivil_03/acp/acp-75-69.htm. Acesso em: 25 mar. 2023.

BRASIL. *Decreto-Lei n.º 314, de 13 de março de 1967*. Define os crimes contra a segurança nacional, a ordem política e social e dá outras providências. Brasília: Presidência da República, 1967. Disponível em: http://www.planalto.gov.br/ccivil_03/decreto-lei/1965-1988/del0314.htm. Acesso em: 25 mar. 2023.

BRASIL. *Decreto-Lei n.º 477, de 26 de fevereiro de 1969*. Define infrações disciplinares praticadas por professores, alunos, funcionários ou empregados de estabelecimentos de ensino público ou particulares, e dá outras providências. Brasília: Presidência da República, 1969b. Disponível em: http://www.planalto.gov.br/ccivil_03/decreto-lei/1965-1988/del0477.htm. Acesso em: 25 mar. 2023.

CANDIDO, R. D. *As ações do estado na ditadura civil-militar*: a violação dos direitos humanos aos professores universitários do Paraná. 2022. Dissertação (Mestrado em Direitos Humanos e Políticas Públicas) – Pontifícia Universidade Católica do Paraná, Curitiba, 2021.

CARVALHO, J. M. *Cidadania no Brasil*: o longo caminho. 18. ed. Rio de Janeiro: Civilização Brasileira, 2014.

CERTEAU, M. *A invenção do cotidiano*: artes de fazer. 22. ed. Petrópolis: Vozes, 2014.

FARGE, A. *O sabor do arquivo*. São Paulo: USP, 2017.

HERRERA FLORES, J. *A reinvenção dos direitos humanos*. Florianópolis: Fundação Boiteux, 2009.

HUNT, L. *A invenção dos direitos humanos*: uma história. São Paulo: Companhia das Letras, 2009.

ILKIU, J. A. C. *As investigações contra os professores e instituições de ensino do Paraná pela Delegacia de Ordem Política e Social - Dops/PR durante a ditadura militar no Brasil de 1964 a 1985*. 2021. Dissertação (Mestrado em Direitos Humanos e Políticas Públicas) –Pontifícia Universidade Católica do Paraná, Curitiba, 2020.

KHAWAJA, M. Repression and popular collective action: evidence from the West Bank. *Sociological Forum*, [s. l.], v. 8, n. 1, p. 47-71, Mar. 2018. Disponível em: http://www.jstor.org/stable/684284. Acesso em: 2 abr. 2023.

KÜNZLE, M. R. C. *Trincheiras, resistências e utopias pedagógicas*: escolas alternativas em Curitiba durante a ditadura militar. Curitiba: UFPR, 2018.

MANSAN, J. V. A educação superior sob vigilância: o caso do Dops/PR (1964-1988). *HISTEDBR*, Campinas, n. 51, p. 14-26, jun. 2013.

MOTTA, R. P. S. *As universidades e o regime militar*: cultura política brasileira e modernização autoritária. Rio de Janeiro: Zahar, 2014.

PARANÁ. Arquivo Público do Paraná. DEAP-PR. Pasta n.º 70. Topografia n.º 9.

PARANÁ. Arquivo Público do Paraná. DEAP-PR. Pasta n.º 1071. Topografia n.º 130, 1978.

PARANÁ. Arquivo Público do Paraná. DEAP-PR. Pasta n.º 94b. Topografia n.º 12, 1968.

SCHWARCZ, L. M. *Sobre o autoritarismo brasileiro*. São Paulo: Companhia das Letras, 2019.

SCHWARCZ, L. M.; STARLING, H. M. *Brasil*: uma biografia. 2. ed. São Paulo: Companhia das Letras, 2018.

7

O QUE LEGAM OS ESTUDANTES PARANAENSES À HISTÓRIA DA EDUCAÇÃO?

Rudá Morais Gandin

> *[...] menos do que uma etapa cronológica da vida, menos do que uma potencialidade rebelde e inconformada, a juventude sintetiza uma forma possível de pronunciar-se diante do processo histórico e de constituí-lo, engajando-se.*
> *(FORACCHI, 1977, p. 303)*

A principal questão que me coloco, quando reflito sobre o envolvimento dos estudantes com a ordinariedade da escola, se refere ao alcance de suas ações, que, normalmente circunscritas à tarefa de aprender, induzem à emersão de múltiplas leituras sobre a vida estudantil, uma e outra reducionista. A este respeito, sobrevoa uma interpretação que inclui os estudantes enquanto coadjuvantes do ambiente escolar, como se a eles coubesse o papel de ratificar o já percorrido e/ou já realizado pelos professores, escamoteando seu protagonismo. Isto me leva a perguntar, instintivamente, acerca da continuidade, mas também das interrupções que se desenrolam no quotidiano da escola, ponderando se não cabe aos jovens estudantes alguma parcela de culpa na forma como as instituições de ensino se constituíram ou vêm se constituindo.

Em função dessa minha desconfiança quanto à importância dos estudantes no estabelecimento de uma liturgia da escola, estruturada por orquestrar um cerimonial de passagem, como afirma Boto[271], advogo sobre a imprescindibilidade de pesquisas sobre a contribuição estudantil na cimentação das maneiras de operar das instituições de ensino. Dessa feita, chamo atenção, mais especificamente, para a relevância em considerar às práticas dos estudantes, por mim interpretadas desde o seu engajamento

---

[271] BOTO, C. A liturgia da escola moderna: saberes, valores, atitudes e exemplos. *Revista História da Educação*, Porto Alegre, v. 18, n. 44, p. 99-127, set./dez. 2014. p. 112. Disponível em: https://www.scielo.br/j/heduc/a/myybnbd7hvngkrwnwtxk5ds/?format=pdf&lang=pt. Acesso em: 10 mar. 2023.

como formas de alçarem suas bandeiras, uma vez que a superfície das escolas, onde atuam seus componentes, concretiza-se no desdobramento das ações e no entusiasmo das produções dos que nela se acham imersos, segundo a síntese das relações entre seus integrantes, quais sejam, estudantes, professores e demais funcionários.

Neste trabalho, apresento uma reflexão sobre as eventuais contribuições que os estudantes paranaenses legam à história da educação. Com base em documentos, achados na companhia de ex-integrantes de uma agremiação estudantil, a União Municipal dos Estudantes Secundaristas (Umes), situada no município de São José dos Pinhais, do período de 2005 a 2007[272], argumento que as práticas estudantis podem estimular ou até mesmo forçar mudanças na forma como as escolas se acham organizadas, ainda que de maneira despretensiosa. Aproveito, também, para mostrar como a mobilização estudantil nas escolas tende a ser um dado interessante, entre tantos outros, às pesquisas em história da educação.

Para dar conta dessas reflexões, apontarei uma das práticas estudantis empreendidas pelos ex-integrantes da Umes, "os esforços em torno da fundação da agremiação municipal"; e, por consequência, o papel dos Grêmios[273] nessa iniciativa. Com isso, espero mostrar que as ações estudantis, além de habitualmente ser oriundas dos espaços escolares, corroboram a consolidação de uma cultura escolar, como Julia[274] a define, enquanto um conjunto de práticas; e, num sentido mais amplo, quando convoca a essa definição as culturas infantis, "que se desenvolvem nos pátios de recreio e o afastamento que apresentam em relação às culturas familiares". Embora a prática em que me apoiarei não se avançasse, literalmente, nos "pátios de recreio", ela ocorria fora das salas de aulas[275], por isso, para os objetivos

---

[272] Essa delimitação temporal se dá em decorrência da fundação, em 2005, do Grêmio Estudantil do Colégio Estadual Costa Viana, e, em 2007, da realização do primeiro congresso da Umes. Aliás, recentemente soube que os estudantes de São José dos Pinhais estariam se organizando para realizar, novamente, um congresso da Umes, o de número 6.

[273] Os Grêmios Estudantis são formas de organização dos estudantes no interior das escolas, garantidas, no Brasil, com a Lei n.º 7.398, de 4 de novembro de 1985, a Lei do Grêmio Livre.

[274] JULIA, D. A cultura escolar como objeto histórico. *Revista Brasileira de História da Educação*, [s. l.], n. 1, p. 9-43, jan./jun. 2001. p. 11. Disponível em: https://repositorio.unifesp.br/bitstream/handle/11600/39195/dominique%20julia.pdf?sequence=1&isallowed=y. Acesso em: 15 mar. 2023.

[275] Ocorreu-me uma dúvida quando escrevia este texto, acerca da definição de cultura escolar em Julia (2001). Concentrada na ideia de cultura escolar enquanto normas e práticas que permitem a transmissão de determinadas condutas e conhecimentos, fiquei a me questionar os motivos de o autor considerar o desenvolvimento nos pátios de recreio das culturas infantis como parte da cultura escolar anexado a um condicionante, "quando isso é possível". O autor fez esse uso cogitando que, no decorrer da história da educação pelo mundo, há episódios de ausência de recreio nos pátios escolares. Considerando que seja isso, mesmo em sala de aula, não poderia haver,

deste trabalho, convém o alargamento desse entendimento, expandindo-o para os feitos estudantis, expressos nos vários espaços, e conforme a relação com os vários sujeitos que circulam na escola.

Sobre os documentos da agremiação estudantil que foram encontrados, adotei uma postura que privilegia a compreensão deles como vestígios que não "falam, verdadeiramente, senão quando sabemos interrogá-los"[276]. Com efeito, as interpelações que fiz quanto aos conteúdos, aos formatos e à origem dos documentos foram acompanhados de uma dúvida constante acerca da produção, da veracidade e, também, das intenções que os tornaram concretos. Perguntava-me o porquê de cada elaboração, sem deixar de pensar no contexto social e político em que foi produzido, intentando, no fim das contas, desvendar o passado que o tornou possível. Isso tudo depois da tarefa complicadíssima que se mostrou a reunião dos documentos, situação que, aliás, se inscreve como um dos grandes desafios do ofício do historiador, como bem aponta Bloch[277].

Ademais, entre os tantos pontos que merecem, inicialmente, ser destacados, parece-me que há dois imprescindíveis. O primeiro refere-se à ideia de que os estudantes, por meio de suas práticas, produzem uma cultura, cuja síntese compõe um quadro mais amplo, o da cultura escolar, evidentemente marcada não apenas pela transmissão de conhecimentos ou de condutas aos mais jovens, mas também, como Escolano Benito[278] aponta, por "uma história de criações". Esta, no entanto, claramente atravessada pela disposição dos sujeitos numa dada superfície escolar, a qual se dá pela sua configuração interna e, igualmente, pelo grau das interferências externas. Portanto, mais que considerar a escola como um lugar onde se manifesta um modo de agir, cabe tomá-la como um lugar onde se colecionam ações cotidianas, criadas, absorvidas e, sobretudo, empreendidas por muitos sujeitos, entre eles os estudantes.

O segundo ponto trata da compreensão segundo a qual os jovens estudantes se acham imbuídos de uma multiplicidade de diferenças, o que, obviamente, marca suas atuações. Assim, se, de um lado, essa diversidade forja um contingente de características particulares, de outro, contribuiu

---

independentemente da rigidez e do controle imposto aos jovens e às crianças, a emersão de culturas infantis ou culturas estudantis como parte da cultura escolar?

[276] BLOCH, M. *Apologia da história, ou, o ofício de historiador*. Rio de Janeiro: Zahar, 2001. p. 79.
[277] Ibid.
[278] ESCOLANO BENITO, A. *A escola como cultura*: experiência, memória e arqueologia. Campinas: Alínea, 2017. p. 97.

na profusão de ações, uma dissemelhante da outra. Digo isso de acordo com a adoção que faço da percepção de juventude no plural, além de força renovadora da sociedade e um estilo de existência[279]. Ao compreender a juventude enquanto juventudes, faço-o como Dayrell[280], no intuito de "enfatizar a diversidade de modos de ser jovem existentes", porque possibilita-me olhar com atenção às maneiras, bem específicas, de agir dos estudantes.

Para concluir esta introdução, realço o meu entendimento acerca do Movimento Estudantil (ME), pois o meu argumento sobre as contribuições dos estudantes à história da educação é relacionado à prática de uma agremiação estudantil. Considero, na esteira das reflexões de Melucci[281], quando define o movimento social enquanto "uma forma de ação coletiva", o ME como um movimento plural, todavia coletivo, caracterizado pela diversidade dos sujeitos que o compõem, embora suas lutas se circunscrevam, na maioria das vezes, ao redor das questões educacionais

Divido este trabalho em duas partes. Na primeira, com base em uma prática que desembocará na formação da Umes, mostro como os estudantes produzem uma forma de agir e de se organizar bem particulares. Com isso, intento também apontar a escola como um lugar passível de modificações, a depender de como as práticas dos estudantes se moviam na instituição. Na segunda parte, procuro discutir o legado que os estudantes paranaenses podem deixar à história da educação, realçando a discussão sobre a pesquisa neste campo. Aproveito para reiterar a cultura escolar como uma condensação de práticas, quer dizer, de modos de agir e de funcionar; de se organizar e de se difundir, de que os estudantes também são responsáveis.

Práticas estudantis

Todo e qualquer sujeito, igualmente como toda e qualquer instituição, produz alguma prática. Marcada pelo lugar em que ocorre e pelos sujeitos que a praticam, dificilmente se apresenta como homogênea. Dito isso, esclareço que me remeto a uma prática que era desenvolvida por estudantes oriundos

---

[279] FORACCHI, M. M. *O estudante e a transformação da sociedade brasileira*. 2. ed. São Paulo: Companhia Editora Nacional, 1977.

[280] DAYRELL, J. O jovem como sujeito social. *Revista Brasileira de Educação*, Rio de Janeiro, n. 24, p. 40-52, set./dez. 2003. p. 42. Disponível em: https://www.scielo.br/j/rbedu/a/zshs7svbpxkymvcx9gwsdty/?format=pdf. Acesso em: 20 mar. 2023.

[281] MELUCCI, A. Um objetivo para os movimentos sociais? *Lua Nova*, São Paulo, n. 1, p. 49-66, jun. 1989. p. 57. Disponível em: https://www.scielo.br/j/ln/a/g4ySjtRNsbjW73tXTR4VNNs/?format=pdf&lang=pt. Acesso em: 15 mar. 2023.

de escolas públicas de uma região localizada no Sul do Brasil, no período de 2005 a 2007. Além disso, sublinho que, quando falo em práticas, não estou me referindo à realização em sala de aula de provas, testes ou preenchimento de cadernos escolares, ainda que isso tudo também possa ser designado como práticas. Tal como apontei no início deste trabalho, entendo por prática algo mais complexo, como uma ação que objetiva o alcance das bandeiras estudantis. Para dar corpo a essa compreensão, recorro à noção de tática em Certeau[282].

Tática, para Certeau, é um conceito que se relaciona com outro, o de estratégia. Extraídos da polemologia, ambos os termos compõem um quadro teórico que permitiu ao autor um olhar mais atento à vida cotidiana e às maneiras de fazer que a conformam. Opostas à estratégia, as táticas são procedimentos que se realizam sempre no campo do outro. Nas palavras de Certeau, "a tática não tem por lugar senão o do outro [,] por isso deve jogar com o terreno que lhe é imposto". Parece-me, então, que o uso de táticas se restringe a um conjunto que atua no intuito de vencer as grades que o encerram. Faz isso porque é só o que lhe resta, uma vez que, conforme o próprio autor aponta, "a tática é determinada pela ausência de poder, assim como a estratégia é organizada pelo postulado de um poder"[283]. Com essas considerações, arrisco atribuir às práticas estudantis o contorno de táticas, pois, deslocadas do poder, buscam por meio de suas ações a conquista de suas bandeiras. Os estudantes, assim, engendram modos de agir calculados, como se caracterizam as táticas para Certeau. É por meio dessa prática da organização dos esforços a fim de fundar uma agremiação estudantil municipal, que mostrarei o seu caráter de tática.

No ano de 2007, no município de São José dos Pinhais, região metropolitana de Curitiba, surgia a União Municipal dos Estudantes Secundarista, cujo principal objetivo se resumia à defesa dos direitos estudantis[284]. Essa agremiação se assemelhava a outras associações estudantis, como a União Brasileira dos Estudantes Secundaristas (Ubes), sobretudo porque realizava tarefas parecidas, como a organização de congressos[285]. Em vista disso, situo esse movimento como clássico, uma vez que possuía uma forma de organização mais rígida e hierarquizada[286], o que contribuía na determinação dos modos de agir dos estudantes.

---

[282] CERTEAU, M. *A invenção do cotidiano*. Petrópolis: Vozes, 2014. v. 1.

[283] *Ibid.*, p. 94, 96.

[284] GANDIN, R. M.; VIEIRA, A. M. D. P. O movimento estudantil em São José dos Pinhais – Paraná (2007-2015). Curitiba: Appris, 2022.

[285] Não só congressos. Tanto a Umes quanto a Ubes possuíam estatuto e, também, emitiam carteirinhas estudantis.

[286] A respeito da discussão sobre a ideia de Movimento Estudantil Clássico, apoio-me em Gandin e Vieira (2022).

Há uma variedade de argumentos que podem ser elencados para designar o porquê de os estudantes agirem como agiam no interior de uma agremiação. Uma delas quero discutir ligeiramente, haja vista que sua evocação tende a corroborar a discussão que pretendo realizar acerca das práticas estudantis e suas implicações no cotidiano escolar. Em primeiro lugar, penso que, apesar das diferenças substanciais entre os sujeitos, que vão das predileções políticas de cada um às preferências esportivas, existe um formato a ser continuado que lhes escapa. O formato clássico de organização e atuação do ME envolve algumas regras que independem da vontade de seus participantes para serem cumpridas, uma vez que a estrutura do movimento os condiciona a certas práticas. Um exemplo: a realização dos congressos da Umes; embora tivessem ocorrido de acordo com a vontade e a inteligência dos estudantes de São José dos Pinhais, obedeciam a um ritual, igual a de outras agremiações, como a escolha nesse momento da nova diretoria e a promoção de debates. Portanto, acredito que a discussão em torno das práticas estudantis precisa levar em conta a multiplicidade das relações derivada dos múltiplos sujeitos envolvidos; e os limites impostos pela característica do movimento, o que significa reconhecer que, apesar da liberdade dos sujeitos, suas ações não se acham totalmente livres do lugar em que ocorrem.

A emersão da Umes não ocorreu sem tensões ou sem a superação de alguns desafios, como será possível observar nos documentos que foram encontrados. Sem lugar, a princípio, para realizar seu primeiro grande encontro, o qual viria a ser chamado de primeiro congresso da Umes ou seu congresso de fundação, os estudantes optaram pelo auditório de um dos colégios públicos do município onde havia Grêmio Estudantil (GE) constituído. Em uma das atas localizadas, constava que o estabelecimento dessa entidade municipal aconteceu no "dia trinta e um, do mês de março, do ano de dois mil e sete, na cidade de São José dos Pinhais, no Colégio Estadual (CE) Costa Viana"[287]. Esta instituição de ensino ficava situada no bairro de nome Braga, bem próximo ao centro do município; contava com um número relativamente grande de estudantes; e dali surgiu parte das lideranças que viriam, mais tarde, a compor a diretoria da Umes.

Em um outro documento, convidando os estudantes a participar da formação da Umes, divulgado em vários colégios da região, havia também o nome do GE do CE Costa Viana, com outros dois Grêmios Estudantis,

---

[287] UNIÃO MUNICIPAL DOS ESTUDANTES SECUNDARISTAS (UMES). *Ata de fundação*. São José dos Pinhais: [s. n.], 31 mar. 2007. s/p.

o do CE Elza Scherner e do CE Juscelino K. de Oliveira. De acordo com esse convite, a reunião aconteceria no auditório do CE Costa Viana, no período da tarde, no dia 5 de junho, um ano antes da fundação da entidade municipal[288]. Com isso, parece-me claro que o movimento possuía locais de onde despontavam suas ações, como se fossem uma espécie de QG, isto é, "Quartéis Generais"[289]. Neste caso, depreendo que o CE Costa Viana, uma vez que o primeiro congresso e a realização da reunião de organização da Umes se deram em suas dependências, configurava-se em um QG, e até mesmo a eleição de seu então presidente do GE como presidente da Umes ajuda a reforçar esse argumento, já que mostra o peso que possuíam seus estudantes no movimento.

Essa mobilização estudantil, liderada por alguns estudantes de algumas escolas, se acha situada na prática que apontei no início deste trabalho como "esforço para fundação da Umes", todavia levo-me a crer que esse esforço não derivava do vácuo, mas de uma coleção de ações e intenções que se relacionavam às demandas estudantis no interior das instituições de ensino, demarcando novos contornos a sua superfície. Para mostrar isso, recorro à formação do GE do CE Costa Viana, considerando que, antes deste acontecimento, a escola, livre da ação organizada dos estudantes, era uma, certamente diferente da qual se formou com a instauração do GE. Acrescento a essa minha reflexão outra ponderação, a de que na escola as práticas desenvolvidas pelos estudantes também se configuram em tática. Certeau[290] afirma que, em função de ela — a tática — não possuir "a possibilidade de dar a si mesma um projeto global nem de totalizar o adversário num espaço distinto, visível e objetivável [,] ela opera golpe por golpe, lance por lance". Parece-me que seja isso o que fazem os estudantes no intuito de conquistar suas bandeiras e, portanto, ampliar sua atuação nos campos a eles normalmente negados, galgar espaços conforme as ocasiões que lhes aparecem, "golpe por golpe, lance por lance", como quem vive na espreita, à espera de oportunidades para lograr suas bandeiras.

Originado no dia 11 de junho de 2005, quase dois anos antes do surgimento da Umes, o Grêmio Estudantil do Colégio Estadual Costa Viana era a concretização de "um sonho muito antigo dos estudantes desta escola".

---

[288] *Id. Aos estudantes*. São José dos Pinhais: [s. n.], [2006].
[289] Essa expressão é utilizada informalmente para se referir a um lugar que é a base de um grupo. Neste endereço on-line, há um breve esclarecimento quanto ao significado do uso que faço neste trabalho: https://www.dicionariopopular.com/qg/. Acesso em: 25 mar. 2023.
[290] CERTEAU, 2014, p. 95.

Ainda segundo uma carta aberta do próprio GE, a primeira gestão eleita, denominada "Liberdade é Atitude", teve mil votos e, após quatro meses da eleição, "vem trabalhando em favor dos estudantes, tendo algumas conquistas", como "som na hora do intervalo, homenagem aos professores, a conquista de uma sala"[291]. Essas conquistas, as quais considero como táticas, não só tornaram o cotidiano da escola diferente, porque impuseram novos elementos a uma liturgia já existente, como também foram importantes na formação de uma agremiação estudantil municipal, decerto liderada por esses jovens.

O processo de formação da Umes não só passou pela disposição dos estudantes do GE do CE Costa Viana, senão passou pela contribuição de outros alunos de outras escolas. Um exemplo disto é a publicação de um texto a respeito do futuro das juventudes, num informativo do GE do Colégio Estadual São Cristóvão, no ano de 2007, em que seu autor, então presidente do GE, se refere à necessidade de os jovens darem forças uns ao outros "para que juntos consiga[m] mudar pelo menos uma parte desse nosso país que é tão desigual"[292]. O recado desse estudante reforça a minha observação quanto ao caráter coletivo da mobilização que culminou na formação da Umes, obstando a ideia de que os alunos agiam solitariamente, sem comunicar-se entre si, independentemente da instituição de ensino em que estava matriculado. Além disso, a formação da Umes contou com a ida dos estudantes de uma escola a outra no intuito de "tirar os delegados"[293] para o congresso.

Para Gandin e Vieira[294], a forma como alguns estudantes ingressavam no ME se dava por meio do convite, realizado por outros estudantes, além de uma pretensa inclinação pessoal à participação nesse tipo de movimento, talvez oriunda do meio familiar. Quero sublinhar a esse respeito que a prática de ir às escolas, além de incentivar quem recebeu o convite a criar um GE, provavelmente mobilizava o cotidiano da escola, acarretando adaptações em sua organização, como na alocação dos profissionais e na duração das aulas, alteradas em função das falas dos estudantes visitantes. Aliás, o processo de "tiragem de delegados" ocorrido no ano de 2007 deu-se nas salas

---

[291] COLÉGIO ESTADUAL COSTA VIANA. Grêmio Estudantil. *Carta aberta aos estudantes*. São José dos Pinhais: [s. n.], 2005. s/p.

[292] SANTOS, 2007, p. 2.

[293] O delegado era aquele que detinha o direito de votar na eleição para nova diretoria da entidade no congresso, além de deter o direito à fala e à participação nos debates e outras atividades do evento.

[294] GANDIN; VIEIRA, 2022.

de aula por uma "ata de delegados", em que constavam alguns espaços para o preenchimento do nome completo, turma, ano e série do aluno escolhido pelos demais. Essa eleição de delegado ocorreu por meio de uma votação entre os presentes na sala; os mais votados eram os designados a participar do congresso da Umes como delegado ou suplente[295]. Este tipo de prática, semelhante à de outras entidades do movimento estudantil, retrata de alguma maneira a vontade em possibilitar um congresso da Umes mais democrático, uma vez que seus votantes eram, anteriormente, também eleitos.

Essa prática, por mim denominada como "esforço para fundação da Umes", colecionou outras práticas, dentro dos grêmios, como foi o caso do GE do Costa Viana. Com isso, suponho que as práticas, que são táticas, porque se mostram como intervenções capazes de tornar uma situação a seus praticantes favorável[296], sucedem-se no âmago de outras práticas, por exemplo: a instauração do GE, em 2005, pelos estudantes do CE Costa Viana foi uma prática que guardava outra prática, o evento intitulado "Dia 08 de Março! Hora de ir à Luta", que foi, acredito eu, conforme denota o documento, algo em alusão ao Dia Internacional das Mulheres, comemorado todo dia 8 de março. Este documento era um cronograma do ato, assim denominado por seus idealizadores, e continha o horário em que aconteceria a manifestação de seus participantes, bem como o nome de seus organizadores, que, segundo sugere o documento, eram o Sindicato dos Trabalhadores em Educação Pública do Paraná (APP-Sindicato), a União Paranaense dos Estudantes Secundaristas (Upes), e os grêmios estudantis, Costa Viana, Eunice Borges, Hildebrando de Araújo, Herbert de Souza, além dos CEs Silveira da Motta e Pe. Arnaldo Jansen[297].

Não dá para afirmar que a prática realizada no dia 8 de março era permanente, todavia é possível afirmar que sua organização provocou outra dinâmica na escola, ainda que o evento não tenha necessariamente se dado na instituição, diferentemente do "som na hora do intervalo" implementado pelo GE no ano anterior, atribuído como uma conquista dos estudantes[298], que ocorria cotidianamente, implicando uma movimentação constante dos estudantes, antes e depois do intervalo, a fim de ajustarem o som. Isso me leva a uma reflexão de Escolano Benito, quando afirma que "o mundo da vida

---

[295] ATA DE ELEIÇÃO DOS DELEGADOS, 2007.
[296] CERTEAU, 2014.
[297] COLÉGIO ESTADUAL COSTA VIANA. Grêmio Estudantil. *Ato 08 de Março*: cronograma do Ato dia 08 de Março! Hora de ir à Luta! São José dos Pinhais: [s. n.], 2007.
[298] Id. Grêmio Estudantil. *Primeira reunião de 2006 da entidade*. São José dos Pinhais: [s. n.], 2006.

é um arquipélago de ritos [...] nesse complexo magma, se inscreve a escola, que, por sua vez, se regula [...] de acordo com ritualidade específicas"[299]. Deste modo, ocorreu-me pensar que as inúmeras práticas estudantis, até agora discutidas, podem ser identificadas enquanto ritualidade específica, que, somadas às demais, tendem a modelar o modo de agir da escola, cuja superfície é alterada segundo o que seus componentes praticam.

Em síntese, nesta parte do trabalho, com o apoio de alguns documentos do GE Costa Viana e da Umes, achados na companhia de ex-integrantes desta última agremiação, mostrei como as práticas dos estudantes podem dar à escola novos contornos, e como essas práticas tendem a dar a ela uma nova ritualidade, dissemelhante daquela em que os estudantes são colocados à borda ou mesmo obstaculizados de colocar suas ações em curso. Fica evidente, também, que o esforço em torno da formação da Umes foi decorrente de uma intenção coletiva, todavia antecedida pelas ações dos grêmios do município, em particular do GE Costa Viana, interessado em possuir uma entidade municipal que os defendesse, garantindo seus direitos.

O que legam os estudantes?

Eu poderia, no afã de atribuir a essa pergunta uma rápida resposta, afirmar que os estudantes legam uma infinidade de saberes, fruto de suas experiências, colecionadas desde suas ações na escola. No entanto, apesar de ser uma resposta relativamente satisfatória, ela carece de complexidade, uma vez que não carrega o devido aprofundamento acerca das contribuições dos estudantes à história da educação. Dessa feita, guardo outras explicações, certeiramente mais adequadas, porque tendem a possibilitar uma reflexão mais profícua sobre os fazeres estudantis que são deixados, involuntariamente, a quem deseja conhecer o percurso histórico da educação e, em nosso caso, da história da educação paranaense.

Quando me ocorreu essa indagação, logo me veio à mente uma passagem do livro de Bloch[300], em que o autor afirma que "com poucas exceções, não se vê, não se ouve bem a não ser o que se esperava de fato perceber". De fato, quando estamos num dado lugar, à procura de algo, nossos olhares dirigem-se ao que nos interessa, incorrendo num problema incontornável, o de não obstar o desaparecimento de coisas que nos circundam. Algo

---

[299] ESCOLANO BENITO, 2017, p. 82.
[300] BLOCH, 2001, p. 104.

similar ocorre com os estudantes, normalmente desapercebidos por aqueles que se deixam atrair pela história da educação, uma vez que, interessados nos métodos escolares e em outras histórias nas quais o adulto é ocupante do papel principal, esquecem-se, ou melhor, desapercebem-se das ações estudantis. Portanto, notar os vestígios provocados pelos estudantes e seus movimentos equivale ao ingresso numa sala onde quem adentra não se permite olvidar de nada, porque percebe a existência de míseros detalhes, já que a ele os pormenores são indispensáveis.

Isso tudo me levou a fazer outros questionamentos, centrados na tarefa do historiador, antes de chegar a uma eventual resposta à dúvida principal deste trabalho. Para ser o mais breve possível, tratarei somente de duas das várias questões que me apareceram: 1) sobre a vontade dos historiadores em pesquisar acerca da vida estudantil; 2) quanto às potenciais descobertas que uma pesquisa sobre estudantes e a escola poderiam trazer à ciência histórica. Com efeito, desconfio que o ato de perceber aos historiadores se concentra em "lembrar o que os outros esquecem"[301], outrossim de fazer lembrar o que os outros deixam de perceber. Sendo assim, mesmo os mais acanhados vestígios, muitas vezes desapercebidos a olho nu, devem intrigar os historiadores, que, em nosso caso, interessados na educação, têm de levar em conta a presença estudantil, sua movimentação e suas práticas, especialmente porque o corpo da escola, os professores, o diretor, o pedagogo e os demais funcionários, age ao redor da medular tarefa que me parece constituir a existência de cada um deles, a de garantir o ensino de determinados conhecimentos aos alunos.

Apesar de parecer-me clara a relação entre os sujeitos que atuam na escola e os estudantes na impressão de um modo de agir de cada instituição[302], estes últimos se acham, na grande parte das vezes, sustados de pesquisas em história da educação que tomam o cotidiano escolar. Normalmente invocados no âmbito de pesquisas sobre a história de seus movimentos, quase sempre ligados ao período da ditadura civil-militar de 1964[303], os estudantes ainda carecem

---

[301] HOBSBAWM, E. *Era dos extremos*. São Paulo: Companhia das Letras, 1995. p. 13.

[302] Compreendo que nessa relação é imprescindível que consideremos a participação do Estado com base nas legislações educacionais, uma vez que isto também interfere na impressão de um modo de agir das escolas. No entanto, intento, privilegiando o micro desse quadro, chamar atenção para as mudanças que podem ocorrer no interior da escola à margem da oficialidade do Estado. Sobre isto, Escolano Benito (2017, p. 122-123) ajuda-nos a pensar acerca da existência de uma cultura empírica da escola, que manifesta "o intricado e labiríntico conjunto de dispositivos e rotinas, que se impõem como práticas ordinárias".

[303] GANDIN; VIEIRA, 2022; SIMÃO, C. R. P. *O movimento estudantil na produção acadêmica no campo da educação*: uma lacuna a ser preenchida? 2015. Dissertação (Mestrado em Educação) – Universidade Federal de Santa Catarina, Florianópolis, 2015.

de uma preocupação, especialmente mais científica, quanto à importância de suas ações na modulação e/ou na descontinuidade dos ritos escolares. Tento realizar um pouco disto neste trabalho, apontando como as práticas, em forma de táticas, ajudavam a promover mudanças na ritualidade escolar, embora reconheça a insuficiência desse tipo de investigação, no intuito de tornar mais clara a maneira pela qual isso ocorria, não obstante acredite que valha o esforço.

Retornando às duas questões que apontei anteriormente, em relação à primeira, suspeito de imediato que exista uma ausência de vontade por parte dos historiadores em pesquisar acerca da vida estudantil, quiçá em decorrência da competência ou do interesse em perceber as produções dos estudantes, amiúde estimulada por seus movimentos, como jornais, festas comemorativas, campeonatos esportivos, debates educacionais e políticos, além da participação em eventos etc. No tocante à segunda, receio que haja uma desconfiança quanto à potencialidade de pesquisas sobre a vida estudantil à ciência histórica. Despercebendo a riqueza dos modos de agir e pensar dos estudantes e seus movimentos, como se o que realizassem não compusessem a coleção de memórias essenciais para compreendermos o nosso passado educacional, muitos as relegam ao plano secundário, optando, consequentemente, por outras discussões.

Postas essas elucubrações, que a mim parecem importantes, julgo inevitável tomar como ponto de partida as rareza com que o assunto em tela é tratado, sobretudo no campo da pesquisa em história. Desse modo, qualquer aprofundamento que me proponha a fazer em torno da pergunta que dá título a este trabalho implica um limite, essencialmente teórico, todavia capaz de ser reduzido conforme o aumento dos estudos acerca da produção estudantil no âmbito do desenvolvimento histórico da educação. A minha contribuição dá-se, portanto, em primeiro lugar, no apontamento de um eventual desapercebimento das práticas estudantis; em segundo lugar, no sublinhamento de poucos interessados nessa temática na esfera da ciência histórica, em especial na que se atém à educação; em terceiro lugar, na aposta de que os estudantes legam suas práticas, a exemplo da que discuti anteriormente, afirmando que seu emprego contribuiu para modificar a ritualidade da escola, uma vez que os esforços em torno da fundação da Umes foram antecedidos pela criação do GE, cujas ações imprimiram a essa instituição de ensino um novo formato de organização.

Para reforçar a minha tese quanto às mudanças que provocavam às práticas estudantis, recorro a uma outra reflexão de Certeau, quando se atém ao cotidiano das práticas urbanas. De acordo com o autor, "o caminhante transforma em outra coisa cada significante espacial"[304]. Disso sugiro que a superfície da escola, ocupada com o que os estudantes praticavam, se modificava, porque se incorporava às práticas estudantis em seu cotidiano, fosse de modo anunciado, fosse de forma sútil. Com isso, entendo que os estudantes e seus movimentos, quando promoviam suas práticas, faziam-no à medida que caminhavam pelo espaço da escola, deixando suas marcas, como me parece evidenciado na primeira parte deste trabalho, quando discuti os esforços dos estudantes do município de São José dos Pinhais para formar a Umes.

Mas, afinal, o que legam os estudantes paranaenses à história da educação? Eu afirmaria que legam seus modos de fazer o que faziam, e, mais especialmente, suas práticas, isto é, suas táticas para conquistar suas bandeiras. As formas de agir, como a instauração do GE; a realização do ato do dia 8 de março; o som na hora do intervalo; o formato de tiragem dos delegados e suplentes ao congresso da Umes; as reuniões que antecederam a formação dessa agremiação. Da mesma forma, afirmaria que legam um olhar peculiar a respeito da escola, talvez em decorrência da posição que lhes é historicamente transmitida, a de ir à escola para aprender. Apesar disso, os estudantes e seus movimentos, com suas práticas, e, certamente, desde seu engajamento, dão à continuidade da escola um conjunto de novos desafios, que a tornam um lugar mais plural, mas complexo e inevitavelmente destinado a repensar sua ritualidade, a depender das ritualidades específicas que surjam, bem como a depender da correlação das lutas que se mostram em seu âmago. Esta, enfim, é sem dúvida uma das principais contribuições que os estudantes legam à história da educação, além da óbvia resposta de que legam a possibilidade de melhor compreendermos o desenvolvimento histórico da escola paranaense e brasileira.

Considerações finais

A pergunta que atribui como título a este trabalho guardava como objetivo, além da tentativa de aguçar a criatividade de quem o lesse pela primeira vez, uma provocação quanto à importância dos estudos das práticas e produções estudantis no âmbito da pesquisa em história da educação, em particular a que se preocupa com o desenvolvimento histórico da educação

---

[304] CERTEAU, 2014, p. 165.

paranaense. Ocasionalmente objeto de investigação de parte dos pesquisadores, aponto no decorrer deste trabalho a riqueza que consiste em reconhecer como valiosa as práticas dos estudantes e seus movimentos, marcadamente plurais e múltiplos, que dão ao seu destino contornos adversos.

Para dar corpo a esta reflexão, tomei as práticas estudantis enquanto táticas, conforme o termo é designado em Certeau. Assim, ponderei que os estudantes as usam para lograr suas bandeiras, aproveitando-se das ocasiões que lhes ocorrem. Ainda, considero que o empreendimento delas promove alterações no cotidiano escolar, estatuindo uma nova liturgia, não obstante pouco diferente da que havia. Mostro, no caso deste trabalho, que as mudanças eram decorrentes das práticas que eram desenvolvidas no âmbito do Movimento Estudantil que ocorria na escola e no município de São José dos Pinhais. Destaco, também, acerca desse movimento, que ele se inseria no quadro do Movimento Estudantil Clássico, caracterizado por mim em função de sua estrutura rígida e hierarquizada.

A prática por mim estudada em particular foi realizada no período entre 2005, data de fundação do GE do Colégio Estadual Costa Viana, e 2007, data de fundação da Umes, e situa-se entre as inúmeras que se destacavam nos documentos. Ela, por mim chamada de "os esforços em torno da fundação da Umes", decorreu, fundamentalmente, das ações dos Grêmios Estudantis então existentes. Notei que, além de objetivarem o alcance de suas bandeiras, os estudantes, muitos dos quais participantes da Umes, contribuíam para a transformação da superfície da escola de onde emergiam, haja vista que o movimento parecia dinamizar as relações ao seu redor, e porque, embora evidentes, suas primordiais reivindicações surgiam da escola.

Dessa prática sobre o esforço em torno do estabelecimento da Umes, recorri, ainda que brevemente, à formação do Grêmio Estudantil do Colégio Estadual Costa Viana a fim de evidenciar que a Umes se originou de um esforço coletivo, fruto do trabalho dos Grêmios. Esse tipo de mobilização que ocorreu inevitavelmente nas escolas, e que, portanto, certamente as levaram a modificar suas formas de organização, não se originou ou se desdobrou no vácuo; ao contrário, penso que decorreu do contexto no qual o movimento se encontrava, decerto de efervescência da participação estudantil. Com a fundação da Umes, em 2007, o esforço resumiu-se em garantir a continuidade de suas atividades, conhecidas pela organização de congressos; confecção de carteirinhas estudantis e formação de grêmios nas escolas.

Voltando à indagação deste trabalho, acredito, pela prática que foi discutida, que, além de legar o que faziam, os estudantes legam a sua participação na formação e continuidade da escola. Também, e não menos importante, aponto que os estudantes paranaenses legam os seus modos de agir e pensar absolutamente marcados pelo momento histórico no qual se encontravam, forçando a pensarmos acerca de seus interesses, bandeiras e formas de expressar seus posicionamentos numa dada conjuntura social e política. Todavia, muitas questões acabei não suscitando, mas que deveriam compor a resposta de quem indaga o que legam os estudantes à história da educação, como o tipo das fontes deixadas ao presente; o tipo de vestígio mais produzido pelos estudantes e seus movimentos; e talvez seja necessário o aparecimento de alguma pesquisa mais sistemática que coloque como desafio a reflexão sobre as transformações que as práticas estudantis impuseram ao cotidiano escolar.

Ademais, parece-me clara a importância, no âmbito da pesquisa em história da educação, do surgimento de estudos que tomem os estudantes ou seus movimentos para melhor compreender o processo histórico de desenvolvimento da escola brasileira, sobretudo porque a vida escolar é a síntese das relações entre os sujeitos que a compõem, e, por conseguinte, resultado das pressões de cada grupo e produções destes nos rumos que cada instituição de ensino acaba por atravessar.

Referência

ATA de eleição dos delegados. *Ata de eleição dos delegados do I Congresso da União Municipal dos Estudantes Secundaristas de São José dos Pinhais*. 31 de março de 2007. São José dos Pinhais, 2007.

BLOCH, M. *Apologia da história, ou, o ofício de historiador*. Rio de Janeiro: Zahar, 2001.

BOTO, C. A liturgia da escola moderna: saberes, valores, atitudes e exemplos. *Revista História da Educação*, Porto Alegre, v. 18, n. 44, p. 99-127, set./dez. 2014. Disponível em: https://www.scielo.br/j/heduc/a/myybnbd7hvngkrwnwtxk5d-s/?format=pdf&lang=pt. Acesso em: 10 mar. 2023.

CERTEAU, M. *A invenção do cotidiano*. Petrópolis: Vozes, 2014. v. 1.

COLÉGIO ESTADUAL COSTA VIANA. Grêmio Estudantil. *Ato 08 de Março*: cronograma do Ato dia 08 de Março! Hora de ir à Luta! São José dos Pinhais: [s. n.], 2007.

COLÉGIO ESTADUAL COSTA VIANA. Grêmio Estudantil. *Carta aberta aos estudantes*. São José dos Pinhais: [s. n.], 2005.

COLÉGIO ESTADUAL COSTA VIANA. Grêmio Estudantil. *Primeira reunião de 2006 da entidade*. São José dos Pinhais: [s. n.], 2006.

DAYRELL, J. O jovem como sujeito social. *Revista Brasileira de Educação*, Rio de Janeiro, n. 24, p. 40-52, set./dez. 2003. Disponível em: https://www.scielo.br/j/rbedu/a/zshs7svbpxkymvcx9gwsdty/?format=pdf. Acesso em: 20 mar. 2023.

ESCOLANO BENITO, A. *A escola como cultura*: experiência, memória e arqueologia. Campinas: Alínea, 2017.

FORACCHI, M. M. *O estudante e a transformação da sociedade brasileira*. 2.ed. São Paulo: Companhia Editora Nacional, 1977.

GANDIN, R. M.; VIEIRA, A. M. D. P. *O movimento estudantil em São José dos Pinhais – Paraná (2007-2015)*. Curitiba: Appris, 2022.

HOBSBAWM, E. *Era dos extremos*. São Paulo: Companhia das letras, 1995.

JULIA, D. A cultura escolar como objeto histórico. *Revista Brasileira de História da Educação*, [s. l.], n. 1, p. 9-43, jan./jun. 2001. Disponível em: https://repositorio.unifesp.br/bitstream/handle/11600/39195/dominique%20julia.pdf?sequence=1&isallowed=y. Acesso em: 15 mar. 2023.

MELUCCI, A. Um objetivo para os movimentos sociais? *Lua Nova*, São Paulo, n. 1, p. 49-66, jun. 1989. Disponível em: https://www.scielo.br/j/ln/a/g4ySjtRNsbjW73tXTR4VNNs/?format=pdf&lang=pt. Acesso em: 15 mar. 2023.

SANTOS, R. F. dos. Nosso futuro. *Informativo dos estudantes do Colégio Estadual São Cristóvão*: Coração de Estudante, São José dos Pinhais, setembro de 2007.

SIMÃO, C. R. P. *O movimento estudantil na produção acadêmica no campo da educação*: uma lacuna a ser preenchida? 2015. Dissertação (Mestrado em Educação) – Universidade Federal de Santa Catarina, Florianópolis, 2015.

UNIÃO MUNICIPAL DOS ESTUDANTES SECUNDARISTAS (UMES). *Aos estudantes*. São José dos Pinhais: [s. n.], [2006].

UNIÃO MUNICIPAL DOS ESTUDANTES SECUNDARISTAS (UMES). *Ata de fundação*. São José dos Pinhais: [s. n.], 31 mar. 2007.

/ 8

A PRESENÇA DA EDUCAÇÃO FÍSICA NO CONTEXTO DA LEGISLAÇÃO RURAL PARANAENSE (1946-1985)

Raquel de Fátima Boza dos Santos Malcheski
Maria Elisabeth Blanck Miguel

A Educação Física, seguindo as normatizações nacionais, já se fazia presente em documentos oficiais do estado do Paraná desde a década de 40, como é possível constatar no exemplo da grade curricular dos programas para as escolas isoladas de 1949, bem como no Programa Experimental para as Escolas Isoladas do Estado[305].

Este último programa, proposto pelo Decreto n.º 9.060/1953, produzido em parceria da Secretaria de Educação e Cultura com o Centro de Estudos e Pesquisas Educacionais, tratava-se de um documento extenso, composto de instruções minuciosas sobre os afazeres que constituíam e rotina e o cotidiano dos professores, como das competências específicas para o desempenho da docência, até orientações sobre cada disciplina (Português, Aritmética, Geografia, História e Ciências) que integrava a grade curricular das três primeiras séries do ensino primário. É relevante destacar que, nesse referencial, Artes, Canto e Educação Física ainda não eram concebidas como disciplinas, por esse motivo estavam mencionadas em sua organização como atividades introdutórias para as aulas do dia, como é possível acompanhar na figura a seguir, no modelo de grade horária semanal que deveria ser seguido pelas instituições de ensino (uma atividade introdutória por dia, e cada uma tinha a frequência de duas vezes por semana; por exemplo, a Educação Física estava prevista para ocorrer às segundas e às quintas-feiras).

---

[305] PARANÁ. *Decreto n.º 9.060, de 30 de março de 1953.* Aprova os Programas Experimentais para as Escolas Isoladas. Curitiba: [s. n.], 1953.

Figura 8.1 – Grade horária semanal disposta pelo Programa Experimental para as Escolas Isoladas do Estado (Decreto n.º 9.060/1953)

Segunda-feira	Terça-feira	Quarta-feira	Quinta-feira	Sexta-feira	Sábado
Ed. Física	Canto	Artes aplicadas	Ed. Física	Canto	Artes aplicadas
Ling. Oral - 1.º ano	Ling. Oral - 1.º ano	Ling. Oral - 1.º ano	Ling. Oral - 1.º ano	Ling. Oral - 1.º ano	Ling. Oral - 1.º ano
Leit. Silenciosa - 2.º ano	Leit. Silenciosa - 2.º ano	Leit. Silenciosa - 2.º ano	Leit. Silenciosa - 2.º ano	Leit. Silenciosa - 2.º ano	Leit. Silenciosa - 2.º ano
Leit. Silenciosa - 3.º ano	Leit. Silenciosa - 3.º ano	Leit. Silenciosa - 3.º ano	Leit. Silenciosa - 3.º ano	Leit. Silenciosa - 3.º ano	Leit. Silenciosa - 3.º ano
Leit. e gramática - 2.º ano	Leit. e ling. oral - 2.º ano	Leit. e ditado - 2.º ano	Leit. e gramática - 2.º ano	Leit. e ling. oral - 2.º ano	Leit. e ditado - 2.º ano
Ling. escrita - 3.º ano	Ling. escrita - 3.º ano	Ling. escrita - 3.º ano	Ling. escrita - 3.º ano	Ling. escrita - 3.º ano	Ling. escrita - 3.º ano
Cópia - 1.º ano	Cópia - 1.º ano	Cópia - 1.º ano	Cópia - 1.º ano	Cópia - 1.º ano	Cópia - 1.º ano
Leit. e gramática - 3.º ano	Leit. e ling. oral - 3.º ano	Leit. e ditado - 3.º ano	Leit. e gramática - 3.º ano	Leit. e ling. oral - 3.º ano	Leit. e ditado - 3.º ano
Ling. escrita - 2.º ano	Ling. escrita - 2.º ano	Ling. escrita - 2.º ano	Ling. escrita - 2.º ano	Ling. escrita - 2.º ano	Ling. escrita — 2.º ano
Ling. escrita - 1.º ano	Ling. escrita - 1.º ano	Ling. escrita - 1.º ano	Ling. escrita - 1.º ano	Ling. escrita - 1.º ano	Ling. escrita - 1.º ano
Recreio	Recreio	Recreio	Recreio	Recreio	Recreio
Aritmética - 3.º ano	Cálculo oral - 1.º ano	Aritmética - 2.º ano	Arit. e geometria - 3.º ano	Cálculo oral - 1.º ano	Arit. e geometria - 2.º ano
Cálculo escrito - 2.º ano	Cálculo escrito - 2.º ano	Cálculo escrito - 3.º ano	Cálculo escrito - 2.º ano	Cálculo escrito - 2.º ano	Cálculo escrito — 1.º ano
Cálculo escrito - 1.º ano	Cálculo escrito - 3.º ano	Cálculo escrito - 1.º ano	Cálculo escrito - 1.º ano	Cálculo escrito - 3.º ano	Cálculo escrito - 3.º ano
Cálc. oral e geom. - 1.º ano	Aritmética - 2.º ano	Aritmética - 3.º ano	Cálculo oral - 1.º ano	Aritmética - 2.º ano	Aritmética - 3.º ano
Caligrafia - 2.º ano	Caligrafia - 3.º ano	Cálculo escrito - 2.º ano	Cálculo escrito - 3.º ano	Cálculo escrito - 1.º ano	Form. de sentenças - 1.º ano
Cálculo escrito - 3.º ano	Cálculo escrito - 1.º ano	Form. de sentenças - 1.º ano	Caligrafia - 2.º ano	Artes aplicadas - 3.º ano	Cálculo escrito - 2.º ano
Geografia e cartog. 2.º ano	História - 3.º ano	Ciências e higiene - 2.º ano	Geog. e cartografia - 3.º ano	História - 2.º ano	Ciências e higiene - 3.º ano
Geografia (Questionário) 3.º ano	História (Questionário) 2.º ano	Ciências e higiene (Questionario) 3.º ano	Geog. (Questionário) 2.º ano	História (Questionário) 3.º ano	Ciências e higiene - 2.º ano (Questionário)
Artes aplicadas -1.º ano	Div. de palavras em silabas 1.º ano	Artes aplicadas - 1.º ano	Div. de pal. em silabas 1.º ano	Artes aplicadas 1.º ano	Form. de sentenças à vista de estampa - 1.º ano

Observação:— As noções de geografia, história e ciências, na 1.ª série, deverão ser abordadas nas aulas de linguagem oral e escrita. As aulas de canto, educação física e artes aplicadas, colocadas no início dos trabalhos, não têm horário fixo, obedecem à orientação dada no programa destas disciplinas.

Fonte: Paraná (1953, p. 113)

Com a definição de atividade introdutória, segundo Programa Experimental para as Escolas Isoladas do Estado, a Educação Física tinha como finalidade:

> [...] conservar a saúde por meio de uma acertada exercitação de todo o organismo, dar vigor a tôdas as massas musculares, desenvolver o corpo, dando-lhe beleza, e formar hábitos e aptidões mentais que resultem em bem da educação moral e intelectual do homem. Como se vê, as finalidades são complexas, muito mais amplas do que à primeira vista parece. A cultura do corpo é tão importante como a do espírito e até certo ponto, talvez seja mais, porquanto um organismo robusto, são e vigoroso, capaz de maior esfôrço intelectual do que outro não em tão boas condições de saúde.[306]

Diante disso, é possível analisar que a Educação Física escolar era compreendida nesse momento como "atividade" restrita para o desenvolvimento exclusivo das capacidades físico-motoras. E, quando relacionada às outras disciplinas e/ou às outras habilidades, era concebida como auxiliar, correlacionada ao alcance de melhores condições de saúde, o que consequentemente, por essas condições, contribuiria para melhor desempenho intelectual, foco primordial.

Pouco mais de uma década depois, em dezembro de 1964, direcionado pelas orientações da Lei de Diretrizes e Bases da Educação Nacional (LDB) 4.024/1961, que conferiu aos estados a responsabilidade de oferta, organização e manutenção do ensino primário até o médio, o governo do Paraná instituiu com a Lei n.º 4.978 o Sistema Estadual de Ensino. Entre os fins propostos à educação, o seu primeiro capítulo estabeleceu "o oferecimento, a todos os habitantes do Estado, de idênticas oportunidades educacionais, a fim de habilitá-los a participar efetivamente do seu desenvolvimento social e econômico". Além de prever a "a adaptação entre os tipos de ensino propiciados pelas escolas e as necessidades do desenvolvimento regional e nacional"[307].

Em tese, essa nova estruturação deveria trazer maior descentralização dos recursos físicos e humanos, oportunizando melhor acompanhamento das ações e consequentemente avanços para a educação paranaense.

---

[306] *Ibid.*, p. 101.

[307] *Id.* Palácio do Governo em Curitiba. *Lei 4978 - 05 de dezembro de 1964.* Estabelece o sistema estadual de ensino. Curitiba: Legislação, Casa Civil, 1964. s/p. Disponível em: https://www.legislacao.pr.gov.br/legislacao/exibirAto.do?action=iniciarProcesso&codAto=12350&codItemAto=413461. Acesso em: 21 fev. 2023.

Contudo, embora o documento legal referendasse a responsabilidade da educação ao estado, destacando que essa oferta devia ocorrer a todos, em condições igualitárias, respeitando as características regionais, conceito posteriormente reforçado, com destaque para a educação rural, no Art. 15 da Lei 4.978/1964, indicando que os poderes públicos, estadual e municipais, "instituirão e ampararão serviços de entidades que mantenham, na zona rural, escolas ou centros de educação, capazes de favorecer a adaptação do homem ao meio e o estímulo de vocações e atividades profissionais"[308], incoerentemente a essa concepção, no decorrer do mesmo texto legal, o discurso volta-se à sentença que já vinha sido regulamentada em 1961 pela Lei 4.024, transferindo a responsabilidade do provimento e da manutenção da educação aos proprietários rurais, como disposto em seu Art. 99:

> Os proprietários rurais que não puderem manter escolas primárias para as crianças residentes em suas glebas, nos têrmos do artigo 32, da Lei Federal n.º 4.024, de 1961, deverão facilitar-lhes a freqüência às escolas mais próximas ou propiciar a instalação e funcionamento de escolas públicas em suas propriedades.[309]

Ainda, especificamente voltada à educação rural, a Lei n.º 4.978/1964 também segue as orientações descritas pela Lei 4.024/1961 no que se refere ao calendário anual, apresentando no Art. 109, §1º, a flexibilidade de sua organização a fim de considerar as especificidades regionais, ficando "facultada à fixação de períodos letivos e de férias escolares especiais para regiões diferentes do Estado, de acordo com as conveniências regionais ou locais ou para atender às necessidades da população rural que se dedica à agricultura"[310].

Singularmente sobre a Educação Física, a Lei 4.978 segue as diretrizes nacionais, propondo no Art. 21 a obrigatoriedade da Educação Física nos cursos primários e médio, até a idade de 18 anos. Em complemento, orienta que devem ser

> [...] respeitadas as diferenças individuais, cabendo ao Conselho Estadual de Educação definir a amplitude e o desenvolvimento dos respectivos programas em cada curso e ciclo, bem como a forma de avaliação do aproveitamento dos alunos.[311]

---

[308] *Ibid.*, s/p.
[309] *Ibid.*, s/p.
[310] *Ibid.*, s/p.
[311] *Ibid.*, s/p.

O documento, além da obrigatoriedade que já se fazia presente na Lei 4.024/1961, apresenta a indicação da Educação Física para os jardins de infância, que, segundo o documento, assim como os outros campos de linguagens, deveria "favorecer na criança a aquisição de habilidades e a formação de hábitos e atitudes convenientes a sua educação integral". Bem como orienta que, para atuar como professor desta área, é necessário portar "diploma ou certificado expedido por escola, oficial ou reconhecida, de formação de professôres especializados"[312].

Contudo, apesar de a Lei 4.978 apresentar a indicação da Educação Física para todos os níveis de ensino, os jardins de infância incluídos, e referenciar a necessidade de formação específica para as atuações dos docentes, o documento não sinalizou como o processo de implementação deveria ocorrer na prática (número de horas/aula, duração frequência etc.), ou quaisquer outras orientações em relação aos prazos ou formas de acompanhamento e/ou fiscalização das instituições de ensino.

Diante disso, embora a educação rural do Paraná não tenha galgado muito espaço nos documentos legais durante a década de 60, cabe destacar que, em relação à expansão quantitativa do acesso ao ensino, considerando o âmbito geral, foram percebidos avanços relevantes, em especial no que se refere ao número total de matrículas, e, de 1965 a 1970, a maioria das matrículas do ensino primário realizadas no estado foi computada em instituições rurais, como é possível visualizar na tabela a seguir:

Tabela 8.1 – Matrículas gerais do ensino primário comum no Paraná (1960-1970)

ANO	TOTAL DE MATRÍCULAS	MATRÍCULAS NA ÁREA URBANA	MATRÍCULAS NA ÁREA RURAL	% DE MATRÍCULAS NA ÁREA RURAL
1960	398.619	199.606	199.013	49,92
1961	410.776	215.194	195.582	47,61
1962	481.174	252.375	228.799	47,55
1963	567.916	296.634	271.282	47,76
1964	626.069	316.083	309.986	49,51
1965	676.056	327.366	348.690	51,57
1966	754.072	358.953	395.119	52,39
1967	843.760	394.591	449.169	53,23

[312] Ibid., s/p.

ANO	TOTAL DE MATRÍCULAS	MATRÍCULAS NA ÁREA URBANA	MATRÍCULAS NA ÁREA RURAL	% DE MATRÍCULAS NA ÁREA RURAL
1968	907.286	415.018	492.268	54,25
1969	933.125	434.434	498.691	53,44
1970	973.110	461.233	511.877	52,60

Fonte: as autoras, com base nos dados apresentados pelos *Anuários estatísticos do Brasil* (IBGE, 1960-1970)

Tais dados refletem uma realidade díspar da encontrada no cenário nacional, pois, diferentemente dos dados gerais do país, foi possível encontrar no Paraná, além do aumento dos números de matrículas (como apresentado na tabela anterior), o crescimento da população rural na década de 60, chegando ao início dos anos 70 com a representatividade maior que 60% da população paranaense total:

Tabela 8.2 – População do Brasil e do Paraná (1960 e 1990)

ANO	BRASIL		PARANÁ	
	População urbana	População rural	População urbana	População rural
1960	32.004.817 (45%)	38.987.526 (54%)	1.327.982 (31%)	2.968.393 (69%)
1970	52.904.744 (56%)	41.603.839 (44%)	2.546.899 (36%)	4.450.783 (64%)
1980	80.436.409 (68%)	38.566.297 (32%)	4.566.755 (59%)	3.182.977 (41%)
1990	110.990.990 (76%)	35.834.485 (24%)	6.197.953 (73%)	2.250.760 (27%)

Fonte: as autoras, com base nos dados apresentados pelos *Censos demográficos*(IBGE, 1960, 1970, 1980, 1991)

No entanto, mesmo a população rural representando a maioria da população[313] no território paranaense até a década de 70, os aspectos estruturais da educação continuavam muito precários. Em busca de uma melhoria no cenário vivenciado, a partir da década de 70, o sistema de ensino do Paraná foi sendo reestruturado e acabou passando por importantes transformações. Entre as principais alterações, está a sua participação no

---

[313] O estado do Paraná com São Paulo eram considerados estados essencialmente agrícolas e abastecedores das demais regiões. Por isso, a população rural manteve-se por um tempo praticamente alicerçada na agricultura familiar.

emergente processo de nucleação, também por vezes descrito como consolidação das escolas rurais.

Etimologicamente, "nucleação" deriva do termo "nuclear", que se refere a dispor ou organizar em núcleos. Essa terminologia ficou muito conhecida no campo educacional com a instauração de escolas-núcleo ou nucleação de escolas, também apresentada por alguns autores como processo de consolidação[314]. Por esse motivo, algumas das escolas que passaram por tal reorganização foram denominadas como "escolas consolidadas"[315].

Em síntese, Vasconcellos[316] caracteriza nucleação como o "agrupamento das escolas rurais em torno de novos núcleos, com o fim da multisseriação e com a oferta de melhores condições de ensino".

Segundo Silva, Morais e Bof[317], tal modelo tem sua origem nos EUA em meados do século XIX, o qual foi implantado em diversos países, como Índia, Costa Rica, Líbano e Irã. Dentre os objetivos desse processo, destacam-se a busca da igualdade de oportunidades educacionais e a redução dos custos de manutenção com as instituições, por meio da otimização dos recursos físicos e humanos disponíveis nas escolas.

No sistema educacional brasileiro, segundo Silva, Morais e Bof, o estado do Paraná foi um dos precursores desse movimento:

> No Brasil, a idéia começa a ganhar espaço a partir de 1975 com a criação do Promunicípio[318] (Projeto de Cooperação Técnica e Financeira Estado/Município) e posteriormente do Pro-Rural[319] (Projeto Integrado de Apoio do Pequeno

---

[314] Entre os autores paranaenses considerados referenciais na temática que abordam o termo "escolas consolidadas" estão: Lilian Maria Paes de Carvalho Ramos e Roberval Eloy Pereira, que integrou a equipe do Instituto Paranaense de Desenvolvimento Educacional (Fundepar) no período de levantamento e reorganização das escolas no estado do Paraná.

[315] Com o fim do regime militar, o termo "consolidada" foi substituído por "escola nucleada" ou ainda, em alguns municípios, "escolas polos" (PEREIRA, R. E. *A consolidação de escolas unidocentes como política de educação para a zona rural no estado do Paraná*. Paraná: Annablume; Fundação Araucária, 2002).

[316] VASCONCELLOS, E. A. Agrupamento de escolas rurais: alternativa para o impasse da educação rural? *Cadernos de Pesquisa*, São Paulo, n. 86, p. 65-3, ago. 1993. p. 65.

[317] SILVA, L. H; MORAIS, T. C.; BOF, A. M. A educação no meio rural do Brasil: revisão da literatura. *In*: BOF, A. M.; SAMPAIO, C. E. M. *A educação no Brasil rural*. Brasília: Inep, 2006.

[318] O Projeto de Cooperação Técnica e Financeira Estado/Município (Promunicípio) teve seu início em 1975, previsto no Plano de Governo-Objetivos e Metas de Desenvolvimento 1975/1978 e no Plano Estadual de Educação e Cultura de 1976/1979, tendo como principal objetivo a expansão do ensino de primeiro grau, para atender as consequências ocasionadas pelo intenso êxodo rural ocorrido no estado neste período (PARANÁ. *Plano de aplicação do Projeto de Coordenação e Assistência Técnica ao Ensino Municipal*. Curitiba: Promunicípio, 1976).

[319] Projeto Integrado de Apoio do Pequeno Produtor Rural, criado em 1979 para atender às necessidades mais prementes das áreas (economicamente) deprimidas, teve sua aprovação em 1980 para financiamento pelo Banco

Produtor Rural). O primeiro Estado a adotá-lo foi o Paraná (1976), seguido de Minas Gerais (1983), Goiás (1988) e São Paulo (1989) (Flores, 2002; Ramos, 1991). Também outros Estados, como o Rio Grande do Sul, fizeram da nucleação uma política para possibilitar o acesso e melhora da qualidade do ensino.[320]

Em busca da melhoria do rendimento escolar, igualdade de oportunidades educacionais para os estudantes, melhor formação dos professores, propõe-se a estruturação de uma escola pautada em

> [...] uma nova política de atendimento ao ensino municipal, pautada, não apenas no trato da transferência de encargo e serviço educacionais, mas na caracterização de mecanismo ágil e abrangente para motivar e dinamizar a implantação do ensino de 1º grau em distritos e zona rural – uma escola que vinculasse as ações escolares às ações comunitárias: escola-comunidade, escola-centro, escola-pólo, escola-função - CONSOLIDADA, mecanismo de integração, de reorganização e caracterização do ensino para distritos e zonas rurais e de apoio e orientação às comunidades rarefeitas.[321]

Além da melhoria da qualidade do ensino e rendimento dos estudantes, para Marrafon, a nucleação surgiu como estratégia para a redução do

> [...] esvaziamento do campo, motivado pela mudança produtiva agrícola que estimulou a expansão do agronegócio e a mecanização ou modernização agrícola que resultou na expulsão de um grande quantitativo de trabalhadores rurais.[322]

Outro fator destacado pela autora relaciona a implementação às

> [...] políticas descentralizadoras que visavam, sobretudo, transferir responsabilidades para os municípios[323] em definir

---

Interamericano de Desenvolvimento (BID), com início efetivo em agosto de 1981. Entre seus objetivos, estão a redução das disparidades regionais; o melhor aproveitamento do potencial existente; o desenvolvimento de novas oportunidades econômicas; a melhoria do padrão de vida dos produtores rurais e a fixação do homem ao campo (PARANÁ. *Projeto Integrado de Apoio ao Pequeno Produtor Rural - Pro-Rural*. Curitiba: [s. n.], out. 1980).

[320] SILVA; MORAIS; BOF, 2006. p. 116.

[321] BRASIL. Ministério da Educação e Cultura. Departamento de Ensino Fundamental. Promunicípio. *Projeto de ação para o meio rural paranaense escola consolidada*. Belo Horizonte: [s. n.], maio 1977. p. 15-16, grifo do autor.

[322] MARRAFON, A. M. A. *O processo de nucleamento e fechamento das escolas rurais na região de São João da Boa Vista (SP)*. 2016. Dissertação (Mestrado em Educação) – Universidade Federal de São Carlos, São Carlos, 2016. p. 137.

[323] A municipalização do ensino segue orientações da Lei 5.692/1971, que descreve em seu Art. 58: "A legislação estadual supletiva, observado o disposto no artigo 15 da Constituição Federal, estabelecerá as responsabilidades do próprio Estado e dos seus Municípios no desenvolvimento dos diferentes graus de ensino e disporá sobre medidas que visem a tornar mais eficiente a aplicação dos recursos públicos destinados à educação. Parágrafo

> o que fazer com as escolas, [...] uma vez que o princípio da economicidade tangia as decisões.[324]

Em análise ao Projeto de Ação para o meio Rural Paranaense, "A Escola Consolidada", apresentado em 1977 no 3.º Encontro Nacional sobre o Ensino Municipal para a nucleação das escolas, ficou evidenciado que este objetivou o desenvolvimento integral das potencialidades do educando, "fixando-o na área em que reside e oferecendo-lhe condições técnicas compatíveis com as atividades usuais a que está habituado", além do "estabelecimento de métodos que possibilitem a melhoria qualitativa dos padrões técnicos de ensino"[325]. Considerando que até

> [...] meados dos anos 70 as escolas rurais municipais paranaenses eram escolas multisseriadas ofertando ensino até a 3ª ou 4ª séries apenas (87%), pelas mãos de professores leigos (64%) apresentavam alto índice de evasão e repetência de alunos (49%) na 1ª série. [326]

Segundo Ramos[327], tal cenário caracterizou-se enquanto "um programa de consolidação de escolas, visando à ampliação da escolaridade até a 8ª série, foi recebido de braços abertos pelos governos municipais".

No Paraná, segundo Pereira[328], a primeira escola a passar pelo processo de nucleação encontra-se na região metropolitana de Curitiba, no município de Campo Largo, distrito de Três Córregos: Escola Consolidada Augusto Pires de Paula (1981)[329].

Segundo Ramos, nesse período, o estado passava por um momento de grandes transformações sociais, ocasionada em especial pelo êxodo das populações rurais e consequente crescimento da população urbana, refletindo um desequilíbrio no campo educacional (oferta x demanda), como também

---

único. As Providências de que trata este artigo visarão à progressiva passagem para a responsabilidade municipal de encargo e serviços de educação, especialmente de 1º grau, que pela sua natureza possam ser realizados" (BRASIL. *Lei n.º 5.692, de 11 de agosto de 1971*. Fixa Diretrizes e Bases para o ensino de 1º e 2º graus, e dá outras providências. Brasília: Câmara dos Deputados, 1971. s/p. Disponível em: https://www2.camara.leg.br/legin/fed/lei/1970-1979/lei-5692-11-agosto-1971-357752-publicacaooriginal-1-pl.html. Acesso em: 8 out. 2021).

[324] MARRAFON, 2016, p. 137.
[325] BRASIL, 1977, p. 17-18.
[326] RAMOS, 1991, p. 20.
[327] RAMOS, 1991, p. 20.
[328] PEREIRA, R. E. A consolidação de escolas unidocentes como política de educação para a zona rural no estado do Paraná. Paraná: Annablume; Fundação Araucária, 2002.
[329] Para mais informações sobre a implementação da primeira escola, ver a dissertação de mestrado de Yara Pereira da Silva Lacerda, "Consolidação de escolas na zona rural do distrito de Três Córregos, município de Campo Largo, estado do Paraná: proposta de solução alternativa", apresentada à UFPR em 1983.

acarretando um processo de marginalização socioeconômica de indivíduos. Nesse contexto, a "educação rural, além de não fixar o homem ao seu meio, é elitizante se considerar que não é permitida a todo o contingente", já que não há quase oferta de ensino além da quarta série, ocasionando a evasão dos alunos para as sedes urbanas[330]. Sendo assim, a implantação das Escolas Rurais Consolidadas (ERCs) foi a alternativa encontrada pelo estado, naquela ocasião, para ampliar a igualdade de acesso à escolarização da população. Ramos, ao analisar os resultados obtidos pelo programa, descreve:

> O programa ERC brasileiro não constituiu exceção à regra, atuando como coadjutor no processo de modernização agrícola. Ampliou a escolarização na zona rural do Estado do Paraná para oito anos nos municípios beneficiados (45 em 290), melhorou o nível de formação dos professores atuantes nas escolas, mas foi impotente para conter a migração rural, igualar as oportunidades educacionais entre campo e cidade e valorizar a cultura local. Tampouco alterou o quadro de seletividade social e dos valores ideológicos dominantes veiculados pela escola. Porém, essa culpa não pode ser imputada ao programa, por ser uma característica do aparelho escolar como um todo.[331]

Além da nucleação, com o objetivo de reparar as adversidades encontradas na área rural, o Plano Estadual de Educação e Cultura (1976-1979) propôs a ampliação da oferta de matrículas com predominância pela expansão da rede municipal e a criação de mecanismos de cooperação estado/município. Levando em conta que o ensino municipal enfrentava dificuldades em manter a sua rede, Ramos afirma:

> [...] já que tem a seu encargo a maior percentagem de estabelecimentos de 1º grau, além do que, das 9.724 escolas municipais, apenas 92 se adequaram à nova lei e ao Sistema Estadual de Ensino. As escolas municipais: oferecem 795.574 matrículas em distritos e zonas rurais, porém sem oferecer terminalidade, "provocando uma 'corrida 'para as escolas de zonas urbanas" e um desequilíbrio entre os fatores qualidade e quantidade. Em face deste quadro, há necessidade de facilitar a transferência de encargos educacionais aos Municípios através da aplicação de recursos públicos e da prestação de assistência técnico-pedagógica com vistas a minimizar os problemas de repetência/evasão e ampliar as oportunidades e facilidades educacionais.[332]

---

[330] RAMOS, 1987, p. 147.
[331] RAMOS, 1991, p. 23.
[332] *Id.*, 1987, p. 148.

Para tanto, o estado, segundo o Plano Estadual de Educação e Cultura (1976-1979), dispôs-se a apoiar técnica e financeiramente os municípios, por meio da reordenação do Fundo Estadual; do desenvolvimento de modelos organizacionais de estruturas administrativas de Secretarias e/ou Departamentos de Educação Municipais; da introdução de mecanismos permanentes de assistência técnica e administrativa; da oferta aos professores leigos de cursos supletivos; da promoção da implantação do ensino de primeiro grau ao nível de sexta série, em distritos e zonas rurais; da promoção da implantação de seriação, calendário e currículo ajustado às condições de distritos e zonas rurais, objetivando minimizar os índices de evasão e repetência e do oferecimento de habilitação profissional para o exercício do magistério[333].

Embora o programa não tenha atingido integralmente seus objetivos iniciais, como já apresentado por Ramos[334], considerando o número quantitativo de matrículas, foi possível acompanhar um notável avanço, de acordo com os dados expostos no Plano Estadual de Educação e Cultura (1976-1979), organizados na tabela a seguir, na qual se observa um crescimento considerável no total de matrículas tanto da área urbana como da área rural.

Tabela 8.3 – Matrículas efetivadas na zona urbana e rural (Paraná)

ANO	URBANA		RURAL	
	População (7 a 14 anos)	% de matrículas[335]	População (7 a 14 anos)	% de matrículas
1970	536.063	91,6	980.368	55,6
1975	742.380	106,4	1.188.576	66,9
1979	916.378	121,2	1.551.996	75,9

Fonte: as autoras, com base nos dados de Paraná (1975)

Já em relação à Educação Física nesse contexto paranaense, no qual a maioria da população se caracterizava como habitante da área rural,

---

[333] PARANÁ. Plano Estadual de Educação e Cultura 1976-1979. Curitiba: [s. n.], 1975. p. 32-33.
[334] RAMOS, 1991.
[335] O percentual, em alguns casos nesta tabela, ultrapassa o total de 100% do número populacional registrado pelo censo demográfico, devido ao elevado quantitativo de registro de matrículas de habitantes advindos da área rural. Dentre as razões, destacam-se três: 1. a falta de instituições escolares próximas ao local de moradia; 2. Os responsáveis trabalharem na área urbana, e por esse motivo acabavam trazendo consigo os filhos e matriculando-os em escolas próximas ao seu local de trabalho; 3. em busca de escolas com melhores condições, considerando que as escolas rurais em comparação com as escolas urbanas ficavam em desvantagem quando comparadas em estrutura física, materiais e formação de profissionais.

em pesquisa realizada nos currículos da década de 70, observou-se que a Secretaria Estadual de Educação e Cultura, sob a coordenação de Cândido Manuel Martins de Oliveira, refletia em seus documentos oficiais as orientações nacionais no que se referia à obrigatoriedade da Educação Física, nos níveis de primeiro e segundo graus.

Por exemplo, no *Currículo* de 1973, no Título I, o qual foi nomeado como o da Ordenação Curricular, expôs-se que a Educação Física "terá uma característica 'pré-nuclear', quer como atividade, área de estudo ou disciplina e terá autonomia no seu planejamento, controle e avaliação"[336]. Para elucidar melhor essa classificação, o documento ainda se pautava na seguinte organização:

> Nas primeiras quatro séries de 1º grau (curso primário), a Educação Física terá características recreativas, os conteúdos serão operacionalizados de forma globalizada, com predominância e não exclusividade por atividade; nos anos restantes do 1º grau (curso ginasial) enfatizando a iniciação desportiva por unidade didática, portanto com predominância e não exclusividade por área de estudo e no 2º grau com predominância e não exclusividade em forma de disciplina, com possibilidade de opção do educando por modalidades desportivas.[337]

Sobre os objetivos, o documento respalda-se no Artigo 1º da Lei federal n.º 4.024[338], de dezembro de 1961, que trata sobre os fins da educação nacional, e também no Decreto federal n.º 69.450, de 1º de novembro de 1971. Além disso, declara como "imprescindível, que os objetivos e conteúdos abarquem aspecto de ordem psico-motora, cognitiva e afetiva e que se proceda, obrigatoriamente, a integração com todas as matérias constantes do currículo"[339].

Consta também no *Currículo*[340] a orientação de que as aulas de Educação Física devessem acontecer nas primeiras horas/aula da manhã e nas últimas da tarde, com três sessões semanais para as turmas de primeira a oitava série[341] e segundo grau dos cursos diurnos, e duas sessões semanais

---

[336] PARANÁ. *Currículo*. Governo Emílio Hoffmann Gomes. Curitiba: dez. 1973. Ano 1, n. 3. p. 75.
[337] *Ibid.*, p. 76.
[338] Primeira LDB.
[339] PARANÁ, 1973, p. 76.
[340] *Ibid.*, p. 78.
[341] O documento apresenta uma especificidade para a orientação da Educação Física no primeiro grau (primeira e quarta série), a qual "deverá ser ministrada em regime de polivalência, até 3 (três) sessões semanais, de

para os cursos noturnos (distribuídas durante a semana, evitando mais de uma aula/dia), as quais deveriam ter a duração de 50 minutos cada.

Nesse cenário, cabia ao professor de Educação Física a responsabilidade de acompanhamento do desenvolvimento dos alunos por meio da realização de exames biométricos, que, segundo o documento, teriam de ser realizados duas vezes ao ano: na primeira quinzena do início das aulas e na última quinzena do ano letivo. Os resultados obtidos deveriam ser registrados em espaços próprios do diário de classe[342].

Como orientação para o planejamento, os professores deveriam seguir os conteúdos programáticos mínimos, subdivididos por séries:

Quadro 8.1 – Conteúdos programáticos, *Currículo* (1973)

CONTEÚDOS	SÉRIES										
	1	2	3	4	5	6	7	8	1	2	3
Ginástica Educativa	X	X	X	X	X	X	X	X	X	X	X
Atletismo	X	X	X	X	X	X	X	X	X	X	X
Ginástica Olímpica – Competição			X	X	X	X	X	X	X	X	X
Pequenos Jogos	X	X	X	X	X	X	X	X	X	X	X
Jogos Pré-Desportivos			X	X	X	X	X	X			
Natação	X	X	X	X	X	X	X	X	X	X	X
Dança Folclórica e Criativa	X	X	X	X	X	X	X	X	X	X	X
Andebol [sic]						X	X	X	X	X	X
Basquetebol						X	X	X	X	X	X
Volibol [sic]						X	X	X	X	X	X
Campismo			X	X	X	X	X	X	X	X	X
Higiene e Saúde	X	X	X	X	X	X	X	X	X	X	X
Organização Desportiva e Arbitragem								X	X	X	X

Fonte: Paraná (1973, p. 82)

conformidade com o currículo do estabelecimento" (PARANÁ, 1973, p.76). Ou seja, os professores regentes da turma tinham a responsabilidade de também ministrar a Educação Física, assim como as demais disciplinas da grade curricular, com exceção do segundo grau.

[342] PARANÁ, 1973, p. 80.

Para o desenvolvimento dos conteúdos propostos, também foi apresentada no *Currículo* (1973) a orientação de como realizar a abordagem de forma gradativa de aprofundamento de acordo com cada série. E, além dos conteúdos programáticos apresentados no quadro anterior, o planejamento anual deveria contemplar mais de uma atividade complementar com o objetivo de integrar a ação educativa da escola com a família/comunidade. Como atividades complementares[343], foram consideradas:

> a) competições desportivas (internas e externas);
>
> b) atividades recreativas (festas juninas festas escolares, gincanas, dia de recreio, etc...);
>
> e) comemorações cívicas;
>
> d) demonstrações gimno-rítmicas.[344]

No que diz respeito ao processo avaliativo, o *Currículo* (1973) indicava que "a avaliação da Educação Física será tratada como qualquer outra atividade, áreas de estudo ou disciplina". Para tanto, nenhum aluno seria eximido de tal processo, que poderia ser composto por "testes, provas, trabalhos, pesquisas, ou outros meios de controle previstos em planejamento"[345].

No entanto, embora houvesse esses documentos legais paranaenses respaldados nas diretrizes nacionais, que corroborassem a obrigatoriedade do ensino da Educação Física, e até mesmo orientassem a estruturação do ensino dentro das escolas (carga horária, grade curricular e avaliação), na prática, ao ouvir algumas docentes que atuaram na carreira do magistério durante a década de 70[346], a Educação Física não fez parte do contexto educativo de todas as escolas rurais, consequentemente não esteve presente nas discussões pedagógicas no interior das escolas.

Tal ausência não aconteceu somente no âmbito das escolas rurais, no início da década de 80. Em novembro de 1984, houve a necessidade de nova Resolução n.º 7.251, aprovando o "Regulamento para o ensino e a prática

---

[343] O documento aponta as atividades complementares como um coroamento do processo de ensino-aprendizagem e, portanto, um instrumento de avaliação relevante. Por meio destas, os alunos teriam a possibilidade de "aprimorar o controle emocional, as qualidades de comando e liderança, incentivar a esportividade, a cooperação, a lealdade, o respeito aos direitos dos semelhantes, o auto-domínio e outros valores para o desenvolvimento da personalidade" (PARANÁ, 1973, p.84-85).

[344] PARANÁ, 1973, p. 84.

[345] *Ibid.*, p. 85.

[346] Esta pesquisa está registrada sob o parecer número 4.338.685.

de Educação Física nos Estabelecimentos da Rede Estadual de Ensino de 1º e 2º Graus do Estado do Paraná"[347].

Este documento legal trouxe novamente a apresentação da Educação Física como prática obrigatória nas escolas, de forma a integrar o currículo pleno dos cursos de primeiro e segundo grau, destacando também as suas finalidades:

> [...]o desenvolvimento corporal e mental harmonioso, e despertar do espírito solidário, a criatividade, a formação integral da personalidade, o emprego útil do tempo de lazer, a conservação da saúde, o fortalecimento da vontade e a implantação dos hábitos sadios, fatores básicos na conquista do aprimoramento do educando e da Educação Nacional.[348]

Quanto aos objetivos, a Resolução n.º 7.251subdivide as orientações em níveis I (primeiro grau, de primeira a quarta série, pré-escolar e educação especial); II (primeiro grau, de quinta a oitava série); III (segundo grau); e IV (ensino supletivo e regular noturno):

> I – No ensino de 1º Grau de 1ª à 4ª séries, Pré-Escolar e Educação Especial, por atividades que estimulem o desenvolvimento das capacidades naturais da criança, o desenvolvimento motor e a aprendizagem motora.
>
> II – No ensino de 1º Grau, de 5ª à 8ª séries, por atividades que contribuam para o aprimoramento integrado de todas as potencialidades físicas, psíquicas e sociais do educando, o aprimoramento da aptidão física e a iniciação aos diferentes desportos.
>
> III – No ensino de 2º Grau, por atividades que estimulem a aquisição de novas habilidades para o desenvolvimento da aptidão física e da prática desportiva.
>
> IV – No ensino supletivo e regular noturno de 1º e 2º Graus, por atividades de caráter desportivo recreativas, a fim de estimular e desenvolver habilidades.[349]

Em relação ao número de sessões semanais e duração das aulas, poucas foram as alterações percebidas em relação ao *Currículo* de 1973 (explorado anteriormente). As turmas de primeiro e segundo grau diurnas continua-

---

[347] PARANÁ. *Resolução 7.251/84*. Aprova o Regulamento para o ensino e a prática da Educação Física nos Estabelecimentos da Rede Estadual de Ensino de 1º e 2º Graus, do Estado do Paraná. Curitiba: [s. n.], 1984. p. 629.

[348] *Ibid.*, p. 631.

[349] *Ibid.*, p. 631-632.

ram com a orientação de três sessões semanais (em três dias[350]), e os cursos noturnos, com duas sessões semanais (em dois dias).As mudanças foram percebidas apenas na redução da duração das aulas de 50 minutos para 40 minutos, para as turmas dos anos iniciais (primeira a quarta série), além da inclusão de orientações para a Educação Especial, cuja indicação da Resolução n.º 7.251/1984 foi que a Educação Física fosse ministrada a este público conforme as necessidades e características apresentadas por cada turma (podendo variar tanto no número de sessões quanto no tempo de duração das aulas).

A avaliação, no entanto, continuou sendo percebida fundamentalmente sobre o referencial da aptidão física, orientando que se deveria considerar o processo de desenvolvimento individual de cada estudante tendo em vista aspectos práticos do domínio psicomotor dos conteúdos abordados em aula[351].

Em relação aos professores e formação para a docência das aulas de Educação Física, diferentemente do *Currículo* de 1973, a Resolução n.º 7.251/1984 não apresentou menção aos professores das primeiras séries do primeiro grau, apenas trazia indicações para as turmas de quinta a oitava série e para o segundo grau. E, para estas, "exigir-se-á a habilitação específica obtida em curso superior de graduação correspondente à Licenciatura Plena"[352].

Com essa explanação sobre a presença da Educação Física no Paraná (1940-1985) com enfoque nas escolas rurais, foi possível perceber que a Educação Física se fez presente nos documentos da legislação norteadora no ensino do estado desde o início do período estudado e, continuamente, foi fundamentada e atualizada seguindo os princípios e concepções da legislação nacional vigente.

Contudo, é importante relembrar que seus primeiros passos no reduto escolar se deram como "auxiliar" das áreas de conhecimento que levavam o título de disciplina, com objetivos exclusivamente pautados no desenvolvimento físico dos estudantes; e, embora houvesse respaldo legal para que se fizesse presente no meio educacional, o acompanhamento para que essa incorporação ocorresse de forma totalitária nas escolas não era efetivo.

---

[350] Ou seja, assim como nas orientações encontradas no Currículo de 1973, a Resolução n.º 7.251/1984 também orienta em seu Art. 6º que "as sessões semanais de Educação Física de 1º e 2º Graus deverão ser realizadas, preferencialmente, em dias alternados e, em hipótese alguma, com concentração de atividades em um mesmo dia (alternar dia)" (PARANÁ, 1985, p. 633).

[351] PARANÁ, 1984, p. 635.

[352] *Ibid.*, p. 638.

Referências

BRASIL. *Lei n.º 4.024, de 20 de dezembro de 1961*. Fixa as Diretrizes e Bases da Educação Nacional. Brasília: Câmara dos Deputados, 1961. Disponível em: https://www2.camara.leg.br/legin/fed/lei/1960-1969/lei-4024-20-dezembro-1961-353722-publicacaooriginal-1-pl.html. Acesso em: 17 fev. 2023.

BRASIL. *Lei n.º 5.692, de 11 de agosto de 1971*. Fixa Diretrizes e Bases para o ensino de 1º e 2º graus, e dá outras providências. Brasília: Câmara dos Deputados, 1971. Disponível em: https://www2.camara.leg.br/legin/fed/lei/1970-1979/lei-5692-11-agosto-1971-357752-publicacaooriginal-1-pl.html. Acesso em: 8 out. 2021.

BRASIL. Ministério da Educação e Cultura. Departamento de Ensino Fundamental. Promunicípio. *Projeto de ação para o meio rural paranaense escola consolidada*. Belo Horizonte: [s. n.], maio 1977.

INSTITUTO BRASILEIRO DE GEOGRAFIA E ESTATÍSTICA (IBGE). *Anuário estatístico do Brasil*. Rio de Janeiro: IBGE, 1908-2022. Disponível em: https://biblioteca.ibge.gov.br/biblioteca-catalogo?id=720&view=detalhes. Acesso em: 27 fev. 2023.

INSTITUTO BRASILEIRO DE GEOGRAFIA E ESTATÍSTICA (IBGE). *Censo demográfico*: 1960. Rio de Janeiro: IBGE, 1960. Disponível em: https://biblioteca.ibge.gov.br/index.php/bibliotecacatalogo?id=768&view=detalhes. Acesso em: 27 fev. 2023.

INSTITUTO BRASILEIRO DE GEOGRAFIA E ESTATÍSTICA (IBGE). *Censo demográfico*: 1970. Rio de Janeiro: IBGE, 1970. Disponível em: https://biblioteca.ibge.gov.br/biblioteca-catalogo.html?id=769&view=detalhes. Acesso em: 27 fev. 2023.

INSTITUTO BRASILEIRO DE GEOGRAFIA E ESTATÍSTICA (IBGE). *Censo demográfico*: 1980. Rio de Janeiro: IBGE, 1980. Disponível em: https://biblioteca.ibge.gov.br/index.php/bibliotecacatalogo?view=detalhes&id=772. Acesso em: 27 fev. 2023.

INSTITUTO BRASILEIRO DE GEOGRAFIA E ESTATÍSTICA (IBGE). *Sinopse preliminar do censo demográfico– 1991*. Paraná: IBGE, 1991. v. 5, n. 20. Disponível em: https://biblioteca.ibge.gov.br/visualizacao/periodicos/309/cd_1991_v6_n20_pr.pdf. Acesso em: 27 fev. 2023.

MARRAFON, A. M. A. *O processo de nucleamento e fechamento das escolas rurais na região de São João da Boa Vista (SP)*. 2016. Dissertação (Mestrado em Educação) – Universidade Federal de São Carlos, São Carlos, 2016.

PARANÁ. *Currículo*. Governo Emílio Hoffmann Gomes. Curitiba: dez. 1973. Ano 1, n. 3.

PARANÁ. *Decreto n.º 9.060, de 30 de março de 1953*. Aprova os Programas Experimentais para as Escolas Isoladas. Curitiba: [s. n.], 1953.

PARANÁ. Palácio do Governo em Curitiba. *Lei 4978 - 05 de dezembro de 1964*. Estabelece o sistema estadual de ensino. Curitiba: Legislação, Casa Civil, 1964. Disponível em: https://www.legislacao.pr.gov.br/legislacao/exibirAto.do?action=iniciarProcesso&codAto=12350&codItemAto=413461. Acesso em: 21 fev. 2023.

PARANÁ. *Plano de aplicação do Projeto de Coordenação e Assistência Técnica ao Ensino Municipal*. Curitiba: Promunicípio, 1976.

PARANÁ. *Plano Estadual de Educação e Cultura 1976-1979*. Curitiba: [s. n.], 1975.

PARANÁ. *Projeto Integrado de Apoio ao Pequeno Produtor Rural - Pro-Rural*. Curitiba: [s. n.], out. 1980.

PARANÁ. *Resolução 7.251/84*. Aprova o Regulamento para o ensino e a prática da Educação Física nos Estabelecimentos da Rede Estadual de Ensino de 1º e 2º Graus, do Estado do Paraná. Curitiba: [s. n.], 1984.

PEREIRA, R. E. *A consolidação de escolas unidocentes como política de educação para a zona rural no estado do Paraná*. Paraná: Annablume; Fundação Araucária, 2002.

RAMOS, L. M. P. C. *As escolas consolidadas paranaenses: mito e realidade*. 1987. Dissertação (Mestrado em Educação) – Universidade Federal do Paraná, Curitiba, 1987.

RAMOS, L. M. P. C. *Escolas Rurais Consolidadas*: a experiência paranaense. Cadernos de Pesquisa (Fundação Carlos Chagas), São Paulo, n. 77, p. 19-24, 1991.

RAMOS, J. J. Panorama mundial da educação física e atividades correlatas. *Revista Brasileira de Educação Física e Desportos*, Brasília, n. 9, p. 18-26, 1970.

SILVA, L. H; MORAIS, T. C.; BOF, A. M. A educação no meio rural do Brasil: revisão da literatura. *In*: BOF, A. M.; SAMPAIO, C. E. M. *A educação no Brasil rural*. Brasília: Inep, p. 63-139, 2006.

VASCONCELLOS, E. A. Agrupamento de escolas rurais: alternativa para o impasse da educação rural? *Cadernos de Pesquisa*, São Paulo, n. 86,

9

CONTRADIÇÕES DAS POLÍTICAS DE EDUCAÇÃO DO CAMPO NO ESTADO DO PARANÁ

Silvana Cassia Hoeller

A estruturação nacional da política de educação do campo iniciou no ano de 2000 como resultado das reivindicações dos movimentos sociais. Nos marcos regulatórios da educação, esse processos e evidencia nas Diretrizes Operacionais da Educação do Campo[353], sendo concretizado no Plano Nacional de Educação (PNE, 2014 a 2024)[354]. Nesse contexto, o estado do Paraná acompanhou os movimentos históricos da política pública da educação do campo, o que nos possibilita neste capítulo refletir sobre os desafios e as contradições da construção da política pública de educação do campo paranaense.

Para alcançar o objetivo da nossa caminhada, trouxemos o processo histórico como marco inicial da estruturação da política pública, fundamentada na luta dos sujeitos do campo, em que os marcos regulatórios foram decorrências dos avanços e desafios do estado. Nesse contexto, discutimos o reconhecimento das escolas do campo no Paraná como um ponto fundante de avanço, porém, ao mesmo tempo, que representa dialeticamente um desafio que traz a necessidade da formação política da comunidade escolar.

Enfim, busca-se visibilizar a caminhada histórica da educação do campo no Paraná trazendo as dimensões que os marcos normativos alcançaram e deram à concretude das ações, estabelecendo demandas como a própria formação docente com o intuito de fortalecer a política pública. Simultaneamente, no entanto, revelam-se empecilhos ao reconhecimento profissional dos sujeitos habilitados na área específica.

---

[353] BRASIL. Ministério da Educação. Conselho Nacional de Educação. Câmara de Educação Básica. *Resolução CNE/CEB 1, de 3 de abril de 2002*. Institui Diretrizes Operacionais para a Educação Básica nas Escolas do Campo. Brasília: MEC/CNE/CEB, 2002. Disponível em: http://portal.mec.gov.br/index.php?option=com_docman&view=download&alias=13800-rceb001-02-pdf&category_slug=agosto-2013-pdf&Itemid=30192. Acesso em: 30 jun. 2023.

[354] Id. *Lei n.º 13.005, de 25 de junho de 2014*. Aprova o Plano Nacional de Educação - PNE e dá outras providências. Brasília: Presidência da República, 2014. Disponível em: http://www.planalto.gov.br/ccivil_03/_ato2011-2014/2014/lei/l13005.htm. Acesso em: 1 out. 2019.

Processo histórico da política pública no Paraná

O estado do Paraná abrangeu na sua estrutura uma política de inclusão da educação do campo. Esse processo fez parte de uma construção histórica que no estado teve início "nos anos de 1990, em que ocorreram importantes iniciativas de alfabetização de jovens e adultos nos assentamentos da reforma agrária, mediante ação do MST"[355] em parceria com o governo.

Em 1998, o Paraná organizou um encontro com a Comissão Pastoral da Terra e o Movimento dos Trabalhadores Rurais Sem Terra (MST) com a intenção de discutir e preparar a participação na 1.ª Conferência Nacional de Educação Básica do Campo (Cnec), de acordo com a Articulação Paranaense por uma Educação do Campo (Apec): "a participação no I CNEC foi um marco"[356].

Em 1999 foi realizado o Encontro de Educação do Campo e Agricultura Familiar, que teve o objetivo de discutir políticas públicas para o campo. Com essa iniciativa, foi organizada no ano de 2000 a 1.º Conferência Estadual no Município de Porto Barreiro/PR, que resultou na Carta de Porto Barreiro[357]. Essa conferência originou a Articulação Paranaense por uma Educação do Campo, constituída em 2001, que passou a representar um movimento de resistência no contexto do estado, reunindo diversas instituições e movimentos.

No âmbito do governo paranaense, com a constatação do analfabetismo nos assentamentos, "foi criado pelo governo estadual, na gestão 1992-1994, o Programa Especial Escola Gente da Terra, que tinha como propósito 'dar um atendimento específico e diferenciado' aos povos do campo"[358]. Em 2002, foi inaugurada a Secretaria de Estado da Educação do Paraná (Seed)[359], a Coordenação da Educação do Campo, que funcionava com o Departamento da Diversidade[360].

A Carta do Paraná origina-se do 2.º Seminário Estadual de Educação do Campo do Paraná, de abril de 2005, que contou com a participação de membros da secretaria, das Instituições de Ensino Superior (IESs), dos movimentos e

---

[355] PARANÁ. Secretaria de Estado da Educação. *Diretrizes Curriculares da Educação do Campo*. Curitiba: Seed, 2006. p. 20. Disponível em: http://diaadiaeducacao.pr.gov.br. Acesso em: 1 out. 2019.
[356] ARTICULAÇÃO PARANAENSE POR UMA EDUCAÇÃO DO CAMPO (APEC). *Texto base*: Encontro Estadual da Articulação Paranaense por uma Educação do Campo. Candói: [s. n.], 2013. Caderno n. 4. p. 5.
[357] Ibid.
[358] PARANÁ, 2006, p. 20.
[359] Utilizarei apenas a sigla Seed.
[360] *Ibid.*, p. 20.

organizações sociais, entre outros, que se reuniram e apresentaram as demandas referentes às políticas públicas educacionais voltadas aos sujeitos do campo.

No ano de 2006, como resultado da articulação entre o Estado do Paraná, professores da rede pública estadual, instituições de ensino superior e representantes de entidades e movimentos sociais de base popular, foram publicadas as *Diretrizes Curriculares da Educação do Campo* (DCE)[361], que, conforme o próprio texto afirma,

> [...] chegam às escolas como um documento oficial que traz as marcas de sua construção: a horizontalidade, que abraçou todas as escolas e núcleos regionais de educação do Estado e a polifonia, que faz ressoar nelas as vozes de todos os professores das escolas públicas paranaenses.[362]

As *Diretrizes* fazem parte das orientações para a gestão de políticas públicas da educação do campo. Esse documento retoma alguns conceitos preciosos para a educação do campo, como: concepção de mundo; concepção de escola; concepção de conteúdos e metodologias de ensino; concepção de avaliação, além de resgatar a compreensão dos eixos temáticos como

> [...] problemáticas centrais a serem focalizadas nos conteúdos escolares. Guardam relação com os relatos dos professores nos diversos encontros já realizados no estado e relação com a concepção de educação do campo presente nestas Diretrizes.[363]

Os eixos temáticos elaborados nas DCEs contemplam os seguintes assuntos: trabalho; cultura e identidade; interdependência campo-cidade, questão agrária e desenvolvimento sustentável; organização política, movimentos sociais e cidadania. Assuntos esses que trazem os princípios da educação do campo e guardam uma relação com a realidade. Esse documento apresenta metodologias alternativas, expondo propostas de organização do espaço escolar e dos saberes na concretude do vivido e a formação do conhecimento. Em relação às DCEs de 2006, no Simpósio Estadual de Educação do Campo realizado em Faxinal do Céu/PR, uma das reivindicações era de que as diretrizes fossem realmente implantadas[364], ou seja, uma proposta que até aquele momento estava apenas no papel, mas não estava presente na concretude da realidade da escola do campo, necessitando de condições para sua difusão.

---

[361] Utilizarei apenas a sigla DCE.
[362] PARANÁ, 2006, p. 5.
[363] *Ibid.*, p. 34.
[364] APEC, 2013.

Outro documento importante para compreender a política pública no Paraná é o caderno temático *Educação do campo*[365], que "faz parte de uma série, produzido para subsidiar a prática educacional prioritariamente no âmbito das escolas da Rede Pública de Ensino", e abre as discussões com os principais problemas e desafios da educação do campo no Paraná. Os cadernos da série tiveram a função de ser um subsídio para um debate que estava aflorando nas escolas do campo.

Em referência ao Plano Estadual de Educação (PEE/PR) aprovado em 2015 pela Lei n.º 18.492, foi elaborada uma síntese em forma de quadro para auxiliar a compreensão das políticas públicas voltadas à educação do campo. Na lei de aprovação, faço o destaque para o Art. 8º, que estabelece estratégias que "consideram as necessidades específicas das populações do campo e das comunidades indígenas, quilombolas e demais grupos sociais singulares, asseguradas a equidade educacional e a diversidade cultural"[366], acompanhando a discussão nacional.

Quadro 9.1 – Metas e estratégias do Plano Estadual de Educação do Paraná (2015-2024)

META	ESTRATÉGIA
01: Universalização até 2016, a Educação Infantil[...].	1.10 garantir a educação das populações [...].
02:Universalizar o Ensino Fundamental de nove anos[...].	2.3 elaborações de materiais pedagógico específicos[...]. 2.10 Ampliar a oferta de vagas e garantir acesso e permanência no Ensino Fundamental às populações do campo.
03:Universalizar, até 2016, o atendimento escolar para toda a população de 15 a 17 anos[...].	3.1 Assegurar e ampliar oferta e matrícula no Ensino Médio, incluindo as populações do campo[...].
07:Fomentar a qualidade da Educação Básica[...].	7.24 Consolidar propostas pedagógicas curriculares específicas à educação escolar para escolas do campo[...].

---

[365] PARANÁ. Secretaria de Estado da Educação. *Educação do campo*. Curitiba: Seed, 2008. (Cadernos temáticos). p. 5.
[366] Id. *Lei n.º 18.492, de 24 de junho de 2015*. Aprovação do Plano Estadual de Educação e adoção de outras providências. Curitiba: Casa Civil, 2015a. s/p. Disponível em: https://leisestaduais.com.br/pr/lei-ordinaria-n-18492-2015-paranaaprovacao-do-plano-estadual-de-educacao-e-adocao-de-outras-providencias. Acesso em: 10 out. 2019.

META	ESTRATÉGIA
Meta 8: Elevar a escolaridade média da população de 18 a 29 anos, de modo a alcançar, no mínimo, 12 anos de estudo, no último ano de vigência deste Plano, para as populações do campo[...].	[As estratégias não falam diretamente sobre o campo.]
15:Garantir, em regime de colaboração entre a União, o Estado[...].	15.4 Fortalecer a execução de programas específicos para formação de profissionais da educação para atuarem na Educação do Campo[...].

Fonte: Paraná (2019, s/p)

As estratégias relacionadas à educação do campo explicitam a palavra "inclusive" como se lêssemos "inclusive o campo", apresentando similaridade com o PNE 2014-2024, mas dentro de uma perspectiva diferenciada. Percebe-se que o documento parece acrescentar apenas a palavra "campo", sem muita articulação com o restante da orientação. A projeção das políticas públicas relacionadas à educação do campo para o estado do Paraná aparenta um processo de homogeneização, mas que explicita contradições que serão reveladas nos dados do Instituto Nacional de Estudos e Pesquisas Educacionais Anísio Teixeira (Inep).

Assim, em relação aos dados sobre a educação do campo no estado do Paraná, temos a seguinte realidade:

Tabela 9.1 – Número de matrículas por localização da unidade da Federação

ETAPA	URBANA	RURAL
Ensino fundamental, séries iniciais	732.523	49.332
Ensino fundamental, séries finais	612.105	33.255
Ensino médio	406.654	18.244

Fonte: Inep (2019)

Na tabela *supra*, temos as seguintes explicitações: as matrículas urbanas representam hoje83% do total. E mais de 50% dos estudantes que entram nas séries iniciais chegam ao ensino médio, dado esse que corresponde à área urbana. Em contraposição, na área rural, apenas 33% conseguem acessar o ensino médio.

Tabela 9.2 – Escolaridade docente e formação

ETAPA	COM LICENCIATURA	SEM LICENCIATURA	APENAS ENSINO MÉDIO
Ensino fundamental, séries iniciais	42.877	590	4.467
Ensino fundamental, séries finais	37.976	660	1.032
Ensino médio	31.343	1.280	624

Fonte: Inep (2019)

Em relação à escolaridade docente, temos no Paraná aproximadamente 6 mil docentes que não completaram e/ou acessaram o ensino superior. Isso em um estado que concentra seis universidades públicas, as quais possuem campi em vários locais do Paraná.

Tabela 9.3 – Número de docentes

ETAPA	URBANA	RURAL
Ensino fundamental, séries iniciais	44.906	3.516
Ensino fundamental, séries finais	36.467	5.269
Ensino médio	31.343	3.408

Fonte: Inep (2019)

A área rural na atualidade concentra 10% dos docentes da rede de ensino. Isso se dá por diversos fatores, um deles relacionado ao número de estabelecimentos que estão ativos; consequentemente, ao número de estudantes matriculados.

Tabela 9.4 – Número de estabelecimentos

ETAPA	URBANA	RURAL
Ensino fundamental, séries iniciais	3.439	850
Ensino fundamental, séries finais	2.088	407
Médio	1.752	248
Total	**7.279**	**1.505**

Fonte: Inep (2019)

O número de estabelecimentos rurais expostos na Tabela 9.4 concretiza-se como um dos problemas para as populações do campo. Em 2000, o Censo Escolar[367] contabilizou 3.043 escolas do campo, mas em 2008 esse número caiu para 1.775. O dado de 2018 contabiliza 1.505 estabelecimentos do campo, ou seja, de 2008 a 2018, foram desativadas 270 unidades escolares do campo no Paraná. E, em 18 anos (2000 a 2018), 3.313 unidades escolares foram fechadas.

Esse processo de fechamento significa a restrição de acesso à educação, o desaparecimento de comunidades que viviam em torno da escola, a saída das populações do campo em busca de educação para os jovens, entre outras consequências.

Os marcos regulatórios que estão presentes na estrutura dos entes federados que especificam o atendimento às populações do campo apresentam movimentos contraditórios que se materializam nos dados. São condições provisórias que podem ou não ser superadas, mas que dependem do desvelar do real. Os movimentos sociais têm um papel fundamental nesse campo repleto de contradições, em que as pressões e os tensionamentos serão essenciais para a superação das condições apresentadas.

O reconhecimento da identidade das escolas do campo no Paraná: superações na política de educação do campo

O Parecer CEE/CEB n.º 1.011/10[368] teve como objetivo "Estabelecer critérios para se definir a localização e a identidade das Escolas do Campo" no estado; e regulamentar uma situação que estava aflorando no Paraná sobre a solicitação das escolas rurais de serem reconhecidas como escolas do campo, resultando não apenas na mudança de nome do estabelecimento, mas também em outra concepção de trabalho, de atitudes e de mundo.

Para fazer a gestão desse processo, o parecer construiu uma argumentação que passou pela definição de quais municípios foram considerados dentro do perímetro rural, ficando da seguinte forma o texto do documento: "dos 345 Municípios que apresentam densidade demográfica inferior a 80

---

[367] INSTITUTO NACIONAL DE ESTUDOS E PESQUISAS EDUCACIONAIS ANÍSIO TEIXEIRA (INEP). *Censo escolar*. Brasília: Inep, 2004-2017. Disponível em: http://inep.gov.br/sinopses-estatisticas-da-educacao-basica. Acesso em: 12 mar. 2018.

[368] PARANÁ. Conselho Estadual de Educação. Câmara de Educação Básica. *Parecer CEE/CEB n.º 1011/10*. Curitiba: CEE/CEB, 2010a. p. 1. Disponível em: http://www.educacao.pr.gov.br/arquivos/File/pareceres/parecer10112010.pdf. Acesso em: 10 out. 2019.

hab./km², agrega-se "como critério a existência de 50% da população estar ocupada na economia agrícola/agroindústria"³⁶⁹. Significa um percentual de 53% da população paranaense que estava sendo considerada como espaço campo.

Assim, a Seed relata no parecer que:

> Para a construção da definição Escola do Campo, assim como, do método de trabalho para a realização do diagnóstico, o Departamento da Diversidade, através da Coordenação da Educação do Campo realizou 02 (duas) reuniões técnicas com os coordenadores dos Núcleos Regionais de Educação (NRE). Essas reuniões foram realizadas entre os meses de abril e maio de 2009, no Município de Curitiba. Embasado no tripé: Escola – Sujeitos – Localização, ficou decidido que a Escola do Campo é aquela que se localiza no perímetro rural e nos distritos dos Municípios e recebem sujeitos oriundos do campo, tais como: pequenos agricultores, assentados, acampados, meeiros, posseiros, arrendatários, quilombolas, faxinalenses, boias-frias, entre outros.³⁷⁰

Com esse levantamento realizado pela Seed, chegou-se à conclusão de que "no Paraná existem 161 escolas que podem ser identificadas como Escolas do Campo, mas que ainda não oficializaram sua condição junto aos sistemas oficiais de registro escolar"³⁷¹. Existia um protocolo que era seguido pela Seed em que a escola solicitava a sua identidade como escola do campo.

A definição da identidade da escola do campo foi orientada pelo documento:

> A identidade da escola do campo é definida pelo contexto sociocultural no qual está inserida, entendido este como trabalho com a terra, moradia e produção da vida cultural centralizada nas relações sociais vividas no campo.³⁷²

O que o Parecer CEE/CEB n.º 1.011/10³⁷³ apresenta considerado como superação foi este ponto: "A <u>identidade da escola do campo</u> deverá <u>ser definida pela comunidade escolar em conjunto com a comunidade local,</u> devendo participar do momento de definição os gestores municipais

---

³⁶⁹ *Ibid.*, p. 10-11.
³⁷⁰ *Ibid.*, p. 11-12, grifo meu.
³⁷¹ *Ibid.*, p. 13.
³⁷² *Ibid.*, p. 14.
³⁷³ *Ibid.*, grifo meu, p. 14.

e representantes estaduais". A escola também deve apresentar um processo de organização que atenda às Diretrizes Operacionais da Educação Básica de 2002:

> As escolas do campo devem apresentar aos NRE a matriz curricular, o calendário escolar, a forma de organização curricular, a forma de organização pedagógica (série, ciclos, áreas do conhecimento, módulos, entre outras formas de organização), adequando-os às suas realidades e necessidades.[374]

É importante explicitar que os professores, em conjunto com a comunidade escolar, vão "selecionar conteúdos significativos que integrarão o Projeto Político Pedagógico e o currículo da escola do campo [...] considerando o contexto sociocultural"[375]. Essa construção de baixo para cima, que abarca o currículo, os conteúdos e a realidade dos sujeitos envolvidos no processo de ensino aprendizagem, representa um marco em relação ao que significa identidade da escola do campo.

O documento promulga que o projeto político-pedagógico deve ser construído nessas escolas que solicitaram a formalização de sua identidade de escola do campo, reconhecendo "a especificidade das formas de viver do campo, respeitando a cultura, as características e necessidades dos que vivem e trabalham no campo", expressando "a articulação entre a comunidade local e a sociedade no seu todo"[376].

A direção do estabelecimento de ensino oficializou esse processo no Núcleo Regional de Educação (NRE), com cópia de documentos como a ata realizada pela escola em conjunto com a comunidade expressando o desejo de realizar a mudança de nomenclatura.

Esse processo movimentou a Seed na época, pois as escolas solicitavam textos para subsidiar as discussões com a comunidade e entender a identidade da escola do campo.

Portanto, a escola do campo no Paraná não precisa estar situada apenas em assentamentos e acampamentos para ter a sua identidade; ela precisa ter sujeitos do campo que participem dos processos de tomada de decisão que envolvam a instituição. Nessa perspectiva, formular políticas é importante com base no vivido pelos sujeitos do campo e com os próprios, e esse é um desafio para a educação.

---

[374] *Ibid.*, p. 16.
[375] *Ibid.* p. 16
[376] *Ibid.*, p. 18.

As legislações com o foco na educação do campo, no Paraná

A legislação referente à educação do campo no estado do Paraná é ampla, bem como os movimentos de consolidação da temática no estado. Começo apresentando o documento que foi discutido no item anterior[377], que considero uma superação, pois incorpora na sua essência a identidade da escola do campo, ampliando o conceito em si para as unidades escolares que também recebem as populações do campo.

Assim, de acordo com o Parecer CEE/CEB n.º 1.011, aprovado em 06/10/2010, que tratou de normas e princípios para a implementação da educação básica do campo no Sistema Estadual de Ensino do Paraná, bem como do processo de definição da identidade das escolas do campo:

> Embasado no tripé: Escola – Sujeitos – Localização, ficou decidido que a Escola do Campo é aquela que se localiza nos perímetros rurais e nos distritos dos Municípios e que recebem sujeitos oriundos do campo, tais como: pequenos agricultores, assentados, acampados, meeiros, posseiros, arrendatários, quilombolas, faxinalenses, boias-frias, entre outros.[378]

Esse parecer também resgata a trajetória da educação do campo no Paraná e fundamentou-se nas Diretrizes Operacionais da Educação Básica do Campo (de 2002) para definir campo e seus sujeitos.

A Resolução n.º 4.783/2010[379], que instituiu a educação do campo como política pública educacional com vistas à garantia e à qualificação do atendimento escolar aos diferentes sujeitos do campo, nos diferentes níveis e modalidades de ensino da educação básica, trouxe no Art. 3º que "As Escolas do Campo são aquelas inseridas em comunidades caracterizadas pelo vínculo e trabalho com a terra, independentemente de sua localização".

O Regimento do Comitê Estadual da Educação do Campo estava apoiado no Decreto nacional n.º 7.352/2010, no Parecer CEE/CEB n.º 1.011/10 e nas Diretrizes Curriculares da Educação do Campo, instituindo o comitê como um órgão composto por instituições públicas, universidades, organizações governamentais, pastorais sociais, movimentos sociais e sin-

---

[377] Parecer CEE/CEB n.º 1.011/10.
[378] PARANÁ, 2010a. p. 12
[379] Id. Resolução 4783 - 28 de outubro de 2010. Curitiba: Casa Civil, 2010c. s/p. Disponível em: https://www.legislacao.pr.gov.br/legislacao/pesquisarAto.do?action=exibir&codAto=69377&indice=1&totalRegistros=1. Acesso em: 30 jun. 2023.

dicatos de trabalhadores envolvidos diretamente com as questões da vida do/no campo, ficando vinculado à Seed. Esse comitê tinha a intenção de pensar políticas públicas para a educação do campo no estado e organizar a sua articulação com os movimentos de sustentação.

O Parecer n.º 436/09 do Conselho Estadual de Educação, que autorizou a implantação do Programa Nacional de Inclusão de Jovens (ProJovem) Campo – Saberes da Terra, foi complementado pelo Parecer n.º 292/10[380], que credenciou 16 escolas a participarem desse projeto, sendo esse um programa que contou com a parceria da Universidade Federal do Paraná, que tinha o objetivo de fazer a formação continuada de professores que estavam atuando nas escolas do campo do Paraná. Esse processo de formação tencionava criar nas unidades escolares turmas de educação de jovens e adultos do campo.

A Instrução Conjunta n.º 001da Secretaria de Estado da Educação do Paraná, de 29/11/2010, instruiu sobre a implantação da educação do campo conforme o Parecer n.º 1.011/10 do Conselho Estadual de Educação e a Resolução n.º 4.783/2010, que criou a educação do campo como política pública educacional.

Em relação à contratação de professores efetivos para o quadro próprio, no último concurso, regido pelo Edital n.º 017/2013[381], que estabeleceu as instruções para a realização do Concurso Público de Provas e Títulos, não constaram vagas para docentes licenciados em educação do campo. Isso gerou nos movimentos sociais uma busca por reconhecimento do profissional docente com a formação específica na área de educação do campo, estimulando a criação de licenciaturas e programas de pós-graduação.

Verifica-se um amplo marco regulatório sobre a educação do campo no Paraná. Isso representa que as orientações nacionais tiveram materialização nas regulações estaduais. A intencionalidade é que a política pública específica para a educação do campo contribua para a modificação da realidade. Nesse aspecto, os marcos regulatórios e sua intenção de efetivação estão baseados nas contradições do sistema capitalista, que passam pela desconsideração da concretude das realidades locais. O processo de reconhecimento da identidade das escolas do campo no Paraná representa

---

[380] *Id*. Conselho Estadual de Educação. Câmara de Educação Básica. *Parecer CEE/CEB n.º 292/10, de 4 de abril de 2010*. Curitiba: [s. n.], 2010b. Disponível em: http://www.educadores.diaadia.pr.gov.br/modules/conteudo/conteudo.php?conteudo=564. Acesso em: 5 out. 2019.

[381] PARANÁ. Secretaria de Estado da Educação. *Edital n.º 017/2013*. Disponível em : http://www.educadores.diaadia.pr.gov.br/arquivos/File/pdf/edital_concurso2013.pdf. Acesso em: 5 out. 2019.

um momento de superação, que também gerou contradições na escola, tendo em vista as discussões desencadeadas sobre o que representava ser uma escola do campo.

Um contexto que gera contradições em relação aos marcos regulatórios foi a contratação de professor(a) temporário(a). Verifica-se no site da Secretaria Estadual de Educação que, nos editais do Processo Seletivo Simplificado (PSS) de 2008-2009, existia uma chamada de abertura de inscrição para profissionais atuarem no ProJovem Campo – Saberes da Terra, que foi fruto de um convênio realizado entre o estado do Paraná e o governo federal, não havendo outro anúncio sobre licenciados na área de educação do campo.

No PSS referente a 2010-2011, o Edital n.º 90/2011[382] apresentou divisão por etapas na chamada, cujas etapas 19, 20 e 21 foram específicas para a contratação de profissionais da educação do campo para atuarem na educação básica, ensino fundamental I e II, ensino médio, escolas itinerantes e das ilhas (2010-2011), possibilitando ainda o acesso à inscrição do edital para acadêmicos cursando licenciatura em educação do campo. Este edital trouxe também inclusão de profissionais com curso de pós-graduação, formação continuada e licenciatura plena em educação do campo, mas por disciplina.

O Edital n.º 170/2013, referente a 2012-2013, trouxe no Anexo B a seguinte abertura:

> [...] este Edital apresenta as oportunidades de inscrição dispostas em 24 (vinte e quatro) Etapas, que compreendem a atuação de Professor, Professor Pedagogo e TILS na Educação Básica, Educação Profissional, Educação Especial, Educação do Campo (Itinerantes, Assentamentos, Ilhas e Escolas do Campo), Educação Escolar Indígena e Educação Quilombola.[383]

Podemos apontar que, no estado do Paraná, o edital de 2010-2011 abriu espaço para a inclusão de PSS na área específica da educação do campo, e esse processo foi estendido para os anos seguintes.

Atualmente, no PSS 2019-2018, o Edital n.º 57/2018 estabelece as

---

[382] Id. Secretaria de Estado da Educação. *Edital n.º 90/2011*. Curitiba: DG/Seed, 2011. Disponível em: http://www.educacao.pr.gov.br/modules/conteudo/conteudo.php?conteudo=1360. Acesso em: 2 nov. 2019.

[383] Id. Secretaria de Estado da Educação. *Edital n.º 170/2013*. Curitiba: DG/Seed, 2013b. p. 3. http://www.educacao.pr.gov.br/modules/conteudo/conteudo.php?conteudo=1360. Acesso em: 2 nov. 2019.

> [...] instruções destinadas à realização de Processo Seletivo Simplificado – PSS, visando a contratações temporárias para exercer as funções de Professor, Professor Pedagogo e Tradutor e Intérprete de Língua Brasileira de Sinais – TILS.[384]

Na descrição das etapas 10, 12 e 13, trouxe a especificação do profissional da educação do campo por áreas de conhecimentos, acompanhando a formação que foi ofertada ao egresso pelas instituições de ensino superior.

Mas esse processo de seleção de professores temporários não foi seguido pelo concurso de quadros efetivos, ou seja, os docentes com formação específica para educação do campo, por áreas de conhecimento, não estão contemplados como quadro efetivo do estado; apenas estão presentes na seleção simplificada. Isso gera, principalmente, o rodízio de docente nas escolas do campo de um ano para outro, ou seja, o educador não consegue criar vínculos com a comunidade e com a escola, nem desenvolver um trabalho que possua um caráter de continuidade.

Considerações finais

Considera-se que o Paraná possui um amplo marco regulatório sobre a educação do campo, um processo que foi fruto de lutas, reivindicações dos movimentos sociais, mas também representava as orientações nacionais que tiveram materialização nas regulações estaduais. A intenção apresentada nos documentos oficiais trouxe possibilidades de que a política pública específica para a educação do campo contribua para a modificação da realidade das populações do campo.

Compreende-se, assim, que os marcos regulatórios, na intencionalidade de provocar mudanças na realidade concreta, se encontram tensionados pelas contradições do sistema capitalista. Um exemplo desse processo foi o reconhecimento da identidade das escolas do campo no Paraná, que representava um momento de superação, mas que revelava as contradições da escola na relação com a realidade. No reconhecimento do profissional docente com a formação específica na área de educação do campo, também se criaram barreiras na efetivação e contratação do educador, que foi o resultado das tensões que o estado apresenta, imbricado ao sistema capitalista, que por vezes minimiza as contradições ou as amplia.

---

[384] Id. Secretaria de Estado da Educação. *Edital n.º 57/2018*. Curitiba: GS/Seed, 2018. p. 1. Disponível em: http://www.educacao.pr.gov.br/modules/noticias/article.php?storyid=8619&tit=EDITAIS-PSS-SAO-PRORROGADOS. Acesso em: 4 nov. 2019.

O Paraná apresentou avanços, em um arcabouço contraditório em que as escolas do campo têm um reconhecimento das especificidades. A unidade escolar não precisa estar situada apenas em assentamentos e acampamentos para ter a sua identidade de escola do campo; ela precisa ter sujeitos do campo que participem dos processos de tomada de decisão que envolvam a instituição. Nesse contexto, o processo histórico apresentou uma descontinuidade nos aspectos relacionados a formação docente na área específica, estabilidade profissional do(as) educadores(as) e valorização das escolas do campo.

Portanto, a política pública estadual com foco nas populações do campo ganhou espaço como parte da continuidade do cenário nacional, em que o pacto federativo instigava e demandava ações específicas na dimensão educacional. Nessa perspectiva, formular políticas é importante com base no vivido pelos sujeitos do campo e com os próprios, e esse é um desafio para a educação.

Referências

ARTICULAÇÃO PARANAENSE POR UMA EDUCAÇÃO DO CAMPO (APEC). *Texto base*: Encontro Estadual da Articulação Paranaense por uma Educação do Campo. Candói: [s. n.], 2013. Caderno n. 4.

BRASIL. *Lei n.º 13.005, de 25 de junho de 2014*. Aprova o Plano Nacional de Educação - PNE e dá outras providências. Brasília: Presidência da República, 2014. Disponível em: http://www.planalto.gov.br/ccivil_03/_ato2011-2014/2014/lei/l13005.htm. Acesso em: 1 out. 2019.

BRASIL. Ministério da Educação. Conselho Nacional de Educação. Câmara de Educação Básica. *Resolução CNE/CEB 1, de 3 de abril de 2002*. Institui Diretrizes Operacionais para a Educação Básica nas Escolas do Campo. Brasília: MEC/CNE/CEB, 2002. Disponível em: http://portal.mec.gov.br/index.php?option=-com_docman&view=download&alias=13800-rceb001-02-pdf&category_slug=agosto-2013-pdf&Itemid=30192. Acesso em: 30 jun. 2023.

INSTITUTO NACIONAL DE ESTUDOS E PESQUISAS EDUCACIONAIS ANÍSIO TEIXEIRA (INEP). *Censo escolar*. Brasília: Inep, 2004-2017. Disponível em: http://inep.gov.br/sinopses-estatisticas-da-educacao-basica. Acesso em: 12 mar. 2018.

INSTITUTO NACIONAL DE ESTUDOS E PESQUISAS EDUCACIONAIS ANÍSIO TEIXEIRA (INEP). *Sinopse estatística da educação básica, 2018*. Brasília:

Inep, 2019. Disponível em: http://portal.inep.gov.br/sinopses-estatisticas-da-educacao-basica. Acesso em: 30 out. 2019.

PARANÁ. Conselho Estadual de Educação. Câmara de Educação Básica. *Parecer CEE/CEB n.º 1011/10*. Curitiba: CEE/CEB, 2010a. Disponível em: http://www.educacao.pr.gov.br/arquivos/File/pareceres/parecer10112010.pdf. Acesso em: 10 out. 2019.

PARANÁ. Conselho Estadual de Educação. Câmara de Educação Básica. *Parecer CEE/CEB n.º 292/10, de 4 de abril de 2010*. Curitiba: [s. n.], 2010b. Disponível em: https://www.cee.pr.gov.br/sites/cee/arquivos_restritos/files/migrados/File/pdf/Pareceres2010/CEB/pa_ceb_292_10.pdf. Acesso em: 5 out. 2019.

PARANÁ. Conselho Estadual de Educação. *Parecer n.º 1012/2003*. Curitiba: [s. n.], 2003. Disponível em: https://www.legislacao.pr.gov.br/legislacao/pesquisarAto.do?action=exibir&codAto=69387&indice=1&totalRegistros=1. Acesso em: 1 nov. 2019

PARANÁ. *Lei n.º 18.492, de 24 de junho de 2015*. Aprovação do Plano Estadual de Educação e adoção de outras providências. Curitiba: Casa Civil, 2015a. Disponível em: https://leisestaduais.com.br/pr/lei-ordinaria-n-18492-2015-paranaaprovacao-do-plano-estadual-de-educacao-e-adocao-de-outras-providencias. Acesso em: 10 out. 2019.

PARANÁ. *Resolução 4783 - 28 de outubro de 2010*. Curitiba: Casa Civil, 2010c. Disponível em: https://www.legislacao.pr.gov.br/legislacao/pesquisarAto.do?action=exibir&codAto=69377&indice=1&totalRegistros=1. Acesso em: 30 jun. 2023.

PARANÁ. *Resolução 614- 17 de fevereiro de 2004*. Curitiba: Casa Civil, 2004. Disponível em: https://www.legislacao.pr.gov.br/legislacao/pesquisarAto.do?action=exibir&codAto=69387&indice=1&totalRegistros=1. Acesso em: 1 nov. 2019

PARANÁ. Secretaria de Estado da Administração e da Previdência. Departamento de Recursos Humanos. *Edital n.º 017/2013*. Curitiba: Departamento de Recursos Humanos, 2013a. Disponível em: https://www.pucpr.br/wp-content/uploads/2018/02/edital-017-2013-SEED-magisterio.pdf Acesso em: 01 nov. 2019.

PARANÁ. Secretaria de Estado da Educação. *Educação do campo*. Curitiba: Seed, 2008. (Cadernos temáticos).

PARANÁ. Secretaria de Estado da Educação. *Diretrizes Curriculares para a Educação Pública do Estado do Paraná*. Curitiba: Seed, 2006. Disponível em: http://www.educadores.diaadia.pr.gov.br/arquivos/File/diretrizes/diretriz_educacao_profissional. pdf http://diaadiaeducacao.pr.gov.br. Acesso em: 1 out. 2019.

PARANÁ. Secretaria de Estado da Educação. *Edital n.º 017/2013*. Disponível em : http://www.educadores.diaadia.pr.gov.br/arquivos/File/pdf/edital_concurso2013. pdf. Acesso em: 5 out. 2019.

PARANÁ. Secretaria de Estado da Educação. *Edital n.º 170/2013*. Curitiba: DG/ Seed, 2013b. http://www.educacao.pr.gov.br/modules/conteudo/conteudo.php?-conteudo=1360. Acesso em: 2 nov. 2019.

PARANÁ. Secretaria de Estado da Educação. *Edital n.º 31/2015*. Curitiba: DG/ Seed, 2015b. Disponível em: http://www.educacao.pr.gov.br/modules/conteudo/ conteudo.php?conteudo=1360. Acesso em: 2 nov. 2019.

PARANÁ. Secretaria de Estado da Educação. *Edital n.º 341/2009*. Curitiba: DG/Seed, 2009. Disponível em: https://www.educacao.pr.gov.br/sites/default/arquivos_restritos/files/documento/2021-07/edital3412009dg.pdf. Acesso em: 30 jun. 2023.

PARANÁ. Secretaria de Estado da Educação. *Edital n.º 57/2018*. Curitiba: GS/ Seed, 2018. Disponível em: http://www.educacao.pr.gov.br/modules/noticias/ article.php?storyid=8619&tit=EDITAIS-PSS-SAO-PRORROGADOS. Acesso em: 4 nov. 2019.

PARANÁ. Secretaria de Estado da Educação. *Edital n.º 90/2011*. Curitiba: DG/ Seed, 2011. Disponível em: http://www.educacao.pr.gov.br/modules/conteudo/ conteudo.php?conteudo=1360. Acesso em: 2 nov. 2019.

PARANÁ. Secretaria de Estado da Educação. Superintendência da Educação. Superintendência de Desenvolvimento Educacional. *Instrução conjunta n.º 001/2010– Seed/Sued/Sude*. Curitiba: Seed/Sued/Sude, 2010d. Disponível em: http://www. educacao.pr.gov.br/arquivos/File/instrucoes/instrucao_conjunta0012010.pdf. Acesso em: 30 out. 2019

10

A FORMAÇÃO CONTINUADA DE PROFESSORES NO ESTADO DO PARANÁ NO PERÍODO DE 1995 A 2018

Elza Fagundes da Silva
Alboni Marisa Dudeque Pianovski Vieira

Introdução

Os educadores brasileiros têm se dedicado a estudar fenômenos no campo da educação que vêm promovendo mudanças na qualidade do ensino do país. Entre eles, a formação continuada docente é um dos aspectos que estão constantemente dentro do rol de questionamentos e é de total relevância, o que torna imperiosa a oferta de políticas públicas que fomentem essa formação, já que não basta o interesse dos docentes em se desenvolverem profissionalmente.

O conceito de formação continuada de professores data do fim da década de 1950 e ganhou força nas décadas seguintes, tendo sido construído com base na definição de educação permanente, compreendida como um processo que se prolonga por toda a vida[385]. A formação docente não é, pois, um processo estático, mas um processo de evolução contínua que deve ser construído sempre pensando na prática docente e no professor, e, por essa razão, é uma necessidade cada vez mais apontada e sentida por todos. No entanto, esta ainda é oferecida em moldes que guardam muitas semelhanças com a formação inicial e realizada por ofertas de cursos, de forma a definir previamente conteúdos sem levar em conta situações problemáticas e as dificuldades encontradas pelos professores para desenvolverem-se profissionalmente.

Nas décadas de 50 e 60, surgiram os "cursos de reciclagem" para sanar as deficiências da formação do professor. Em 1968, de acordo com

---

[385] COSTA-HÜBES, T. C. *O processo de formação continuada dos professores do Oeste do Paraná*: um resgate histórico-reflexivo da formação em língua portuguesa. 2008. Tese (Doutorado em Estudos da Linguagem) – Universidade Estadual de Londrina, Londrina, 2008.

o proposto pela reforma universitária, caberia às Faculdades de Educação formar e promover a atualização dos professores, ofertando a "capacitação supletiva"[386], que corresponderia ao que atualmente denominamos de formação continuada.

Na segunda metade da década de 60, a formação continuada de professores passou a ganhar destaque crescente no cenário educacional, pautada fundamentalmente nas políticas educacionais produzidas pelos organismos multilaterais [Organização das Nações Unidas para Educação, a Ciência e a Cultura (Unesco) e Fundo das Nações Unidas para Infância (Unicef)], pelas agências financiadoras internacionais [Banco Interamericano de Desenvolvimento (BID) e Banco Mundial]. Esses organismos foram responsáveis por empreender vários processos de reformas do ensino no Brasil, em vários países da América Latina e em outras regiões do mundo durante esse período[387].

No período 1964-1985, o Brasil passou a ter considerável crescimento econômico, sendo necessário preparar os jovens para o mercado de trabalho. Nesse momento, foram adotadas as políticas educacionais de cunho neoliberal, que atestavam os preceitos predominantes de educar para a competitividade, educar para o mercado, educar para o contexto da globalização, apresentando grande destaque para a educação básica, no discurso político e nas reformas educacionais. Esse modelo se consolidou como hegemônico, adequando o sistema educacional ao processo de reestruturação do setor produtivo do país, por meio de uma profusão de medidas jurídico-administrativas, que denotavam seu caráter normativo e que culminaram sobremaneira na Lei n.º 9394/1996, a Lei de Diretrizes e Bases da Educação Nacional (LDBEN)[388].

Em 1988, foi promulgada a atual Constituição, que estabeleceu a educação como princípio fundamental expresso no Art. 6º: "São direitos sociais a educação, saúde, alimentação, o trabalho"[389].

---

[386] KULLOK, M. G. B. *Formação de professores para o próximo milênio*: novo lócus? São Paulo: Annabluma, 2000. p. 72.

[387] NASCIMENTO, C. O. C. Formação continuada de professores: uma reflexão sobre campo, políticas e tendências. *Educação & Linguagem*, São Paulo, v. 10, n. 16, p. 189-209, jul./dez. 2007. Disponível em: https://www.metodista.br/revistas/revistas-metodista/index.php/EL/issue/view/10. Acesso em: 2 jul. 2022.

[388] TESSARI, E. V. S. *A formação continuada nas semanas pedagógicas de fevereiro no período de 2007-2013 no estado do Paraná*. 2015. Dissertação (Mestrado em Educação) – Universidade Estadual do Oeste do Paraná, Cascavel, 2015. Disponível em: http://tede.unioeste.br/handle/tede/3302. Acesso em: 29 abr. 2021; SUDBRACK, E. M. *Rosa-dos-ventos*: traços da formação docente pós LDB. Porto Alegre: UFRGS, 2009.

[389] BRASIL, 1988 apud ASSOCIAÇÃO DOS MUNICÍPIOS DO PARANÁ (AMP). [Comentários acerca da Constituição da República Federativa do Brasil de 1988]. *Diário Oficial dos Municípios do Paraná*, Paraná, ano 7,

No entanto, foi especificamente na década de 1990 que a formação continuada passou a ser considerada uma das estratégias fundamentais para o processo de construção de um perfil profissional do professor. Nesse período, o Ministério da Educação instituiu os *Referenciais para a formação de professores*[390], com o objetivo explícito de propor e implementar mudanças nas práticas institucionais e curriculares da formação de professores no país. O referido documento consagra que:

> A formação continuada deve propiciar atualizações, aprofundamento das temáticas educacionais e apoia-se numa reflexão sobre a prática educativa, promovendo um processo constante de auto-avaliação que oriente a construção contínua de competências profissionais. Porém, um processo reflexivo exige predisposição a um questionamento crítico da intervenção educativa e uma análise da prática na perspectiva de seus pressupostos. Isso supõe que a formação continuada estenda-se às capacidades e atitudes e problematize os valores e as concepções de cada professor e da equipe.[391]

Sob a égide das transformações da economia mundial, a qualidade dos sistemas educacionais constituiu-se em fator inalienável para consecução da prosperidade econômica[392]. Diante desses desdobramentos, em grande medida resultantes de uma conjuntura histórica de dependência econômica, política, cultural e tecnológica, configura-se a educação com ideias neoliberais e privatistas[393].

Segundo Souza[394], a década de 90 caracteriza-se pela aplicação da lógica privada na administração educacional em razão da grande influência, do mote "qualidade total", tanto sobre o setor privado quanto o setor público. Ainda, em consonância com o autor, o conceito de qualidade total está relacionado ao que se entende por uma nova conversão produtiva promovida pelo toyotismo, um modelo de produção industrial que visa ao princípio da acumulação flexível, evitando o desperdício ao longo do processo e introduzindo, em lugar da produção em série em grande escala,

---

n. 1.544, p. 413, 10 jul. 2018. p. 413. Disponível em: https://www.jusbrasil.com.br/diarios/198487273/amp-10-07-2018-pg-413. Acesso em: 30 jun. 2023.

[390] BRASIL. Ministério da Educação. Secretaria de Educação Fundamental. *Referenciais para a Formação de Professores*. Brasília: SEF/MEC, 1999.

[391] Ibid., p. 70.

[392] SUDBRACK, 2009, p. 13.

[393] TESSARI, 2015.

[394] SOUZA, C. A nova gestão pública. *In*: GESTÃO pública: desafios e perspectivas. Salvador: Fundação Luís Eduardo Magalhães, 2001. p. 38-62. p. 44.

a produção em pequena escala dirigida ao atendimento de determinados segmentos de mercado e extremamente exigentes, com o fim de atender à necessidade do consumo de massa. Nesse cenário, o conceito de qualidade total apresenta duas vertentes: a externa, quando se traduz pela concepção de "satisfação total do cliente"; e a interna, quando apresenta características vinculadas ao modelo toyotista, que consiste em capturar a subjetividade dos trabalhadores traduzida no "vestir a camisa da empresa".

Nessa perspectiva, a educação passa a ser vista como um direito do consumidor, abandonando a ideia de educação enquanto direito do homem e do cidadão, de acordo com o liberalismo clássico. Sendo assim, o papel da escola agora é o de preparar para o mercado de trabalho, de acordo com suas normas, sem ocupar-se de questões relacionadas ao campo social e político.

Na concepção de Vieira[395], as ações do Banco Mundial, ao influenciar a concepção de educação como fonte de ascensão social e o caminho adequado para assegurar conquistas, difundiu o "ideal meritocrático segundo o qual cada cidadão poderá conquistar trabalho digno e usufruir de seus resultados se fizer por merecer essa condição". Desse modo, "o trabalhador deveria ser responsabilizado pelo seu próprio fracasso, criando-se no imaginário liberal a falsa consciência de que seria possível uma sociedade igualitária".

Do ponto de vista econômico, o que torna o sistema produtivo é o mercado e com uma drástica redução da responsabilidade governamental pelas necessidades sociais. Sendo assim, a educação não se diferencia da economia, e passa a ser mais uma mercadoria a ser ofertada e consumida.

Assim sendo, Araújo, Araújo e Silva[396] destacam que a formação continuada de professores no Brasil possui uma trajetória histórica marcada por diferentes concepções, que não se constituíram a priori, mas que vêm emergindo das diversas concepções de educação e sociedade presentes na realidade brasileira.

Gatti[397] considera ainda que muitas dessas iniciativas de formação continuada de professores apresentam a feição de programas compensatórios que, sem representar atualização ou aprofundamento do conhecimento,

---

[395] VIEIRA, A. M. D. P. *Caminhos e descaminhos na formação continuada de professores*: as políticas públicas da rede municipal de ensino de Curitiba (1963 a 1996). 2010. Tese (Doutorado em Educação) – Pontifícia Universidade Católica do Paraná, Curitiba, 2010. p. 246. Disponível em: http://www.biblioteca.pucpr.br/tede/tde_busca/arquivo.php?codArquivo=2428. Acesso em: 29 abr. 2021.

[396] ARAÚJO, E. M.; ARAÚJO, C, M.; SILVA, R. D. Para pensar sobre a formação continuada de professores é imprescindível uma teoria crítica da formação humana. *Cadernos Cedes*, Campinas, v. 35, n. 95, p. 57-73, 2015.

[397] GATTI, B. A. Análise das políticas públicas para formação continuada no Brasil, na última década. *Revista Brasileira de Educação*, Rio de Janeiro, v. 13, n. 37, p. 57-70, jan./abr. 2008. DOI 10.1590/S1413-24782008000100006.

desejam simplesmente suprir aspectos da má-formação anterior, ou seja, não constituem políticas de valorização do magistério e não possuem como foco a profissionalização docente.

Nos anos recentes, a formação do educador de forma contínua passou a ser um importante foco de investimento das políticas públicas nos diferentes níveis de governo no Brasil, visto o aumento da quantidade de escolas e de alunos devido à ampliação das redes públicas de educação. Ainda, para Costa-Hübes, a formação continuada é um processo dinâmico por meio do qual, ao longo do tempo, um profissional vai adequando sua formação às exigências de sua atividade profissional. Assim, para o referido autor, a formação continuada não deve ser pensada apenas como continuação da preparação do professor, mas como atividade contínua a ser realizada por ele, buscando qualidade em seu trabalho, novas alternativas de ensino e melhora diária na prática teórico-metodológica[398].

Na visão de Couto, a formação continuada:

> [...] é condição importante para a releitura das experiências e das aprendizagens. Uma integração ao cotidiano dos professores e das escolas, considerando a escola como local da ação, o currículo como espaço de intervenção e o ensino como tarefa essencial. É um *continuum*.[399]

Bezerra e Pereira[400] destacam que, quando há referência à formação continuada, é preciso se ater a alguns aspectos, tais como a formação, a profissão, a avaliação e as competências que cabem ao profissional da educação e que interferem diretamente no cotidiano do professor e de seu desempenho em sala de aula.

A legislação educacional é incisiva quanto à necessidade da formação continuada dos profissionais da educação. Segundo Tessari e Brotto[401], a LDBEN/1996, o Plano Nacional de Educação e o Plano de Cargos e Salários legislam e regulamentam os processos de formação continuada, articulando-os ao avanço da carreira docente.

---

[398] COSTA-HÜBES, 2008.

[399] COUTO, M. E. S. Aprender a ser professor: docência e formação continuada na modalidade à distância. *Debates em Educação*, [s. l.], v. 1, n. 1, p. 1-14, 2009. p. 14. Disponível em: https://www.seer.ufal.br/index.php/debateseducacao/article/view/30. Acesso em: 15 mar. 2023.

[400] BEZERRA, H. G.; PEREIRA, A. C. F. Formação continuada de professores no Paraná: o Programa de Desenvolvimento Educacional – PDE. *In*: SEMINÁRIO INTERNACIONAL DE EDUCAÇÃO SUPERIOR, 2014, Sorocaba. *Anais eletrônicos* [...]. Sorocaba: Universidade de Sorocaba, 2014. p. 1-8. Disponível em: https://unisos.uniso.br/publicacoes/anais_eletronicos/2014/default.asp. Acesso em: 29 dez. 2020.

[401] TESSARI, E. V. S.; BROTTO, I. J. O. *Formação continuada dos professores estaduais do Paraná*: avassalamento, resistência ou libertação. Trabalho apresentado ao Seminário de Pesquisa do PPE, 2013, Universidade de Londrina.

A LDBEN assegura a formação continuada dos profissionais da educação dispondo sobre a responsabilidade dos entes federados. Ademais, observa-se que a questão da formação continuada, é compreendida como uma das ferramentas para a promoção na carreira, fomentando, assim, a valorização profissional dos professores como categoria.

Desse modo, em consonância com o Art. 67 da LDBEN:

> Os sistemas de ensino promoverão a valorização dos profissionais da educação, assegurando-lhes, inclusive nos termos dos estatutos e dos planos de carreira do magistério público, [...] II – Aperfeiçoamento profissional continuado, inclusive com licenciamento periódico remunerado para esse fim [...].[402]

Este capítulo objetiva reconstruir as políticas públicas de formação continuada de professores na Rede Estadual de Ensino no Paraná no período de 2003 a 2018, além de fomentar a reflexão sobre o contexto político, econômico e social no qual se desenvolveram as referidas políticas que orientaram a educação estadual no período em análise; e, como resultado, pretende cooperar para aprofundar os estudos sobre a história da educação do estado do Paraná, apresentar dados e propiciar reflexões para outros estudos.

Governo Jaime Lerner (1995-2002): ideário neoliberal

No Paraná, as políticas neoliberais foram traço forte na década de 90, especialmente aquelas implementadas a partir de 1995 pelo governador Jaime Lerner (1995-2002), adotando o conceito de qualidade na educação. A proposta de gestão compartilhada, implementada no Paraná de modo particular a partir de 1995, quando se inicia o governo Lerner, tinha como base as orientações financeiras, técnicas, políticas e pedagógicas do Banco Mundial, sob o pretexto de que os países periféricos seriam ineficientes para administrar suas políticas públicas. O Banco Mundial e outros organismos financiadores internacionais direcionam as políticas de acordo com a ordem político-econômica mundial, privilegiando a dimensão do privado em detrimento do público, a homogeneização dos sistemas, o gerenciamento, a avaliação dos resultados e o fortalecimento da autonomia escolar para

---
[402] BRASIL. *Lei n.º 9.394, de 20 de dezembro de 1996*. Estabelece as diretrizes e bases da educação nacional. Brasília: Presidência da República, 1996. s/p. Disponível em: http://www.planalto.gov.br/ccivil_03/leis/l9394.htm. Acesso em: 2 jul. 2021.

otimização dos recursos. Logo, como apontam Gasparelo e Schneckenberg[403], adequadas a um Estado mínimo.

Dessa forma, no governo Lerner, as discussões sobre gestão ficaram mais acirradas; e os princípios administrativos da empresa para a escola tornaram-se mais visíveis. Nesse período, os conceitos-chave para a formação docente foram: profissionalização, competência, excelência, qualidade, mérito e produtividade, "os quais contribuem significativamente à proletarização e a desintelectualização do professor, pois prevalece a formação prática em vantagem à formação teórica"[404].

Assim, a adoção de políticas educacionais na gestão de Jaime Lerner seguia uma lógica de ações mercadológicas, privatistas e de enxugamento da máquina pública. Conforme destaca Nadal[405], a educação básica no Paraná e a formação continuada de professores nesse período caracterizaram-se com ações como: financiamento de programas educacionais com recursos do Banco Mundial; terceirização da educação; extinção das modalidades profissionalizantes em nível médio; adoção de educação aberta e a distância para formação de professores em nível superior; e estabelecimento da Universidade do Professor, em Faxinal do Céu, como centro para formação continuada dos trabalhadores da educação.

O governo Lerner, pela própria concepção e alinhamento com políticas educacionais de ideário neoliberal, concentrou a formação de professores nas mãos de empresas privadas de consultorias, promovidas sobremaneira na Universidade do Professor de Faxinal do Céu, localizada na cidade de Pinhão/PR[406], que visava à capacitação, em larga escala, de professores, diretores, funcionários da área administrativa e equipes de suporte pedagógico por meio de cursos, seminários e grupos de estudo, e mediante eventos presenciais e a distância[407].

Segundo Rocha[408], essas empresas de consultoria especializadas em recursos humanos e inovação apresentavam propostas motivacionais com

---

[403] GASPARELO, R. R. S.; SCHNECKENBERG, M. Estudo bibliográfico sobre os processos de formação continuada dos docentes no estado do Paraná: governo Jaime Lerner e governo Roberto Requião. *Revista de Ciências Humanas*, Frederico Westphalen, v. 18, n. 30, p. 7-36, jul. 2017. Disponível em: http://revistas.fw.uri.br/index.php/revistadech/issue/view/136/showToc. Acesso em: 1 jul. 2021.

[404] SHIROMA, E. O. O eufemismo da profissionalização. *In*: MORAES, M. C. M. (org.). *Iluminismo às avessas*: produção de conhecimento e políticas de formação docente. Rio de Janeiro: DP&A, 2003. p. 61-79. p. 68.

[405] NADAL, B. G. *Política educacional paranaense para formação de professores*: um olhar a luz dos textos políticos. [S. l.: s. n.], 2007. 1 CD-ROM. p. 4.

[406] Ibid.

[407] GASPARELO; SCHNECKENBERG, 2017.

[408] ROCHA, V. C. *Tempos de superação para educação paranaense?* Uma leitura do discurso oficial a partir dos documentos orientadores das semanas pedagógicas. 2011. Dissertação (Mestrado em Educação) – Universidade

viés de treinamento empresarial, sem que as questões pedagógicas tivessem o adequado tratamento que se esperava num espaço de formação, ficando entendida a ausência de orientação pedagógica por parte do Estado do Paraná e evidente caráter superficial e distorcido dado às políticas de formação continuada. Segundo Tavares[409], o programa de formação continuada não tinha o caráter pedagógico como foco, mas sim o convencimento dos profissionais da educação para uma reorganização das instituições de ensino e implementação de modelos mínimos de funcionamento.

Sapelli[410] destaca que o Programa de Capacitação Continuada para os Profissionais da Educação Pública do Paraná na Universidade do Professor restringia-se aos cursos de curta duração, sem aprofundamento teórico; era controlado, fragmentado, aligeirado e acrítico. Assim sendo, para Gasparelo e Schneckenberg[411], as estratégias de capacitação para os professores no governo Lerner tinham como finalidade o sucesso da escola, que seria conquistado com técnicas e instrumentos sem adentrar em discussões mais profundas.

Outro aspecto que merece atenção, destacado por Possi[412], é que os docentes, ao retornarem às escolas com as vivências da Universidade do Professor, não conseguiam colocar em prática as aprendizagens, pois as condições materiais, financeiras e de tempo não colaboravam. Tornava-se, assim, mais um prêmio ou uma forma de lazer para os professores do que um programa formativo.

Governo Requião (2003-2010): educação como direito

Esse cenário da educação no estado do Paraná perdurou até 2003, quando se inicia uma nova gestão com o governador Roberto Requião de Mello, o qual exerceu seu primeiro mandato entre os anos de 2003 e 2006 e segundo mandato consecutivo entre 2007 e 2010.

Estadual de Londrina, Londrina, 2011. p. 87. Disponível em: http://www.uel.br/pos/ppedu/images/stories/downloads/dissertacoes/2011/2011_-_ROCHA_Vanessa_Camargo.pdf. Acesso em: 21 abr. 2021.

[409] TAVARES, T. M. *Gestão pública do sistema de ensino no Paraná (1995-2002)*. 2004. Tese (Doutorado em Educação) – Pontifícia Universidade Católica de São Paulo, São Paulo, 2004. Disponível em: https://educacao.mppr.mp.br/arquivos/File/gestao_democratica/kit3/gestao_publica_do_sistema_de_ensino_no_parana.pdf. Acesso em: 29 abr. 2021.

[410] SAPELLI, M. L. S. Políticas educacionais do governo Lerner no Paraná (1995 a 2002). Cascavel: Igol, 2003.

[411] GASPARELO; SCHNECKENBERG, 2017.

[412] POSSI, E. H. de B. *Programa de Desenvolvimento Educacional - PDE/PR (2007–2009)*: um estudo sobre transformações e permanências. 2012. Dissertação (Mestrado em Educação) – Universidade Estadual de Londrina, Londrina, 2012. Disponível em: http://www.uel.br/pos/ppedu/images/stories/downloads/dissertacoes/2012/2012_-_POSSI_Ester_Hinterlang_Barros.pdf. Acesso em: 21 abr. 2021.

Ao tomar posse em 2003, Requião anunciou como princípios de sua política educacional a educação como direito do cidadão, a universalização do ensino, a escola pública, gratuita e de qualidade, o combate ao analfabetismo, o apoio à diversidade cultural, a organização coletiva do trabalho e a gestão democrática.

Cumpre assinalar que a gestão Requião anunciou romper com o ideário neoliberal que julgava estar colocando a educação a serviço do mercado neoliberal. Ao contrário de seu antecessor, que se cercou de consultorias privadas, Requião, conforme indica Nadal[413] optou por formar uma equipe na Secretaria de Educação com grande quantidade de professores universitários vinculados a instituições públicas estaduais e que se contrapuseram às políticas educacionais do governo anterior. Desse modo, de acordo com Jost[414], o concurso público para professores e pedagogos e a retomada dos cursos técnicos da rede pública, por exemplo, figuram entre as ações políticas imediatamente implementadas no início do governo Requião.

Nesse governo, a formação de professores foi elencada como uma das prioridades pela Secretaria de Estado da Educação do Paraná (Seed/PR). Em 2004, paralelamente à construção do Plano Estadual de Educação, a Seed, mediante a Resolução n.º 1457, criou a Coordenação de Capacitação dos Profissionais da Educação e instituiu o Conselho de Capacitação, passando a organizar todo o processo de formação continuada dos professores da rede estadual[415].

Assim, apresentam-se, de acordo com Nadal, as modalidades de formação contínua oferecidas aos professores e escolas da rede estadual durante o governo Requião: Programa de Desenvolvimento Educacional (PDE), operacionalizado pelas instituições de ensino superior do estado e diretamente ligado ao plano de carreira implantado pelo Decreto 4.482, de 14 de março de 2005; Reuniões Pedagógicas desenvolvidas nas escolas em datas previstas em calendário escolar; Grupos de Estudo aos sábados; Cursos e Simpósios relacionados às áreas do conhecimento ou às modalidades de ensino; Projeto Folhas, no qual os professores, de acordo com sua iniciativa, poderiam produzir textos relacionados com o trabalho pedagógico dos conteúdos curriculares, socializando, desse modo, suas experiências; e

---

[413] NADAL, 2007.
[414] JOST, A. *Políticas públicas para formação continuada do professor do ensino médio*: governo Roberto Requião (2003-2010). 2010. Dissertação (Mestrado em Educação) – Universidade Tuiuti do Paraná, Curitiba, 2010.
[415] NADAL, 2007.

o Portal Dia-a-Dia da Educação, da Seed, "que funcionava como ambiente colaborativo de aprendizagem disponibilizando não apenas informações como conhecimentos voltados a subsidiar o trabalho docente"[416].

Governo Beto Richa (2011- 2018): o retorno ao neoliberalismo

Carlos Alberto Richa foi eleito governador do Paraná em substituição a Roberto Requião por dois mandatos consecutivos: de 2011 a 2014 e de 2015 a 2018. Nas relações de oposição ao governo anterior, Richa lançou sua candidatura alicerçado num plano de governo que sinalizava uma gestão eficiente[417].

As políticas educacionais dos governos Requião e Richa são divergentes. Se, por um lado, Requião anunciou uma reorganização estrutural e conceitual para escola pública, gratuita e de qualidade como dever do Estado, propondo, menos conceitualmente, uma contraposição aos princípios neoliberais até então defendidos, por outro lado, Richa, ao assumir o governo, apresentou "um novo jeito de governar". Contudo, como aponta Tessari[418], "a educação tomou rumos de uma concepção liberal meritocrática, de responsabilização e culpabilização de seus profissionais, ou seja, a qualidade da educação ficava atrelada à responsabilização docente".

Na educação, os objetivos presentes no plano de governo de Richa consistem na ideia de colocar em prática um programa contínuo de elevação da qualidade da educação básica, em cada unidade escolar, tendo como parâmetro a superação das metas estabelecidas pelo Índice de Desenvolvimento da Educação Básica (Ideb), o que implica significativos investimentos no desenvolvimento integral do professor[419].

Concordamos com Sousa quando afirma que o

> [...] plano de metas para o governo [...] [de] Beto Richa retoma vários direcionamentos políticos do grupo Banco Mundial que orientaram as ações e as estratégias do governo Lerner

---

[416] *Ibid.*, p. 8, 7,

[417] PARANÁ. *Lei Complementar n.º 130, de 14 de julho de 2010.* Regulamenta o Programa de Desenvolvimento Educacional – PDE, instituído pela Lei Complementar n.º 103/2004, que tem como objetivo oferecer Formação Continuada para o Professor da Rede Pública de Ensino do Paraná, conforme especifica. Curitiba: Casa Civil, 2010. Disponível em: https://www.legislacao.pr.gov.br/legislacao/pesquisarAto.do?action=exibir&codAto=56184&indice=1&totalRegistros=2&dt=3.6.2021.11.0.23.883. Acesso em: 2 fev. 2023.

[418] TESSARI, 2015, p. 18.

[419] PARANÁ, 2010.

e em grande medida tem orientado a política pública no Brasil, principalmente nos aspectos referentes à centralidade da educação básica e a qualidade da gestão.[420]

Como aponta Tessari[421], o governo Richa seguiu novamente convergente com o discurso do Banco Mundial ao afirmar que o problema da educação no Brasil e no Paraná consistia na gestão da educação, na forma de atuação dos gestores e professores, desconsiderando o contexto social, sem a preocupação com um financiamento adequado às necessidades de uma educação de qualidade. Daí a necessidade, por parte da Secretaria da Educação, de descaracterizar o propósito da Semana Pedagógica com preceitos neoliberais, oferecendo consultoria em recursos humanos e inovação ao caráter gerencial imposto para escola, trazendo administradores oferecendo formação empreendedora na busca de mais eficiência e resultados, o que aproxima Richa do ideário neoliberal, assim como ocorreu no governo Lerner.

Governo Ratinho Júnior (2019-2022): o mercado em evidência

Carlos Roberto Massa Júnior, mais conhecido como Ratinho Júnior, em 2018, aos 37 anos, foi eleito para o governo do Paraná em primeiro turno, com 60% dos votos válidos, e tomou posse em 1º de janeiro de 2019 para um mandato de quatro anos (2019-2022)[422], tendo sido reeleito para um segundo mandato para o período de 2023-2026. Iniciou sua carreira política aos 21 anos como deputado estadual em 2002 e deputado federal em 2006 e 2010. Em 2013, assumiu a Secretaria do Desenvolvimento Urbano do Paraná no governo Beto Richa. Em 2014, retornou à Assembleia Legislativa como deputado estadual, tendo se afastado do cargo em 2015 para assumir novamente a do Desenvolvimento Urbano do Paraná.

As políticas públicas adotadas por Ratinho Jr. seguem a visão do seu antecessor Richa: o neoliberalismo. Desse modo, as políticas educacionais visam adequar a escola à lógica neoliberal, ou seja, à preparação do estudante para o mercado de trabalho, e não para a formação de sujeitos

---

[420] SOUSA, S. E. *A gestão educacional no Paraná 2011-2013*. 2013. Dissertação (Mestrado em Educação) – Universidade Estadual do Oeste do Paraná, Cascavel, 2013. p. 102. Disponível em: http://tede.unioeste.br/handle/tede/865. Acesso em: 29 abr. 2021.

[421] TESSARI, 2015.

[422] SILVA, I. F. da. As propostas de formação para diretores das escolas estaduais do Paraná, nas gestões Roberto Requião, Beto Richa e Ratinho Jr. 2022. Dissertação (Mestrado em Educação) – Universidade Federal do Paraná, Curitiba, 2022.

críticos. Para a APP-Sindicato dos Trabalhadores em Educação Pública do Paraná, além da visão equivocada do governante em relação à formação dos estudantes,

> [...] se soma a ofensiva aos trabalhadores(as) da educação: desvalorização, fragmentação, terceirização dos(as) funcionários(as), contratação precária pelo PSS, falta de concurso público e desconfiguração da carreira.[423]

Além disso, a promulgação pelo governador Ratinho Jr. da Lei Complementar n.º 242, de 17 de dezembro de 2021, que dispõe sobre Plano de Carreira do Professor e do Quadro de Funcionários da Rede Estadual de Educação Básica do Paraná, altera as Leis Complementares n.º 103, de 14 de março de 2004, e n.º 123, de 9 de setembro de 2008, promulgadas durante o governo de Roberto Requião, e retira dos professores alguns direitos conquistados nos últimos anos[424].

Considerações finais

A análise das políticas públicas educacionais de formação continuada no estado do Paraná, nos diferentes governos do período de 1995 a 2008, revela o que aponta Gatti[425]: a denominação "formação continuada" tem representado um enorme guarda-chuva, que abarca desde cursos de extensão de natureza distinta até cursos de formação que concedem diplomas profissionais de nível médio ou nível superior, cujas ofertas vão do virtual até o semipresencial.

Embora haja um grau de prioridade para a capacitação profissional dos professores na agenda das políticas educativas, nos documentos legislativos, nas recomendações e na acentuação com os efeitos que a formação tem sobre o professorado, Estrela assinala que não passa despercebido o interesse financeiro e mercantilista que a formação continuada exerce sobre grupos

---

[423] APP-SINDICATO DOS TRABALHADORES EM EDUCAÇÃO PÚBLICA DO PARANÁ (APP-SINDICATO). *A fantástica fábrica de resultados*: a farsa do projeto educacional do governo Ratinho Jr. Curitiba: APP-Sindicato, 1 fev. 2022. s/p. Disponível em: https://appsindicato.org.br/a-fantastica-fabrica-de-resultados-a-farsa-projeto-educacional-do-governo-ratinho-jr/. Acesso em: 26 set. 2022.

[424] PARANÁ. *Lei Complementar n.º 242, de 17 de dezembro de 2021*. Dispõe sobre Plano de Carreira do Professor e do Quadro de Funcionários da Rede Estadual de Educação Básica do Paraná, altera as Leis Complementares n.º 103, de 14 de março de 2004 e n.º 123, de 9 de setembro de 2008. Curitiba: Casa Civil, 2021. Disponível em: https://leisestaduais.com.br/pr/lei-complementar-n-242-2021-parana-altera-as-leis-complementares-n-103-de-14-de-marco-de-2004-e-n-123-de-9-de-setembro-de-2008-que-dispoe-sobre-plano-de-carreira-do-professor-e-do-quadro-de-funcionarios-da-rede-estadual-de-educacao-basica-do-parana-respectivamente. Acesso em: 13 mar 2023.

[425] GATTI, 2008.

empresariais, entre eles bancos e institutos privados. "São possibilidades de consultorias, assessorias pedagógicas, venda de programas, materiais didáticos, sendo esta uma vantajosa indústria da formação"[426].

Da observação de tal contexto, surge a importância de refletir sobre a definição de "profissionalidade", levando-nos a inferir que esse termo implica a necessidade de que determinada profissão seja aperfeiçoada, tanto "nas" interações com aqueles que a exercem como "por" essas mesmas interações, seja com o objetivo de o indivíduo aprimorar-se em seu trabalho, seja com o objetivo de se melhorar como pessoa, desenvolvendo, portanto, as competências necessárias ao bom exercício de uma profissão.

A profissionalização do professor inicia-se após sua graduação e início de sua vida profissional, prolongando-se ao longo de sua carreira. É a partir daí que ele passa a se inserir em uma categoria profissional e a adquirir saberes, técnicas, condutas e concepções que caracterizam o ofício específico de ser professor.

A compreensão acerca do sentido de profissionalização docente, bem como das políticas de valorização do magistério — incluindo suas implicações no processo de profissionalização do trabalho docente —, não pode ser excluída da análise das políticas educacionais de formação continuada.

Cabe ressaltar que o tratamento dado às políticas educacionais é resultante das políticas públicas, nas quais se traduzem os modos de articulação entre o Estado e a sociedade, neles considerados a divisão social do trabalho e as relações de produção.

A política educacional no Brasil é composta, perpassada e implementada por um conjunto de reformas, leis, programas e projetos resultantes das relações e mediações entre a conjuntura econômica e política internacional e a conjuntura econômica e política nacional. Essa foi a lógica que norteou o estado do Paraná, em grande parte do período analisado, quando projetou e desenhou os programas de formação continuada docente.

Nesse campo, foram as inter-relações entre a história, a economia e a sociedade que determinaram o formato das políticas educacionais no estado do Paraná.

Na maioria dos governos dos períodos analisados, evidenciaram-se as relações entre educação e desenvolvimento, com marcante influência das

---

[426] ESTRELA, M. T. A formação contínua entre a teoria e a prática. *In*: FERREIRA, N. S. C. *Formação continuada e gestão da educação*. São Paulo: Cortez, 2006. p. 43-64. p. 44.

políticas neoliberais na elaboração das políticas educacionais. Destacamos, todavia, que no governo de Roberto Requião, aparentemente, havia um projeto de sensibilização rumo a um caráter democrático da escola, à formação da cidadania e a uma maior atenção à formação docente. No entanto, apesar da intenção do governador de considerar o aspecto social, no tocante à oferta de uma formação continuada aos docentes, trouxe poucas alterações.

Assim, podemos afirmar que as políticas públicas de educação para formação docente adotadas no período estudado não tiveram continuidade como uma proposta de Estado, e sim de governos específicos.

Dessa forma, no estado do Paraná, a maioria dos Programas de Formação Continuada do Professor não se constitui em política de Estado, e sim em programas de governo, em consequência da descontinuidade das políticas governamentais, visto que essas formações foram projetadas por cada gestão durante o seu mandato.

Referências

APP-SINDICATO DOS TRABALHADORES EM EDUCAÇÃO PÚBLICA DO PARANÁ (APP-SINDICATO). *A fantástica fábrica de resultados*: a farsa do projeto educacional do governo Ratinho Jr. Curitiba: APP-Sindicato, 1 fev. 2022. Disponível em: https://appsindicato.org.br/a-fantastica-fabrica-de-resultados-a-farsa-projeto-educacional-do-governo-ratinho-jr/. Acesso em: 26 set. 2022.

ARAÚJO, E. M.; ARAÚJO, C, M.; SILVA, R. D. Para pensar sobre a formação continuada de professores é imprescindível uma teoria crítica da formação humana. *Cadernos Cedes*, Campinas, v. 35, n. 95, p. 57-73, 2015.

ASSOCIAÇÃO DOS MUNICÍPIOS DO PARANÁ (AMP). [Comentários acerca da Constituição da República Federativa do Brasil de 1988]. *Diário Oficial dos Municípios do Paraná*, Paraná, ano 7, n. 1.544, p. 413, 10 jul. 2018. Disponível em: https://www.jusbrasil.com.br/diarios/198487273/amp-10-07-2018-pg-413. Acesso em: 30 jun. 2023.

BEZERRA, H. G.; PEREIRA, A. C. F. Formação continuada de professores no Paraná: o Programa de Desenvolvimento Educacional – PDE. *In*: SEMINÁRIO INTERNACIONAL DE EDUCAÇÃO SUPERIOR, 2014, Sorocaba. *Anais eletrônicos* [...]. Sorocaba: Universidade de Sorocaba, 2014. p. 1-8. Disponível em: https://unisos.uniso.br/publicacoes/anais_eletronicos/2014/default.asp. Acesso em: 29 dez. 2020.

BRASIL. *Lei n.º* **9.394, de 20 de dezembro de 1996**. Estabelece as diretrizes e bases da educação nacional. Brasília: Presidência da República, 1996. Disponível em: http://www.planalto.gov.br/ccivil_03/leis/l9394.htm. Acesso em: 2 jul. 2021.

BRASIL. Ministério da Educação. Secretaria de Educação Fundamental. *Referenciais para a formação de professores*. Brasília: SEF/MEC, 1999.

COSTA-HÜBES, T. C. *O processo de formação continuada dos professores do Oeste do Paraná*: um resgate histórico-reflexivo da formação em língua portuguesa. 2008. Tese (Doutorado em Estudos da Linguagem) – Universidade Estadual de Londrina, Londrina, 2008.

COUTO, M. E. S. A aprendizagem da docência de professores em curso de formação continuada na modalidade à distância. *In*: CONGRESSO ESTADUAL PAULISTA SOBRE FORMAÇÃO DE EDUCADORES, 8., 25 a 29 de setembro de 2005. Águas de Lindóia. *Anais* [...]. São Paulo: Unesp, 2007. p. 14-23. Disponível em: https://www2.unesp.br/Home/prograd/e-book%20viii%20cepfe/abertura.htm. Acesso em: 15 mar. 2023.

COUTO, M. E. S. Aprender a ser professor: docência e formação continuada na modalidade à distância. *Debates em Educação*, [*s. l.*], v. 1, n. 1, p. 1-14, 2009. Disponível em: https://www.seer.ufal.br/index.php/debateseducacao/article/view/30. Acesso em: 15 mar. 2023.

ESTRELA, M. T. A formação contínua entre a teoria e a prática. *In*: FERREIRA, N. S. C. *Formação continuada e gestão da educação*. São Paulo: Cortez, 2006. p. 43-64.

GASPARELO, R. R. S.; SCHNECKENBERG, M. Estudo bibliográfico sobre os processos de formação continuada dos docentes no estado do Paraná: governo Jaime Lerner e governo Roberto Requião. *Revista de Ciências Humanas*, Frederico Westphalen, v. 18, n. 30, p. 7-36, jul. 2017. Disponível em: http://revistas.fw.uri.br/index.php/revistadech/issue/view/136/showToc. Acesso em: 1 jul. 2021.

GATTI, B. A. Análise das políticas públicas para formação continuada no Brasil, na última década. *Revista Brasileira de Educação*, Rio de Janeiro, v. 13, n. 37, p. 57-70, jan./abr. 2008. DOI 10.1590/S1413-24782008000100006.

JOST, A. *Políticas públicas para formação continuada do professor do ensino médio*: governo Roberto Requião (2003-2010). 2010. Dissertação (Mestrado em Educação) – Universidade Tuiuti do Paraná, Curitiba, 2010.

KULLOK, M. G. B. *Formação de professores para o próximo milênio*: novo lócus? São Paulo: Annabluma, 2000.

NADAL, B. G. *Política educacional paranaense para formação de professores*: um olhar a luz dos textos políticos. [S. l.: s. n.], 2007. 1 CD-ROM.

NASCIMENTO, C. O. C. Formação continuada de professores: uma reflexão sobre campo, políticas e tendências. *Educação & Linguagem*, São Paulo, v. 10, n. 16, p. 189-209, jul./dez. 2007. Disponível em: https://www.metodista.br/revistas/revistas-metodista/index.php/EL/issue/view/10. Acesso em: 2 jul. 2022.

PARANÁ. *Lei Complementar n.º* **130, de 14 de julho de 2010**. Regulamenta o Programa de Desenvolvimento Educacional – PDE, instituído pela Lei Complementar n.º 103/2004, que tem como objetivo oferecer Formação Continuada para o Professor da Rede Pública de Ensino do Paraná, conforme especifica. Curitiba: Casa Civil, 2010. Disponível em: https://www.legislacao.pr.gov.br/legislacao/pesquisarAto.do?action=exibir&codAto=56184&indice=1&totalRegistros=2&dt=3.6.2021.11.0.23.883. Acesso em: 2 fev. 2023.

PARANÁ. *Lei Complementar n.º* 242, de 17 de dezembro de 2021. Dispõe sobre Plano de Carreira do Professor e do Quadro de Funcionários da Rede Estadual de Educação Básica do Paraná, altera as Leis Complementares n.º 103, de 14 de março de 2004 e n.º 123, de 9 de setembro de 2008. Curitiba: Casa Civil, 2021. Disponível em: https://leisestaduais.com.br/pr/lei-complementar-n-242-2021-parana-altera-as-leis-complementares-n-103-de-14-de-marco-de-2004-e-n-123-de-9-de-setembro-de-2008-que-dispoe-sobre-plano-de-carreira-do-professor-e-do-quadro-de-funcionarios-da-rede-estadual-de-educacao-basica-do-parana-respectivamente. Acesso em: 13 mar 2023.

POSSI, E. H. de B. *Programa de Desenvolvimento Educacional - PDE/PR (2007–2009)*: um estudo sobre transformações e permanências. 2012. Dissertação (Mestrado em Educação) – Universidade Estadual de Londrina, Londrina, 2012. Disponível em: http://www.uel.br/pos/ppedu/images/stories/downloads/dissertacoes/2012/2012_-_POSSI_Ester_Hinterlang_Barros.pdf. Acesso em: 21 abr. 2021.

ROCHA, V. C. *Tempos de superação para educação paranaense?* Uma leitura do discurso oficial a partir dos documentos orientadores das semanas pedagógicas. 2011. Dissertação (Mestrado em Educação) – Universidade Estadual de Londrina, Londrina, 2011. Disponível em: http://www.uel.br/pos/ppedu/images/stories/downloads/dissertacoes/2011/2011_-_ROCHA_Vanessa_Camargo.pdf. Acesso em: 21 abr. 2021.

SAPELLI, M. L. S. *Políticas educacionais do governo Lerner no Paraná (1995 a 2002)*. Cascavel: Igol, 2003.

SHIROMA, E. O. O eufemismo da profissionalização. *In*: MORAES, M. C. M. (org.). *Iluminismo às avessas*: produção de conhecimento e políticas de formação docente. Rio de Janeiro: DP&A, 2003. p. 61-79.

SILVA, I. F. da. *As propostas de formação para diretores das escolas estaduais do Paraná, nas gestões Roberto Requião, Beto Richa e Ratinho Jr.* 2022. Dissertação (Mestrado em Educação) – Universidade Federal do Paraná, Curitiba, 2022.

SOUSA, S. E. *A gestão educacional no Paraná 2011-2013*. 2013. Dissertação (Mestrado em Educação) – Universidade Estadual do Oeste do Paraná, Cascavel, 2013. Disponível em: http://tede.unioeste.br/handle/tede/865. Acesso em: 29 abr. 2021.

SOUZA, C. A nova gestão pública. *In*: GESTÃO pública: desafios e perspectivas. Salvador: Fundação Luís Eduardo Magalhães, 2001. p. 38-62.

SUDBRACK, E. M. *Rosa-dos-ventos*: traços da formação docente pós LDB. Porto Alegre: UFRGS, 2009.

TAVARES, T. M. *Gestão pública do sistema de ensino no Paraná (1995-2002)*. 2004. Tese (Doutorado em Educação) – Pontifícia Universidade Católica de São Paulo, São Paulo, 2004. Disponível em: https://educacao.mppr.mp.br/arquivos/File/gestao_democratica/kit3/gestao_publica_do_sistema_de_ensino_no_parana.pdf. Acesso em: 29 abr. 2021.

TESSARI, E. V. S. *A formação continuada nas semanas pedagógicas de fevereiro no período de 2007-2013 no estado do Paraná*. 2015. Dissertação (Mestrado em Educação) – Universidade Estadual do Oeste do Paraná, Cascavel, 2015. Disponível em: http://tede.unioeste.br/handle/tede/3302. Acesso em: 29 abr. 2021

TESSARI, E. V. S.; BROTTO, I. J. O. *Formação continuada dos professores estaduais do Paraná*: avassalamento, resistência ou libertação. Trabalho apresentado ao Seminário de Pesquisa do PPE, 2013, Universidade de Londrina.

VIEIRA, A. M. D. P. *Caminhos e descaminhos na formação continuada de professores*: as políticas públicas da rede municipal de ensino de Curitiba (1963 a 1996). 2010. Tese (Doutorado em Educação) – Pontifícia Universidade Católica do Paraná, Curitiba, 2010. Disponível em: http://www.biblioteca.pucpr.br/tede/tde_busca/arquivo.php?codArquivo=2428. Acesso em: 29 abr. 2021.

SOBRE OS AUTORES

Alboni Marisa Dudeque Pianovski Vieira

Doutora em Educação pela PUCPR; mestre em Educação pela PUCPR e em Gestão de Instituições de Educação Superior pela Universidade Tuiuti do Paraná; graduada em Direito pela UFPR; e licenciada em Pedagogia pela PUCPR. É professora do curso de Pedagogia e do Programa de Pós-Graduação em Educação da PUCPR; editora-chefe da *Revista Diálogo Educacional*; avaliadora do Banco de Avaliadores (BASis), de cursos de graduação (presenciais e a distância) e de instituições de educação superior; coordenadora do HISTEDBR em Curitiba.

Bertrand Bergier

Sociologue français, professeur à l'Université Catholique de l'Ouest et ancien directeur de l'ISCEA (Institut des Sciences de l'éducation et de la communication d'Angers).

Cássia Helena Guillen

Doutora e mestre em Educação pela PUCPR; e graduada em Letras Português – Inglês pela PUCPR. Docente do ensino fundamental I, na Rede Municipal de São José dos Pinhais, desde 2005. Coordenadora de Língua Portuguesa da Secretaria Municipal de Educação de São José dos Pinhais (2019-2021). Tem experiência como professora de ensino superior presencial e a distância, educação infantil e ensino fundamental I.

Elza Fagundes da Silva

Mestre e doutora em Educação pelo Programa de Pós-graduação em Educação da Pontifícia Universidade Católica do Paraná; especialista em Processo do Ensino Aprendizagem pelas Faculdades Claretianas, Direito Constitucional pela Academia Brasileira de Direito Constitucional e em Direito Administrativo Aplicado pelo Instituto de Direito Romeu Felipe Bacellar; e graduada em Letras pela Universidade Federal do Paraná e em Direito pela Pontifícia Universidade Católica do Paraná. É professora da Rede Estadual de Ensino do Paraná.

Leandro Aparecido do Prado

Pós-doutorando em Políticas Educacionais da PUCPR; doutor em Educação – PUCPR; mestre em Educação e Novas Tecnologias – Uninter; especialista em Educação Especial Inclusiva; Psicomotricidade e o Processo de Ensino Aprendizagem; Educação a Distância: Gestão e Tutoria – Uniasselvi; especialista em Docência do Ensino Superior – Unicesumar; e graduado em Pedagogia e Administração – Unicesumar. É pesquisador do Projeto Políticas educacionais: concepções e práticas. Pedagogo no Programa Jovem Aprendiz do Senac-PR.

Maria Elisabeth Blanck Miguel

Doutora em História e Filosofia da Educação pela Pontifícia Universidade Católica de São Paulo; mestre em Educação pela UFPR; e graduada em Pedagogia pela UFPR. É professora aposentada da UFPR, atuou também na Universidade Estadual de Ponta Grossa/PR; professora titular de História da Educação da PUCPR; membro da Sociedade Brasileira de História da Educação, da Sociedade Brasileira para o Progresso da Ciência; e participante do grupo HISTEDBR, em Curitiba.

Maria Lourdes Gisi

Pós-doutora em Educação pela Universidade de Genebra/Suíça; doutora em Educação Brasileira pela Universidade Estadual Paulista Júlio de Mesquita Filho – Unesp/Marília/SP; mestre em Educação pela Universidade Federal do Paraná – UFPR; e graduada em Enfermagem – Faculdade de Enfermagem São José/SP. É professora aposentada da Universidade Federal do Paraná. Atualmente, é professora titular do Programa de Pós-Graduação em Educação da PUCPR e Coordena o Grupo de Pesquisa: Políticas Educacionais: Concepções e Práticas.

Mauricio Pastor dos Santos

Doutor em Educação – PUCPR; mestre em Educação – PUCPR; licenciado em Educação Física – UEL; e bacharel em Ciências Econômicas – UFPR. É professor da Rede Municipal de Ensino de Curitiba e da Rede Estadual de Ensino do Paraná, desde 1994. Foi presidente no Conselho Municipal de Educação de Curitiba em 2017. É membro do Núcleo de Cooperação Pedagógica com Municípios da SEED Paraná e membro do Fórum Estadual de Educação do Paraná.

Raquel de Fátima Boza dos Santos Malcheski

Doutora em Educação pela Pontifícia Universidade Católica do Paraná; mestre em Educação pela Universidade Tuiuti do Paraná; bacharel e licenciada em Educação Física pela Universidade Positivo; e licenciada em Formação de Professores e Pedagogia pela Pontifícia Universidade Católica do Paraná. Integrante do corpo docente da Secretaria Municipal de Educação do Munícipio de Curitiba, desde 2003.

Rivaldo Dionizio Candido

Doutorando em Educação pela Pontifícia Universidade Católica do Paraná (PUCPR); mestre em Direitos Humanos e Políticas Públicas (2021) pela PUCPR; especialista em Ensino de Sociologia (2022) pela Universidade Estadual de Londrina (UEL); e graduado em Ciências Sociais (2020) pela PUCPR. Possui experiência interdisciplinar com ênfase em Direitos Humanos, Políticas Públicas e História da Educação.

Rudá Morais Gandin

Mestre em Educação pela Pontifícia Universidade Católica do Paraná (PUCPR); licenciado em Pedagogia; e especialista em Políticas Educacionais pela Universidade Federal do Paraná (UFPR). Integra o grupo de pesquisa História, Memória e Formação de Professores do PPGE-PUCPR, e é autor do livro *O Movimento Estudantil em São José dos Pinhais* (2022).

Silvana Cassia Hoeller

Professora da UFPR desde 2005, atua no Programa de Pós-Graduação em Rede Nacional para o Ensino das Ciências Ambientais. Vice-coordenadora do grupo de pesquisa Universidade - Escola, na linha que envolve as escolas do campo e a formação em agroecologia. É pesquisadora do tema "A agroecologia e a sustentabilidade, integrando escolas do campo e as comunidades camponesas". Doutora em Educação pela PUCPR, trabalha com temas ligados a: agroecologia, educação do campo, políticas públicas e movimentos sociais.

Tamiris Aparecida Bueno Morgado

Doutora e mestre em Educação pela PUCPR; especialista em Pedagogia Social; e graduada em Pedagogia. É professora do Centro Universitário Fael. Tem experiência na área de educação, com ênfase na educação infantil, e em pesquisas voltadas para a história e políticas da infância brasileira, e história e políticas da educação infantil.